突出包围的
强国之路

新形势下中非经贸合作战略研究

TUCHU BAOWEI DE QIANGGUO ZHI LU

施勇杰◎著

中国商务出版社
CHINA COMMERCE AND TRADE PRESS

图书在版编目（CIP）数据

突出包围的强国之路：新形势下中非经贸合作战略
研究/施勇杰著.—北京：中国商务出版社，2015.5
　　ISBN 978-7-5103-1270-0

Ⅰ.①突…　Ⅱ.①施…　Ⅲ.①国际合作-经贸合作-
研究-中国、非洲　Ⅳ.①F125.54

中国版本图书馆 CIP 数据核字（2015）第 095704 号

突出包围的强国之路
——新形势下中非经贸合作战略研究
TUCHU BAOWEI DE QIANGGUO ZHI LU

施勇杰　著

出　版：中国商务出版社
发　行：北京中商图出版物发行有限责任公司
社　址：北京市东城区安定门外大街东后巷 28 号
邮　编：100710
电　话：010-64515140　010-64245686（编辑二室）
　　　　010-64266119（发行部）
　　　　010-64263201（零售、邮购）
网　址：http://www.cctpress.com
网　店：http://cctpress.taobao.com
邮　箱：cctp@cctpress.com；
照　排：北京科事洁技术开发有限责任公司
印　刷：北京密兴印刷有限公司
开　本：787 毫米×980 毫米　1/16
印　张：15.25 字　数：230 千字
版　次：2015 年 5 月第 1 版　2015 年 5 月第 1 次印刷
书　号：ISBN 978-7-5103-1270-0
定　价：36.00 元

序 / PREFACE

本书是施勇杰同志在我指导下完成的博士后研究报告《新形势下中非经贸合作战略研究》基础上形成的成果。全书站在中国海外战略的高度，审视当前我国追求"大国崛起"的内外环境，全面评估中非经贸合作面临的新形势，客观总结中非经贸合作的现状、特征并对发展前景和趋势进行展望，深入剖析当前中非合作转型升级面临的新机遇和新挑战，并在此基础上提出了推动中非经贸合作转型升级的重点方向、战略谋划和政策建议。

十八大以来，党中央审时度势，不失时机地提出了"一带一路"战略，今天的中国已经毋庸置疑地站在海外投资大发展时代的"大门口"。推开这扇"大门"，中国面临的是逐步实现由"世界工厂"向"全球投资者"转型的历史任务。但是，"门后"的路在哪里？往哪儿走？怎么走？万一走错了怎么办？这些问题必须由中国人自己来思考、摸索和回答，路子也必须由全体中国人自己来蹚。近四十年的工作经历告诉我，这扇"大门"不是那么好进的，但我们也应该坚信，这"大门"后面必然有一条强国之路，有一条属于中国的"大国崛起"之路。

本书正是勇杰同志贴着"门缝"远望所取得的一点成果。我们的长期努力，也许能窥到一些"门道"，也许未见得完全正确。客观讲，此时此刻的我们更像一个"学生"，站在这扇"大门"前，心中满是欣喜、冲动、惶恐和好奇。但即使是这样，作为导师，我已为勇杰在这方面所做出的大胆探索和尝试感到欣慰，为他这几年在中非经贸合作研究方面取得的成绩感到高兴。

同时，我也力主勇杰将成果刊印，目的无非两个。

一是"抛砖引玉"。本书的研究具备明显的探索性和前瞻性，有些提法在当下看来还显得有些"大胆"。尽早让这些提法和观点与国内外学者们、国际经济合作从业者们、读者们见面，也就能更早地得到大家的批评、指正和验证。在此过程中，哪怕得到的是质疑和批判，思想碰撞的"火花"也有助推动学科进步，是对理论的创新和补充。同时，我也希望本书的出版能进一步提升大家对中非经贸合作这一重要课题的研究兴趣。

二是"以资参考"。本书对中非经贸合作的梳理和总结，涉及大量的新情况、新数据、新信息。勇杰在这个过程中通过各种渠道进行了大量的数据挖掘和实地调研，在资料缺乏的非洲问题研究领域，这方面的努力本身就难能可贵，可以为后续专家学者提供更好的学术参考。同时，本书提出的战略谋划和政策建议，也有望为未来我国相关对非政策的设计和调整提供重要依据，尤其其中通过深入研究发达国家政策体系所得到的不少可供借鉴的做法，值得学习且可操作性强，有可能直接为我所有。

在当今研究非洲问题的中国学者中，勇杰亦属于"知行合一"的一位。他先后十多次访问非洲，考察20余个非洲国家及多个领域，对中非经贸合作方面的诸多问题有自己独到的见解。在我指导下从事博士后研究的近三年，他对非洲问题和中非合作的研究兴趣日益浓厚，和我一样，他也有些"此生难舍是非洲"了。在今后工作和科研中，衷心希望他能坚持学术理想，不懈努力，刻苦钻研，为中非经贸合作的发展尽心尽力，献计献策。同时，我也希望越来越多的中青年学者们能投身中非经贸合作这一重要领域的研究，正如非洲谚语所说"独行快，众行远"。中非经贸合作的持续健康发展，中非经贸合作研究的不断深化，是我一生最期待的两件事。

魏建国

2015 年 3 月于北京

摘 要①/SUMMARY

近年来，西方不断在地缘政治和经贸层面加强对我"战略合围"，挤压我在"亚太传统舞台"的发展空间，企图阻挠我"大国崛起"。当前非洲可以成为我打造有利国际秩序的"战略支点"，更能对亚太传统舞台"持久战"形成积极策应。

中国经济增速"下台阶"，中高速增长成"新常态"，产业结构调整进入"阵痛期"，国际经济合作模式正由"出口拉动型"向"投资驱动型"转变。非洲经济在后危机时代已重返高增长通道，城市化、国际化、人口红利、政策红利等正在释放。但国际大宗商品"超级周期"结束，外部需求支撑力度下降，给非洲带来新挑战。当前国际经济格局正处于调整变革期，发展中国家经济集体受到美国货币政策调整的拖累。

近年来中非经贸合作的三种方式——中非贸易、工程承包、投资均快速增长，中国已连续5年位居非洲第一大贸易伙伴国，中国企业成为非洲工程承包市场最大承包商，中非经贸合作已具备较好基础。但非洲在我国对外经济合作中占比尚且较低，这是因为中非双方经济体量本身不对称，这也决定中国可能以"小投入"在非洲撬动"大回报"。

中非经贸合作结构明显失衡，贸易和工程承包规模大，占比高，对非投资绝对规模和相对占比都很小。投资"短板"是当前我在非洲影响力低的关键原因。未来对非投资规模和地位将不断上升，并引领中非经贸合作。

在量、质两层面提升对非投资将打造深度利益交织的"中非命运共同体"，助力中国度过结构调整"阵痛期"，实现由"世界工厂"向"经济强国"转型，并逐步破局长期制约我发展的国际大宗商品市场寡占供给格局。利益

①　本书为中国博士后科学基金资助项目。

一致性将使中国投资者在非洲采取与西方不同的策略，有助于非洲跳出"贫困陷阱"、"产业低端化陷阱"和"重债陷阱"。

新时期中非经贸合作正面临新机遇。中国经济已进入对外投资"元年"，对非投资有望实现跨越式发展。中非产业战略对接也已进入阶段性时间窗口。同时，美国启动全球"流动性回抽"，非洲对中国资金的渴求度上升。世界主要国家相继与非洲签订贸易优惠协定，"非洲制造"对中国资本的吸引力上升，尤其部分中低端产业如由"中国制造"转变为"非洲制造"，可借道非洲通向发达国家市场。

但新形势也给中非经贸合作带来新挑战。非洲多国已沦为西方"制度殖民地"，脱离国际经济格局"垫底地位"难度大。西方在非合谋围堵中国已初现苗头，并将政治对抗思维向经贸领域延伸，在非屡屡制造排华舆论，企图延缓中非合作步伐。中非经贸合作模式自身尚存在"重贸易，轻投资"、"重眼前，轻长远"、"重硬件，轻软件"、"重输血，轻互动"等一系列问题，亟待调整改进，同时合作主体间行为的战略协调性亟待提升。

在促进中非经贸合作走向均衡的同时，三种合作方式自身也必须进行升级转型。

中非贸易应在长期内进一步发挥基础性作用，深耕非洲市场，结合非洲"三网一化"等历史任务，推动产品结构升级，并不断提升对非出口商品质量，在非洲打响中国品牌，为对非投资"铺路"。

工程承包业务由低端向高端延伸，不断提高设计、咨询、监理等高端业务占比；合作模式由单纯 EPC 向并重 PPP 升级；企业角色由"国际施工员"向"全球投资者"转型。

对非投资应发挥对中非经贸合作的引领作用，借力"一带一路"战略，强化基础设施和富余产能对非投资，将非洲打造成亚欧非市场大融合"战略支点"；强化对对非投资的战略指导和协调，提升经贸合作效益和战略协调性。

在战略上，建议我有机结合"一带一路"战略和中非经贸合作升级，借助欧非经贸关系和优惠政策，在亚欧非之间形成"丝路价值循环"，让区内资金、资源、要素在其中循环并实现，全力打造"丝路经济合作战略区"，区内经济体量将有效对抗西方经贸新封锁。未来应明确确立以"国家经济利益"为导向的中非关系观，通过深化经贸合作建立中非利益交织的命运共同体。强化投资对中非经贸合作的引领作用，促进中非产业、资源、市场全面对接。

　　本书还从产业、财税、金融支持和配套服务支持等方面提出系统性政策建议，全面升级我对非经济合作政策系统，促进中非经贸合作持续快速发展。

目 录 /CONTENTS

第1章 》》》 导 论

1.1 选题的背景和意义

改革开放以来，中国经济经历了 30 余年的高速增长，GDP 总量于 2010 年首次超过日本，[①] 在名义 GDP 总量排序中仅次于美国，位列全球第二。

2014 年 10 月，IMF 公布的一项估算表明，按购买力平价（PPP）计算，2014 年美国 GDP 为 17.4 万亿美元，而中国 GDP 则将达到了 17.6 万亿美元，中国已成为全球最大经济体。[②] 而按实际汇率计算，2014 年美国 GDP 预计为 17.4 万亿美元，而中国则为 10.4 万亿美元，尚不到美国 GDP 的 60%。

中国经济总量排名的"一路攀升"，一方面体现了中国经济不断发展的客观现实，但我们不能片面强调总量，同时也应认识到中国在经济增长质量、产业结构、人均水平、国际影响力和话语权等诸多方面的严重不足。另一方面，西方国家片面鼓吹"中国已成为全球最大经济体"，既有希望中国在国际事务中承担更多义务的成分，也反映了西方世界对"中国崛起"的担忧。与担忧同时出现的，则是以美国为首的西方国家对中国的打压、遏制和围堵。

多年以来，以美国为首的西方集团不断对中国开展"战略合围"，近年来

---

① 根据中日两国官方公布的 GDP 数据，2010 年中国名义 GDP 为 5.879 万亿美元，日本名义 GDP 为 5.474 万亿美元，中国首次超过日本位列全球 GDP 第二位国家。但实际上 2010 年中国人均 GDP 仅为日本同期的十分之一。资料来源：环球网专题报道《中国 GDP 超日本成世界第二大经济体》；详见如下网址：http://www.huanqiu.com/zhuanti/fiance/chinagdp/。

② 实际上，根据购买力平价（PPP）匡算的 GDP 一般会"放大"发展中国家的经济规模，因为商品和服务价格在这些国家往往较低。资料来源：环球网报道《美媒：中国 GDP 将超美国，霸权地位也将短暂》；详见如下网址：http://oversea.huanqiu.com/economy/2014 - 01/4722831.html。

更是在我周边区域动作频频，挤压我在"亚太传统舞台"① 的生存发展空间，企图阻挠我实现"大国崛起"。钓鱼岛问题、南沙群岛问题、疆独问题、香港"占中"等一系列事件背后，都不乏西方国家的身影。可以说，西方集团对中国崛起的遏制，正在逐步"收网"，由外及内，不断渗透挤压。当前中国亟需寻找突破口，牵制美国步伐，并最终突出"重围"。

事实上，在过去的 30 年里，中国基本处于一个接受国际经济规则、融入国际金融体系的进程。但当今国际格局已发生了重大变化，中国的地位迅速提升，中国与世界的互动已成为一个双向反馈的过程。中国已经不是简单的国际规则的接受者，而是逐步地转变为积极务实的行动者，通过对国际经济秩序提出改革意见，做出务实举措，更好地谋求自身利益。

随着中国经济体量的上升和与亚太国家贸易现模的扩大，本届政府上任以来，中国在积极主导亚太经合组织（APEC，Asia－Pacific Economic Co-operation)② 中扮演的角色由"跟随者"积极地向"主导者"转变，并主动推动亚太自贸区（Free Trade Area of the Asia Pacific，简称 FTAAP③）建设，意在重塑亚太国际经济和贸易合作格局。2013 年开始中国国家主席习近平先后提出"丝绸之路经济带"④ 战略和"21 世纪海上丝绸之路"⑤ 战略，

---

① 学术界关于"亚太"的定义有广义和狭义之分。广义的亚太概念包括整个环太平洋地区，即太平洋东西两岸的国家和地区，即包括加拿大、美国、墨西哥、秘鲁、智利等南北美洲的国家和太平洋西岸的俄罗斯远东地区、日本、韩国、中国大陆、中国台湾和香港地区、东盟各国和大洋洲的澳大利亚、新西兰等国家和地区。狭义的亚太概念则指西太平洋地区，主要包括中国（含港澳台）、日本、俄罗斯远东地区和东南亚的东盟国家。本报告所指的是狭义的亚太概念，这也是我国大多数学者所持有的观点。

② APEC 组织现有 21 个成员，分别是澳大利亚、文莱、加拿大、智利、中国、中国香港、印度尼西亚、日本、韩国、马来西亚、墨西哥、新西兰、巴布亚新几内亚、秘鲁、菲律宾、俄罗斯、新加坡、中华台北、泰国、美国、越南。

③ FTAAP 的终极目标就是 APEC 区域内实现免关税，共享投资规则。

④ "丝绸之路经济带"战略源于 2013 年国家主席习近平在哈萨克斯坦纳扎尔巴耶夫大学演讲时提到的概念。2014 年 4 月的博鳌亚洲论坛上，李克强总理进一步强调要推进丝绸之路经济带在内的"一带一路"的建设。

⑤ "21 世纪海上丝绸之路"战略源于 2013 年 7 月国家主席习近平在中共中央第 8 次集体学习时阐述的海洋强国战略。2013 年 10 月，习近平主席在访问东盟国家期间，提出与东盟国家加强海上合作，共建"21 世纪海上丝绸之路"的战略构想。李克强总理在 2014 年 3 月 5 日所做的政府工作报告中明确指出："抓紧规划建设丝绸之路经济带和 21 世纪海上丝绸之路。"

简称"一带一路"战略。2015 年 2 月初,"一带一路"战略获批准,并预计将于 2015 年"两会"后正式出台。[①] 在此期间,中国还相继发起金砖国家开发银行、非洲共同增长基金、亚洲基础设施投资银行、丝路基金等区域性金融合作机构。这些都是体现中国参与引导区域一体化进程,积极争取国际经济新秩序话语权的重大举措。

从目前来看,中国提升国际话语权,改造世界经济格局的重点区域放在亚太地区这一传统舞台。"一带一路"战略所涉及的区域均是以亚太地区国家为主,并最终落脚和汇合于欧洲,希望将亚太主要国家和欧洲经济圈紧密联系在一起。但是,亚太地区同样也是美国的战略重心之一,中国的崛起和在亚太地区提升自身影响力的努力已经触动了美国"敏感的神经","重返亚太战略"成为美国的必然选择。

军事和地缘政治方面,2012 年 1 月开始,刚刚走出 10 年伊战泥潭的美国立刻将目光投向了亚太。根据 2012 年 1 月美国公布的一份酝酿 7 年之久的新军事战略报告——《维持美国的全球领导地位:21 世纪国防的优先任务》披露的信息,在新时期美国将大幅削减全球范围内的军事存在,但却唯独要加强其在亚太地区的军事存在,并进一步提升海空军作战能力。而国际媒体的推测则一致认为:"中国或许不是美国重返亚太的唯一原因,但却是最重要的原因。"[②]

经济和贸易方面,为抵消中国积极参与并希望主导的 APEC 和相关自由贸易协定的影响,美国强势推动 TPP[③] (Trans—Pacific Partnership Agreement,跨太平洋战略经济伙伴协定,又称"经济北约")协议和 TTIP[④]

---

① 田晓燕:《"一带一路"规划已获批或两会后出台,规划几经扩围至全国》,载于"华尔街见闻网"2015 年 2 月 7 日文章。详见如下网址:http://wallstreetcn.com/node/214092。

② 王晓夏:《美国的重返亚太战略》,载于 2012 年 01 月 13 日《经济观察报》。详见如下网址:http://finance.ifeng.com/opinion/hqgc/20120113/5453201.shtml。

③ 美国于 2011 年 11 月就已正式推出 TPP 框架协议,2013 年 3 月日本宣布正式加入 TPP 谈判。截至目前,TPP 谈判成员国已上升至 12 个(美国、日本、加拿大、墨西哥、澳大利亚、新西兰、智利、秘鲁、越南、马来西亚、文莱、新加坡),涵盖了亚太经合组织 APEC 的主要国家。

④ 2013 年 6 月,美国和欧盟正式宣布启动 TTIP 谈判,谈判一旦成功,将达成史上最大的自由贸易协定。美欧之间关税降至零,将覆盖世界贸易量的三分之一、全球 GDP 的一半,因此也将改变世界贸易规则,直接挑战新兴国家,尤其是金砖国家间的准贸易联盟。

(Transatlantic Trade and Investment Partnership，跨大西洋贸易与投资伙伴协定，又称美欧自贸区协定）协议的谈判，推动与亚太国家和欧洲的自由贸易协定。TPP 和 TTIP 到目前为止仍将中国屏蔽在外，但几乎囊括了中国所有的主要贸易伙伴国，并有可能使中国积极参与并希望主导的 APEC 失效。因为一旦 TPP 最终生效，除中国外 APEC 各国成员绝大部分将变成 TPP 成员，APEC 机制存在的必要性将受到质疑。[①]

可以预见的是，未来一段时间内以美国为首的西方集团在亚太舞台对中国的封锁围堵的力度将上升，甚至可以说是不遗余力的。客观上讲，美国在亚太经营数十年，短期内中国要在"家门口"寻求突破难度很大。因此，要想突出重围，一是必须从长期战略出发来进行谋划，二是必须在亚太之外寻找新的"战略支点"，与"家门口的持久战"遥相呼应。

而非洲可以成为中国突出重围的现实选择。

一是因为非洲并非美国的战略核心。美国将主要战略力量投入在亚太、欧洲、拉美和中东，近年来虽然对非洲的重视有所上升，但仍未上升到其核心利益的高度，在某种程度上说，美国在经济合作领域暂时还"看不上"非洲大陆。

二是欧洲与非洲之间有着重要的政治经济利益联系。2013 年，非洲 35% 的产品出口至欧洲，非洲 32% 的进口产品来自欧洲，这两个比例都是中非贸易占非洲相应比例的两倍。此外，非洲四成以上的 FDI 来自于欧洲。

中国的"一带一路"战略，最后落脚并汇合于欧洲大市场，希望将中欧紧密结合在一起，但非洲却仅有埃及涉及其中，绝大多数非洲国家不在合作和投入之列。未来如果能利用"一带一路"战略将亚太和欧洲市场紧密联系起来，利用中非经贸合作将中非资源、市场和产业进行战略对接；而欧非之间本身具有高度的政治经济联系，存在大量的自由贸易和投资优惠政策，非洲可以成为强化亚太和欧洲经济联系的一个"战略支点"，有望在亚太、非洲和欧洲之间打造一个"丝路价值循环"。这个巨大的"丝路价值循环"涵盖了

---

① 金敏、庄斐：《美国为何加速推动建立跨太平洋战略经济伙伴协定和跨大西洋贸易与投资伙伴协定》，载于 2013 年 4 月 4 日《新华网》。详见如下网址：http://www.hq.xinhuanet.com/focus/boao2013/2013—04/04/c_115274275.htm。

约 53 亿人口，经济总量达 23 万亿美元，分别占世界总量的 76% 和 32%。在"丝路价值循环"中，欧洲、亚太和非洲之间在发展阶段和产业结构上相互承继互补，涵盖了全球中高低端大市场，资金、资源、要素在"丝路价值循环"的内部流转起来并实现价值。

三是非洲经济正处于起飞前阶段，与中国比经济体量总体较小，有望以一定的投入占据较高的比例，在中长期内撬动较高的回报。非洲面积是中国的 3 倍，人口是中国的四分之三，但经济总量仅为中国的五分之一。在非洲目前的发展阶段，相较于世界其他地区，中国以同样的投入，可以逐步从融入者向引导者转变，一旦非洲实现经济崛起，中国的"原始投入"将使中国获得重要的影响力和战略回报。

在此背景下，非洲正是我突出包围的现实选择，实现"大国崛起"的战略助力，是我未来提升国际规则制定权、秩序发言权的重要抓手。中国比任何时候都更需要非洲，而提升中非合作的重心和关键在于经贸合作的增长和升级，以实现深度利益交织，夯实战略同盟，打造"中非命运共同体"。

当前，我国发展进入新阶段，改革进入攻坚期和深水区。中国正由"商品输出国"向"资本输出国"转型，未来中国将逐步由"世界工厂"向"全球投资者"转变。

中国经济可持续发展正面临经济结构调整，产业结构升级，能源资源保障等一系列任务和挑战。在世界经济进入新一轮调整的关键时期，我国必须深度参与世界分工，获取资源，开拓市场，实现从商品输出到资本、技术输出，从争取贸易优势向培育资本、技术优势转变，以在未来的国际竞争中占据有利地位。

非洲对我国的全球战略有重要影响，是我实施"走出去"，实现资本和技术优势与当地市场和资源优势相结合的重点地区，也是我国企业实现产业转移、培养跨国经营能力的首选地区之一。中国的城市化、工业化以及产业结构的调整和升级需要与非洲的合作，非洲对于中国真正走向世界是一个重要基地。非洲国家目前的发展阶段与中国改革开放初期有十分相似的地方，中国的发展经验对非洲有借鉴意义。同时，中国的技术、产品对非洲也最为适用。进一步扩大中国对非经贸合作对中国和非洲的经济社会发展都具有非常重要的意义。

因此，当前中国在战略层面迫切需要非洲，非洲正成为我培育国际经济合作竞争新优势的重点区域。习近平主席上任后首次出访的 4 国中有 3 个非洲国家，凸显中国对中非战略合作伙伴关系的重视，中非经贸合作即将迈上新台阶。但近年来，中非合作相关各方的战略和利益考虑出现新变化，中非经贸合作呈现出一系列新特征。在世界格局经历重大变革的背景下，中非经贸合作正面临新的机遇和挑战，合作战略、政策等也需及时调整和创新。

本研究具有很强的理论和实践意义，旨在深刻理解中非经贸合作的时代背景和发展趋势，明确在世界格局发生重大变动、经济全球化不断深化、舆论环境更趋复杂的背景下，中非经贸合作面临的新机遇和新挑战，研判合作前景，提出今后几年对非经贸合作的战略谋划、政策建议，为我国实现"大国崛起"提供参考支持，探索突出包围的强国之路。

1.2 国内外研究进展

1.2.1 关于经贸合作理论

关于经贸合作的理论很多，如比较优势理论、要素禀赋理论、边际产业理论、产品生命周期理论、折中理论等，但并不存在一个一般性理论，并且现有的各种理论大都是解释发达国家对外开展贸易和投资的实践，或基于国家层面，或基于产业或公司层面。以发展中国家为研究对象的理论解释较少，尤其是像中非经贸合作这样的南南合作，基本上没有现成的理论。

当前中国面临的诸多发展挑战，如资源供给瓶颈、市场空间有限、产业升级加速、国际贸易摩擦加剧等，发达国家在其发展过程中也曾遇到过，迈克尔·波特在其《国家竞争优势》（1990）中用竞争战略理论来解释这些现象。他认为国家经济发展会经历四个阶段：生产要素导向阶段、投资导向阶段、创新导向阶段和富裕导向阶段。

（1）生产要素导向阶段是经济发展的最初阶段，几乎所有的成功产业都是依赖基本生产要素的产业，这些基本生产要素可能是天然资源，或是适合农作物生长的自然环境，或是廉价的一般劳动力。在这个阶段，只有生产要素具有比较优势的企业才有资格进军国际市场，生产的商品完全以价格条件进行竞争，对直接影响产品需求和价格的全球经济景气循环与汇率变动非常敏感。

（2）投资导向阶段是指以政府和企业积极投资的意愿和能力为基础的阶段。在这个阶段，投资活动频繁，用于购买和兴建现代化、高效率与大规模生产的先进技术、机器、厂房和基础设施，生产要素得到更有效率的利用，其产品可以在更广泛的产业环节中竞争。但此阶段的优势仍限于低劳动力成本、大规模生产、应用现代化设备的产业，因此随着劳动力和能源价格等生产成本的起伏波动，相关产品的竞争力仍将受到较大影响，防范汇率和全球市场波动的体系仍较脆弱。

（3）在创新导向阶段，各种产业的竞争开始深化与扩大，大量激发出企业的创造力，科技创新蓬勃发展。在产业升级过程中，由于竞争方向更大程度上来自先进的技术，企业开始将简单的生产领域转移到其他国家，基本上摆脱了生产成本与汇率波动的威胁。

波特对世界主要几个成熟和新兴经济体 20 世纪 80 年代所处的阶段和问题作了详细分析，并对症下药地提出了解决方案。根据这个理论，中国现在对应于哪个阶段，面临什么样的问题，又该怎样解决这些问题？中国目前的状况与发达国家的经历有什么异同？中非经贸合作丰富的实践内容无疑为推动对外经贸合作方面的理论创新创造了条件。

1.2.2 国外研究进展

国外对于中非经贸关系的研究始于本世纪初，国际期刊上陆续出现相关论文。国外的研究大致可分为两类：一类为描述性，对中非经贸关系发展的现状、趋势和特征进行归纳总结；另一类为定量分析，对中非经贸合作的推动因素或其影响进行估计。由于起步较晚、数据资料不易获得，国外的研究成果以第一类居多。

Alden（2005）回顾了 20 世纪 70 年代以来的中非经贸关系的演变。Kennan and Stevens（2005）研究了在与中国加强贸易的过程中，哪些非洲国家受益最多。Jenkins and Edwards（2007）检验了中国和印度与撒哈拉以南非洲国家之间的贸易所带来的经济影响。

国际组织近年来开始关注中非经贸关系，发布了一些文章和报告。经合组织（OECD）的 Goldstein 等（2006）探讨了中国和印度通过贸易和 FDI 对一些商品和能源市场的影响。国际货币基金组织（IMF）的 Jian－Ye Wang（2007）从贸易、出口信贷、官方发展援助、债务减免、FDI 等方面较为全面的描述了中非经贸关系的发展和现状，重点分析了中国国有和私有部门在中非经贸关系中的作用。另一项较有影响的研究是世界银行的 Broadman 在2007 年发表的题为《非洲的丝绸之路：中国和印度的经济新疆界》的研究报告。该报告利用世行 2006 年在加纳、塞内加尔、南非和坦桑尼亚 4 国实地进行的一项大型的定量性问卷调查和原创的企业案例分析，重点讨论了中国和印度企业的非洲业务，近年来非洲与中国和印度的贸易和投资模式的变化，未来非洲与亚洲之间贸易和投资扩大的趋势中存在的政策挑战和影响因素，以及对非洲产生的影响等。

近期国际期刊开始出现关于中非经贸的实证研究，Biggeri and Sanfilippo（2009）通过对 1998—2005 年 43 个非洲国家面板数据的计量估计，发现中国加强对非经贸合作的推动因素主要包括中非间的战略互动（通过直接投资、贸易和援助等其他经济合作），以及非洲国家的资源禀赋和市场潜力。

1.2.3 国内研究进展

20 世纪 90 年代以来，中非关系的发展进入一个新的阶段，双方的经贸合作迅速扩展，国内对中非经贸关系的研究随之逐渐增多。根据中国社科院西亚非洲研究所编写的 3 本《非洲问题研究中文文献目录》（1990，1997，2006），以中非经贸合作和援助为主题的文章在 1982—1989 年间只有 11 篇，1990—1996 年间有 26 篇，1997—2005 年增至 200 篇以上，包括考察报告、市场分析、投资建议等。

张同铸主编的《非洲经济社会发展战略问题研究》（1992）是第一本全面研究非洲独立后经济问题的著作，由于研究这一课题的学者来自不同学科，该书涉及的问题相当广泛，如发展与人口增长、城市化、生态环境和农业问题、私有化和国有化问题、战略选择问题等。吴兆契主编的《中国和非洲经济合作的理论与实践》（1993）探讨了中非经济合作的背景、回顾与前景，并附有大事记，这是我国第一次专门就中非经贸课题进行的研究。李智彪

（2001）以非洲区域经济一体化为背景，从中非产业结构的互补性切入，探讨了中国企业开发非洲资源问题，以及贸易、金融和投资市场前景，并就如何规避经济风险提出了建议。齐宝强（2003）、安春英（2004）、郭淑红（2005）、傅政罗（2006）、宋志勇（2006）、姚桂梅（2006）等分别对非洲经济圈、中非经贸关系、中国在非洲的石油利益、中非贸易磨擦、石油合作、林业合作等问题进行了不同程度的考察，提出了一些观点和建议。

商务部西亚非洲司与社科院西亚非洲研究所 2003 年完成的《中非经贸合作白皮书——未来五年发展规划》从多个视角全面系统地研究了中非经贸合作的政策和实践，并对自 2003 年起中国对非投资、贸易、工程承包的总体发展方向、应达到的规模、重点国家和重点领域进行了预测，提出了相关配套政策措施建议。《白皮书》为本书进一步研究新形势下中国对非经贸的思路和政策奠定了良好的基础。

投资非洲是中国"走出去"战略的重要组成部分，但关于中国对非洲直接投资的系统研究较少。黄泽全（2003）等编著的投资指南为中国企业进入非洲提供了较为全面的信息。2009 年，为支持中国企业开展对外投资业务，商务部组织编写了《对外投资合作国别（地区）指南》，其中包括 47 个非洲国家，较为全面的介绍了各国的基本情况和投资环境，这些《指南》属于为中国企业投资非洲提供的介绍性信息。此外，近年有关中国公司在非洲投资状况的学位论文也有所增加，如中国机电产品在非洲的经营战略（李代发，2003）、中石油在非洲的战略（向东，2004）、中国汽车的非洲市场研究（张启超，2005）等，也有直接以《中国对非洲直接投资研究》为题的学位论文（杨莹，2007）。

一些机构出版了针对特定行业或主题的丛书或论文集。例如，为满足2000 年中非合作论坛部长级会议的需要，农业部组织研究队伍编写了一套关于非洲农业的丛书（陈宗德、姚桂梅，2000；陈宗德、姚桂梅、范志书，2000；陆庭恩，2000；文云朝，2000；何秀荣、王秀清、李平，2000）。周光宏、姜忠尽主编的《"走非洲，求发展"论文集》（2008）分为乡村发展、中非贸易合作与投资环境、传统文化与非洲旅游 3 个专题，涉及中国与非洲在农业、能源、贸易、投资和旅游等方面的合作。

综上，国内关于中非经贸的研究虽然发展迅速，覆盖了众多的领域，但现有研究成果中很大一部分属于概览和介绍，并以描述性分析为主，缺少定量和实证研究，研究领域也过于宽泛，缺乏有深度的系统研究，难以提供具有说服力的趋势判断和政策建议。更重要的是，现有研究总体上滞后于全球经济政治格局正在发生的重要变革，也没能跟上中非经贸合作由贸易为主转向以投资为主体的多元化快速发展的新现实，因此没有及时地反映非洲发展的最新动向，也没有充分评估当前形势的变化对中非经贸提出的新课题。

1.3　本书的主要内容和结构

本书研究内容的具体安排如下。

第1章是全书的导论，主要介绍本书选题的背景和研究意义，梳理本课题国内外研究进展，交代本书的主要内容和结构安排，并指出本书可能的创新之处和需要进一步努力的方向。

第2章分析中非经贸合作的时代背景和发展演变。新千年以来，中国与非洲之间经贸合作日益密切，中非贸易、对非工程承包、对非投资规模均快速上升，双方在彼此对外经贸合作中的地位亦持续上升。当前中非经济结构存在显著的梯次互补特征，中国正处于富余产能转移，产业体系升级，经济结构转型的攻坚期；非洲则面临构建自身工业基础的迫切任务，同时人才素质、民生问题等均有待解决。中国发展模式对非洲国家经济起飞具有丰富的借鉴意义，非洲国家在学习中国经验方面的积极性空前高涨。中非论坛第五届部长级会议将农业、基础设施、中小企业、制造业、工业化确定为下一步中非经贸合作的重点领域，有待解决非洲国家面临的问题。该部分研究在全球化不断深入、世界经济格局重心发生变化的背景下，非洲和中国经济形势的最新特征，以及新形势下中非经贸合作出现的发展变化趋势。本章具体内容包括：（1）中非经贸合作在双方总体对外经贸关系中的地位、对各自经济发展及全球经济的意义和作用。（2）非洲经济形势的新变化，重点关注非洲经济结构、增长空间、产业发展路径及政策环境的变化趋势。（3）中国经济形势的新变化。（4）当前中非经贸合作中出现的新情况与新变化，美国2012

年出台对非新战略对中国的影响，中国新一届政府将中非经贸关系放在新的高度上带来的新变化等。

第3章剖析中非经贸合作的发展现状及其前景。作为中非经贸合作的"三驾马车"，贸易、工程承包、投资三种合作形式近年来均取得了显著进步，呈现出新的特点，也存在一些新的问题。本章具体包括以下内容：（1）中非贸易的现状及前景。（2）对非工程承包的现状及前景。（3）对非投资的现状及前景。

第4章研究中非经贸合作的内部结构演进趋势。中非经贸合作内部各种合作形式之间尚不均衡，贸易规模快速上升、承包占绝对地位，而投资略显弱小，中非经贸合作结构明显存在不合理之处，尚未形成良好互动。未来应探索"三驾马车"发展方向：进一步发挥中非贸易的基础性作用，并提升贸易伙伴的多元化程度，逐步升级贸易产品结构；在继续保持对非工程承包高市场份额的情况下，工程企业上游应向设计、咨询、投资升级，提升层次，下游应向运营、管理拓展，创新模式；对非投资应逐步成为中非经贸合作的主导合作方式，中国企业逐步实现由商品走出去向资本走出去转型，由劳务输出向管理输出转型；并最终实现三驾马车"并驾齐驱，相互支撑"的良好互动局面。本章具体包括以下内容：（1）中非经贸合作结构演进的理论依据；（2）中非经贸合作结构演进的现实需求。

第5章研究中非经贸合作的新机遇和新挑战。机遇方面，全球经济形势的日趋复苏正给中非经贸合作带来更好的国际经济大背景；中非双方经济结构和发展阶段的内在互补性给中非经贸合作带来战略机遇期，中非经贸合作在规模上升和结构升级方面均面临战略机遇期，中非经贸合作已进入快速发展的时间窗口。挑战方面，美国量化宽松退出正冲击非洲一线国家经济发展，未来不利影响还可能向实体经济深处传导；美国等西方国家出台新的对非合作战略，提升对非合作的战略考量，并时刻不忘指责中非合作，甚至宣扬"新殖民主义"，对非合作的竞争正趋激烈，舆论环境趋于恶化。本章具体内容包括：（1）中非经贸合作的新机遇，在分析当前中非合作中各自比较优势的基础上，指明强经济互补性、全球资本重组这一历史窗口期给我国开展对非经贸合作带来的机遇。（2）中非经贸合作面临的挑战，重点分析非洲经济的脆弱性、非洲市场竞争的激烈性、非洲投资环境的困难性、中国及非洲各国诉求的差异性、中非合作舆论环境的复杂性。（3）中非经贸合作的前景展望。

第6章在前述研究基础上提出未来中国非经贸合作战略谋划和政策建议。未来进一步提升中非经贸合作的效益和层次，助力中国在海外培育国际经济合作竞争新优势，既需要从战略层面谋划，提出国家层面上对非合作的战略，尝试和创新以三驾马车为基础的新型合作模式，全面提升中非经贸合作效益。也需要构建一个政策支持体系，应在统一的战略利益考量框架下协调处理涉非各政府部门、金融机构、国有企业和民营企业之间的战略目标，提升协同效率，降低交易成本，实现中非经贸合作的战略目标、方向。政策层面上应从审批管理、财政、金融、产业、配套支持、舆论优化与软实力建设等多个方面构建第二系统性的促进政策体系，并注重政策设计的针对性、政策间的协同配合及可操作性。本章具体内容包括：（1）中非经贸合作的战略谋划。（2）支持对非经贸合作的政策建议，包括产业政策、财政税收、金融支持、项目审批及其他保障性政策，以及各种措施的协同和整合。

1.4　可能的创新和不足之处

本书可能的创新之处主要有：

第一，从经济全球化的高度和视野研究中非经贸合作。世界各国积极寻求与非洲合作，主要是出于对资源、市场的需求，但非洲本身的发展对于国际政治经济的稳定、对于世界的可持续发展极为重要。非洲不发展，世界经济就不可能步入良性循环。中非扩大经贸合作对中国、非洲乃至世界的发展都具有积极作用。找出中非经贸关系在世界经济总体格局中的准确位置，可以凸显其对全球发展的重大意义，明确进一步扩大双方经贸合作的潜力与限制因素。

第二，紧紧围绕本书研究目的，合理安排各部分内容，通过全面系统和多视角的深入研究与分析，找准新形势下中非经贸合作的重大机遇和现实问题，在此基础上，提出进一步培育中国的国际经济合作竞争新优势，促进对非经贸发展的思路以及前瞻性、可操作的政策建议。

第三，笔者前期积累了大量的国际机构和国家统计部门的权威统计数据，并利用工作单位与政府部门和相关企业联系上的优势，通过调查、走访、研讨等多种形式，获得中非经贸合作的第一手资料，保证课题研究的实用价值。

第四，采用定性分析和案例分析相结合、纵向对比与横向比较相结合的方法。研究中非经贸合作的动因及对双方的经济效应，合理测算非洲经济的成长空间和市场潜力等；既从纵向总结对比中非经贸合作的历史演进和地位的变化，也从横向比较分析非洲与其他国家进行经贸合作的因素及经验教训。

本研究可能存在如下几个方面的不足：

第一，非洲50多个国家在经济、政治、社会、资源等方面存在巨大差异，研究样本异质性程度很高，这使得本书的研究本身成为一个复杂的系统工程，本书的结论和建议难以适用于所有非洲国家的情况，而只能适用于分析和构建与大多数非洲国家的经贸关系。

第二，非洲国家发展落后，数据可获性差。笔者通过问卷调查获取部分一手数据，并通过相关国际机构、政府部委等合作伙伴解决这一难题。但囿于时间和精力，目前本研究使用的量化分析有限。数据的积累和完善，并用一手数据检验本研究的主要结论，将是本课题未来的一个重要研究方向。

第 2 章 >>> 中非经贸合作的地位和时代背景

中国与非洲是优势互补、互利共赢的合作伙伴，双方在平等互利的基础上互通有无，取长补短，开展形式多样的经贸合作，合作规模不断扩大、领域不断拓宽、水平不断提高。中非贸易的健康发展对双方经济发展和提高人民生活水平都十分有利。

2.1 中非经贸合作在双方对外经贸合作中的地位

中非经济互补性强，非洲是中国重要的产品出口市场和重要的能源和原材料来源地，也是中国企业承包工程的重要市场和对外投资的目的地。

2.1.1 中非经贸合作在中国对外经贸合作中的地位

改革开放以来，中国经济的开放程度不断提高，对外贸易规模快速上升，工程企业海外成长迅速，对外投资也不断发展。

一、非洲在我进出口格局中的地位不断上升 [①]

改革开放以来，得益于我国较低的劳动力和土地成本，并在国家政策的大力支持下，我国逐渐成长为中低端制成品的"世界工厂"，进出口规模持续大幅上升。

2007 年，中国进出口总额突破 2 万亿美元，成为世界第三大货物贸易国。根据世界贸易组织秘书处 2014 年初的最新统计，2013 年我国货物进出

---

① 因中非贸易中绝大多数为货物贸易，服务贸易尚处于起步阶段，规模较小，且缺乏相关统计数据，如无特殊说明，本书分析的中非贸易仅指货物贸易，而非包含服务贸易。

口总额达 4.16 万亿美元（其中进口总规模 1.95 万亿美元，出口总规模 2.21 万亿美元），超过美国，成为全球"第一贸易大国"。[①] 中国贸易规模从 1978 年的世界排名第 32 位，上升至 2013 年成为世界第一大货物贸易国，历时 35 年。

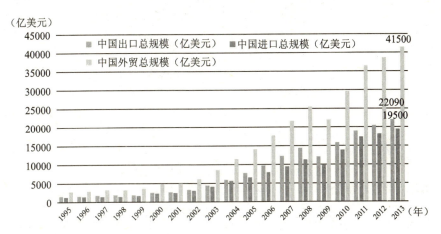

图 2.1　中国对外贸易发展情况

资料来源：联合国贸易和发展会议（United Nations Conference on Trade and Development；UNCTAD）。

新千年以来，随着中非双方经济的发展，中国与非洲之间经济互补性不断显现，贸易活动日益活跃，规模持续上升。

我国石油、铁矿等重要矿种进口依存度都在 50% 以上，富煤、贫油、少气的能源构成是中国必须面对的现实。近年来，非洲已探明的油气储量不断增加，在世界能源市场上的重要性与日俱增。我国缺口较大的石油、铀、铝土矿、金、铂族金属、铬、锰等，在非洲储量丰富。[②]

2000 年以来，非洲在中国进口来源地中的地位不断上升。2000 年，中国

---

①　根据美国商务部发布的数据，2013 年美国货物贸易进出口总额 3.91 万亿美元，我国以约 2500 亿美元的优势领先于美国，成为世界第一大货物贸易国。资料来源：人民网 2014 年 3 月 2 日评论文章《中国成为世界第一货物贸易大国》，详见如下网址：http://cpc.people.com.cn/n/2014/0302/c87228-24502124.html。

②　目前，非洲是中国目前第二大进口油源地，是中国最大的海外份额油来源地。中国正在非洲进行大规模的石油勘探，中非在石油领域的合作有着越来越深入的趋势。非洲在今后很长的一个时期内都是中国不可替代的石油进口地区。

进口总规模为 2 251 亿美元，其中仅 56 亿美元来自于非洲，占比 2.74%。到 2013 年，我国进口总规模达 1.95 万亿美元，其中从非洲进口规模上升至 1 175 亿美元，占比提高至 6.02%。

图 2.2　历年非洲在中国进口中的占比情况

资料来源：联合国贸易和发展会议（United Nations Conference on Trade and Development；UNCTAD）。

在 2013 年中国的进口来源地结构中，非洲仅位于欧盟、美国、韩国、日本和东南亚等中国传统贸易伙伴之后，在中国进口格局中的比重已经超过澳大利亚。非洲在中国进口来源地结构中地位的上升，是近年来我国外贸伙伴多元化战略的一个重要成就。随着中非经贸合作的持续推进，未来非洲在我国的贸易格局中地位仍将进一步上升。

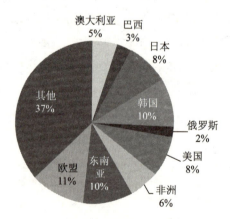

图 2.3　2013 年中国进口业源地分布图

资料来源：联合国贸易和发展会议（United Nations Conference on Trade and Development；UNCTAD）。

　　中国产品在非洲很受欢迎，轻工、家电、电子等产品是中国企业的优势所在，中国产品适合非洲的发展阶段和技术水平，且具有较为明显的价格优势，在非洲市场的增长潜力很大。

　　自 2000 年中非论坛建立以来，中非经贸合作的规模更是不断扩大。2000年，中国出口总规模为 2 492 亿美元，其中对非洲出口规模为 50 亿美元，占比 2.01%，此后我国对非出口规模和非洲在中国出口总量中的占比持续上升。2013 年，中国出口总规模达到 2.21 万亿美元，2000 年以来年均复合增长率达 18.3%，其中对非洲出口规模上升至 926 亿美元，2000 年以来年均复合增长率 25.4%，对非出口规模增长率明显高于我国出口增长率。2013 年非洲在我出口目的地中的占比上升至 4.19%，比 2000 年时的占比水平提高了一倍。

图 2.4　历年非洲在中国出口中的占比情况

资料来源：联合国贸易和发展会议（United Nations Conference on Trade and Development; UNCTAD）。

　　在 2013 年中国对外出口区域结构中，除美国、欧盟、东南亚、日本、韩国等中国传统贸易伙伴外，非洲在我国对外出口中所占比重上升至 4.19%已经较为醒目。加强对非洲的出口有利于中国外贸市场多元化战略的实现，从而在一定程度上减少对某些发达市场的过分依赖。

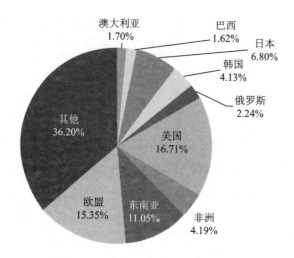

图 2.5　2013 年中国出口区域分布图

资料来源：联合国贸易和发展会议（United Nations Conference on Trade and Development；UNCTAD）。

由此可见，虽然近年来中非贸易额快速上升，但由于中国进出口规模巨大，而非洲本身经济体量相对于欧、美、日、韩、东南亚等中国传统贸易伙伴较小，非洲在中国外贸中的份额本身并不高。但是，随着未来非洲经济和中非经济互补效应的不断显现，中非贸易未来增长空间仍然巨大。

二、非洲为中国第二大海外工程承包市场

得益于相对低廉的劳动力成本、高效的工程施工组织能力等，我国已经成长为全球最重要的海外工程承包国之一。据商务部统计，从中国国际承包商在海外承揽业务开始到 2012 年底，中国对外承包工程业务累计签订合同额 9 981 亿美元，完成营业额 6 556 亿美元。① 在此过程中，中国国际承包商也得到了长足发展，成为国际承包市场的重要力量。

2012 年，尽管受到全球经济放缓的影响，中国对外承包工程业务完成营

_____

① 中国海外承包工程商会 2014 年 2 月 26 日公开发布的调研报告《2013 中国国际承包商非洲本土化实践调查报告》（Survey Report on Localization Practice of Chinese International Contractors in Africa 2013）。详见如下网址：http：//www.chinca.org/cms/html/shzr2/col343/2014 － 02/26/20140226165249613407667 _ 1.html。

业额 1 166 亿美元，同比增长 12.7%；新签合同额 1 565.3 亿美元，同比增长 10%。①

我国工程承包企业相对低廉的价格和技术适用性在非洲颇受欢迎，非洲已成为中国企业重要的承包工程市场。进入 21 世纪，中国对外承包工程业务在非洲快速、全面、深入发展。从 2001 年到 2012 年，中国对外承包工程业务新签合同额从 24.6 亿美元上升到 640.5 亿美元，增长约 26 倍。中国企业与非洲国家签订承包工程业务合同额年年攀升。②

根据商务部披露的数据，2012 年，中国企业在非洲完成承包工程营业额 408.3 亿美元，比 2009 年增长了 45%，占中国对外承包工程完成营业总额的 35.02%。非洲已连续 4 年成为中国第二大海外工程承包市场，非洲在我国海外工程承包市场中所占的份额仅次于亚洲。③

中国海外承包工程商会 2013 年 3 月 21 日发布的一项报告显示，中国对外承包工程业务最多的前三位国家分别是尼日利亚、安哥拉和委内瑞拉。④ 前三位国家中有两个是非洲国家。

非洲是全球发展中国家最集中的大陆，基础设施整体落后，且当前正进入大规模城市化阶段，基础设施资金和建设缺口巨大。未来非洲在中国对外工程承包中的市场地位仍将不断上升。但是，我国工程企业在海外的内部竞争日益激烈，中国企业之间相互压价，甚至产生恶性竞争，未来可能影响海外工程承包的整体效益。同时，中国企业在工程项目中大量使用中国工人，招致多国指责中国工人抢占东道国工作机会，其对中国企业整体形象的影响不容忽视。

三、非洲在我对外投资格局中占比逐步上升，但目前占比仍较低

根据中国商务部、国家统计局和外汇管理局共同披露的数据，2013 年中国对外投资流量达 1 078.4 亿美元，同比增长 22.8%，首次突破千亿美元大

---

① 《证券日报》2013 年 6 月 13 日评论性文章《商务部：一季度我国对外承包工程营业额大幅增长》。详见如下网址：http://news.xinhuanet.com/fortune/2013—06/13/c_124847665.htm。

② 中国对外承包工程商会《中国对外承包工程发展报告 2012—2013》。

③ 中华人民共和国国务院新闻办公室 2013 年 8 月发布的报告《中国与非洲的经贸合作白皮书（2013）》。

④ 中国海外承包工程商会，网址：http://www.chinca.org。

关。2013 年中国对外直接投资流量仅居美、日之后，位列全球第三大对外投资国。① 截至 2013 年年底，中国对外投资存量达 6 604 亿美元，全球排名从 2011 年的第 17 位上升至 2013 年的第 11 位。②

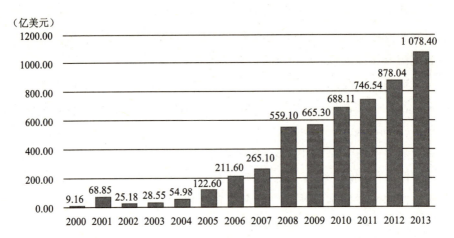

图 2.6 中国对外 FDI 流量

资料来源： 联合国贸易和发展会议（United Nations Conference on Trade and Development；UNCTAD）。

新千年以来，我国对非洲直接投资快速增长，2013 年，中国对非洲直接投资流量 33.69 亿美元，同比增长 33.9%。从中国对外直接投资的区域流向看，70% 左右流向地理上接近、文化上相似的亚洲地区，流向北美洲、南美洲和欧洲的比例也较高，流向非洲的 FDI 虽然近数年来保持了高速增长，但我国对非投资总体而言起步较晚，当前尚处于初级阶段，对非直接投资在中国对外投资中所占比重仍较低。2013 年，中国对非投资在我国对外 FDI 流量中所占比重约为 3.12%。

---

① 商务部、国家统计局、国家外汇管理局于 2014 年 9 月联合发布的《2013 年度中国对外直接投资统计公报》。

② 《中国改革报》2014 年 6 月 26 日评论文章《我国对外投资全球排名 2013 升至第三位》。详见如下网址：http://www.crd.net.cn/2014—06/26/content_11736117.htm。

图 2.7　对非直接投资在中国对外 FDI 中的占比情况

资料来源：联合国贸易和发展会议（United Nations Conference on Trade and Development；UNCTAD）。

近年来，即使在中国对外 FDI 快速上升的背景下，对非直接投资在中国对外 FDI 中的比重仍然呈明显上升的态势，对非投资的增长率高于我国对外投资的增长率，非洲在我国对外投资中的地位正稳步上升。

当前我国正处于对外开放的加速期，我国对外投资也处于快速上升期。2013 年 5 月，国务院总理李克强曾在瑞士《新苏黎世报》发表署名文章，称今后 5 年，中国将进口 10 万亿美元左右的商品，对外投资规模将达到 5 000 亿美元。[①]

2014 年 5 月，国务院总理李克强在访非期间在非盟总部发表题为《开创中非合作更加美好的未来》的演讲，明确提出进一步加强对非贸易和投资合作，"力争实现到 2020 年中非贸易规模达到 4000 亿美元左右，中国对非直接投资存量达到 700 亿美元以上"。

在此背景下，随着中非经济互补性的不断凸显，非洲在我对外投资格局中的地位将稳步上升，当前正面临快速上升期。

2.1.2 中非经贸合作在非洲对外经贸合作中的地位

中非经贸合作对非洲经济的发展起着积极的促进作用，中国已经成为非

---

① 路透社 2013 年 5 月 24 日评论文章《中国经济：今后五年将进口 10 万亿美元商品，对外投资达 5000 亿美元》。详见如下网址：http://cn.reuters.com/article/vbc_cn_economics/idC-NL3S0E506K20130524。

洲最大的贸易伙伴，中国工程企业为非洲的基础设施发展做出了重要贡献，中国对非投资正成为非洲经济建设的一个越来越重要的资金来源。

一、中国已成为非洲第一大贸易伙伴

金融危机爆发后的第一年，2009 年，中非贸易总规模从 2008 年的 1 072.1亿美元下降至 910.7 亿美元。但即使如此，中国在 2009 年成为非洲第一大贸易伙伴国。此后，中非贸易规模不断上升，快速返回上升通道，中非贸易在非洲对外贸易中持续位居全球第一大贸易伙伴。

据联合国贸发会议（UNCTAD）的统计，2013 年，非洲进出口规模达 1.23 万亿美元，其中进口 6 287 亿美元，出口 6 016 亿美元。

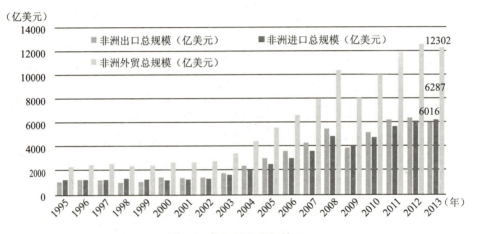

图 2.8 非洲外贸发展情况

资料来源：联合国贸易和发展会议（United Nations Conference on Trade and Development；UNCTAD）。

2013 年，在全球经济延续弱复苏的背景下，中非经贸关系继续保持良好发展势头，双边贸易额再创历史新高，达到 1 870 亿美元，同比增长 5.9％。其中，非洲向中国出口 959 亿美元，自中国进口 912 亿美元。中国在非洲进出口中所占的比例也持续上升。

出口方面，2000 年非洲对中国出口规模仅 14 亿美元，占非洲出口规模的比例也仅为 3.19％。到 2013 年，非洲对中国出口规模上升至 959 亿美元，中国在非洲出口中的占比已上升至 15.94％。

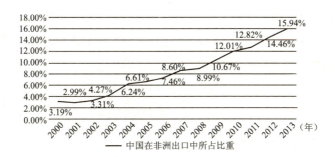

图 2.9 中国在非洲出口中所占比重

资料来源：联合国贸易和发展会议（United Nations Conference on Trade and Development；UNCTAD）。

在 2013 年非洲出口目的地区域结构中，如在国家的基础上进行比较，中国以 16％的份额成为非洲第一大出口市场。而作为整体来看，欧盟仍然是非洲出口的重点区域，在出口额中占比 35％，美国、印度以及地理位置上比邻的西亚地区，也已是非洲出口的重点区域。

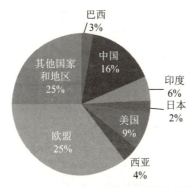

图 2.10 2013 年非洲出口目的地分布

资料来源：联合国贸易和发展会议（United Nations Conference on Trade and Development；UNCTAD）。

事实上，过去几年，非洲对中国出口规模不断扩大，原油、农产品等大宗商品贸易金额、数量都快速增长。通过中非贸易，非洲出口产品获得稳定市场，提升了价格，获得了更大实惠。同时，中国正通过关税豁免、设立非洲产品展销中心①等措施，积极扩大非洲对华出口。根据我国的有关政策，

---

① 2011 年 5 月，中国设立的非洲产品展销中心在浙江省义乌市正式开业。通过减免运营费用等扶持政策，展销中心已吸引非洲 20 多个国家的 2000 余种商品入驻销售。

自 2012 年 1 月起,与中国建交的 30 个非洲最不发达国家全部可以享受 60%的输华商品零关税待遇。截至 2012 年底,已有 22 个非洲受惠国累计受惠货值达到 14.9 亿美元,关税税款优惠 9.1 亿元人民币。

进口方面,2000 年非洲从中国出口规模仅 43 亿美元,占非洲进口规模的比例也仅为 3.43%。到 2013 年,非洲从中国进口规模上升至 912 亿美元,中国在非洲出口中的占比也上升至 14.50%。

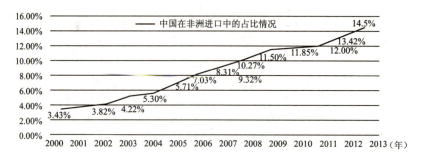

图 2.11　中国在非洲进口中的占比情况

资料来源:联合国贸易和发展会议(United Nations Conference on Trade and Development;UNCTAD)。

在 2013 年非洲进口来源地区域结构中,同样,如果在国家的基础上进行比较,中国以 14.50%的份额成为非洲第一大进口来源国。而作为整体来看,欧盟同样仍然是非洲出口的重点区域,在非洲进口总额中占比 31.64%,美国、印度以及地理位置上比邻的西亚地区,也已是非洲进口的重点来源区域。

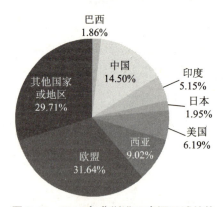

图 2.12　2013 年非洲进口来源区域结构

资料来源:联合国贸易和发展会议(United Nations Conference on Trade and Development;UNCTAD)。

非洲通过从中国进口也可以获益。中国商品物美价廉，在非洲很受欢迎，为非洲的消费者节省了资金，可以帮助非洲国家平抑物价，对非洲经济发展和人民生活改善都起到了正面作用。

前述分析表明，2009 年以来，中国已成为非洲的第一大外贸伙伴，中国的产品和市场在非洲经济中已经占据举足轻重的地位，这是中非双方产业结构互补的重要体现[①]，也是中非双方共同努力的结果。未来中非双方经贸关系的进一步紧密，中非贸易的规模仍将持续上升，中国产品和市场在非洲经济发展中将扮演更为重要的角色。

二、中国企业是非洲工程承包市场的最大国际承包商

随着非洲经济快速发展，基础设施建设成为当前非洲国家发展面临的迫切需要。中国国际承包商充分发挥自身的技术、资金等专业优势，通过项目积极帮助非洲改善基础设施条件。这种参与符合非洲国家当前的优先发展领域，正在为未来非洲国家的经济社会发展奠定基础。

根据国资委的统计数据，目前中国企业在非洲工程承包市场上的份额已经达到 42.4%，超过非洲地区昔日宗主国家法国、英国、意大利、西班牙等的总和，位居第一（国资委数据，统计范围为国有工程企业）。如果考虑在非经营的大量中国民营企业，中国企业在非洲工程承包市场上的份额将更大，中国企业无疑已经成为非洲工程承包市场上最大的国际承包商。

中国企业在非洲承建的工程涉及房屋建筑、石油化工、电力设施、交通运输、通信设备、水利工程、冶金设施、铁路改造以及道路桥梁、港口建设、农田整治等各个领域。中国企业在非洲建成了大量市政道路、高速公路、立交桥、铁路和港口项目，有效改善了非洲国家的通行状况，促进了非洲国家内部和国家间的经贸发展和人员往来。中国通信企业在非洲参与了光纤传输骨干网、固定电话、移动通信、互联网等设施建设，扩大了非洲国家电信网

---

①　资源禀赋和产业结构之间的互补性在决定两个经济体之间的贸易关系方面具有重要作用，例如，作为全球大型经济体之一的俄罗斯，因其在资源禀赋上存在与非洲相似之处，且其和非洲一样是工业制成品的进口大国，俄非之间的贸易规模很小。根据联合国贸发会议的统计数字，2013 年非洲向俄罗斯出口规模仅 19 亿美元，占非洲对外出口的 0.31%；2013 年非洲从俄罗斯进口规模仅 79 亿美元，占非洲进口规模仅 1.25%。类似的情况也出现在非洲与澳大利亚之间的贸易中。

络的覆盖范围，提升了通信服务质量，降低了通信资费。中国与非洲国家在水电站建设、电网铺设等方面合作密切，缓解了非洲部分国家长期存在的电力危机。[①]

中国企业在非洲工程承包市场上的成功，离不开中国政府和金融机构为非洲基础设施建设提供的大量优惠性质贷款和商业贷款。2010 年至 2012 年 5 月，中国对非优惠性质贷款项下累计批贷 92 个项目，批贷金额达 113 亿美元。[②]

此外，中国企业在非洲建设基础设施的过程中，注重属地化经营和管理，积极参与公益事业。例如中国在非的大型通讯企业的本地化率已超过 65%，为当地间接增加超过 1 万个就业岗位。根据中国国际承包商协会的问卷调查，中国国际承包商均能按照法律规定雇佣当地员工，保障员工合法权益，平均员工本土化雇佣率在 70%左右，其中劳务人员本土化雇佣率普遍高于技术管理人员。[③]

基础设施建设是改善非洲投资环境和民生条件的根本支撑，对非洲减贫和发展至关重要。中国政府鼓励企业和金融机构以多种方式参与非洲交通、通信、电力等基础设施项目建设。来自中国的资金、设备和技术有效降低了非洲国家建设成本，使非洲基础设施落后的面貌逐步得以改善。未来中国将继续深化中非双方在交通、通信、民生等基础设施建设领域合作，不断推进"非洲跨国跨区域基础设施建设合作伙伴关系"，密切双方在区域一体化领域的交流合作，帮助非洲提高整体发展能力。因此，未来随着非洲基础设施建设的推进，中国企业仍将在非洲工程承包市场上占据重要地位。

三、中国资本在非洲 FDI 流入格局中占比仍较低，欧、美等传统投资者资金在非长期占据统治地位

对非洲而言，发达国家一直是其 FDI 流入的主要来源，欧洲、美国及其

---

① 中华人民共和国国务院新闻办公室 2013 年 8 月发布的报告《中国与非洲的经贸合作白皮书（2013）》。

② 中华人民共和国国务院新闻办公室 2013 年 8 月发布的报告《中国与非洲的经贸合作白皮书（2013）》。

③ 中国海外承包工程商会 2014 年 2 月 26 日公开发布的调研报告《2013 中国国际承包商非洲本土化实践调查报告》（Survey Report on Localization Practice of Chinese International Contractors in Africa 2013）。详见如下网址：http://www.chinca.org/cms/html/shzr2/col343/2014－02/26/20140226165249613407667_1.html.

企业在非洲长期经营，在非洲进行了大量投资。但是，近年来新兴经济体为开发资源和市场，纷纷加大对非洲的投资力度，所占份额也在不断上升，对非洲经济增长的贡献率不断加大。

2008年全球金融危机爆发后，发达国家因金融市场受到严重冲击，对非洲投资的力度和规模出现了下滑态势。非洲传统投资伙伴欧洲国家对非投资的下滑尤为明显，2000—2004年间欧盟国家对非洲直接投资占到非洲FDI总流量的55.5%，2005—2010年间，这一数字已下滑至43.7%。与此同时，来自发展中国家的FDI则显示了其平稳性和持续性，为非洲经济走向复苏起到了关键性作用。

近年来，从新兴国家流入非洲的FDI显著增加。新兴国家在非洲FDI流量中的份额从2000—2004年间的5.6%上升到2005—2010年间的10.2%。全球金融危机后，这一趋势更为明显。发展中国家尤其是亚洲国家对外投资的进程持续推进，企业国际化步伐不断加快，对非洲的投资不断高涨。相对于发达国家，来自新兴国家的投资更为活跃。

表2.1 非洲FDI来源区域格局变化情况

单位：%

	2000—2004	2005—2010
世界	100	100
传统合作伙伴	84.8	83.3
欧盟	55.5	43.7
美国	25.7	37.4
其他	3.5	2.3
新兴合作伙伴	5.6	10.2
中国	0.6	0.9
印度	0.4	1.7
拉丁美洲	0.3	0.2
中东	3.2	6.1
其他	1.1	1.3
非洲	5	5.6
其他	4.7	0.8

数据来源：AfDB，OECD，UNDP。

2000 以来，尤其是 2006 年中非论坛北京峰会以来，中国对非投资在非洲 FDI 格局中的地位呈明显上升态势。2006 年，中国对非直接投资额为 5.20 亿美元，占当年非洲 FDI 流入量（流量）的比例仅 1.46％。到 2013 年，中国对非直接投资规模上升至 33.69 亿美元，占当年非洲 FDI 流入量（流量）的比例上升至 5.89％。事实上，2011 年以来，中国对非直接投资在非洲接受 FDI 流量中的占比已基本上升到 5％左右。

图 2.13　中国在非洲 FDI 流入（流量）中的占比情况

资料来源：联合国贸易和发展会议（United Nations Conference on Trade and Development；UNCTAD）。

但毋庸置疑的是，到目前为止我国对非洲的直接投资仍处于起步阶段，相对非洲的老牌投资来源欧洲和美国，我国对非直接投资基础尚较薄弱，未来仍有巨大的上升空间。

综上所述，从贸易、工程承包和投资三种国际经济合作形式来看，经过改革开放以来中非双方的推进，尤其是 2000 年中非论坛成立以来中非经贸合作的快速发展，中国与非洲之间已远远不再是通过援助维系起来的"兄弟"，而是已经成为全方位的经贸合作伙伴关系。

从中非贸易的角度看，从 2009 年开始，中国已经连续 5 年位居非洲第一大贸易伙伴，在国别比较基础上中国在非洲进出口中的地位均已超过欧美国家等非洲传统贸易伙伴。非洲在中国对外贸易格局中的地位也在不断上升，2013 年非洲在我国进口中的占比已上升至 6.02％，在我国出口中占比上升至 4.19％。但因为中国已经成为全球第一贸易大国，而非洲的经济体量相对较小，非洲在中国外贸格局中的地位还不高。

从工程承包的角度看，非洲已连续 4 年成为中国第二大海外工程承包市场，非洲在我国海外工程承包市场中所占的份额仅次于亚洲。2012 年，中国企业在非洲完成承包工程营业额 408.3 亿美元，比 2009 年增长了 45％，占中国对外承包工程完成营业总额的 35.02％。同时，中国企业已经成为非洲工程承包市场的最大国际承包商，目前中国企业在非洲工程承包市场上的份额已经达到 42.4％，超过非洲地区昔日宗主国家法国、英国、意大利、西班牙等的总和，位居第一（国资委数据，统计范围为国有工程企业）①。

但是，从对非投资的角度看，中非经贸合作的层次还有待提高，投资是中非经贸合作的重要"短板"。非洲在中国对外投资格局中占比不高，2013 年，中国对非投资在我国对外 FDI 流量中所占比重仅 3.12％。尽管近年来非洲在我对外投资中的地位已经在上升，但仍然明显低于亚洲、北美洲、欧洲和拉丁美洲，未来有着巨大的上升空间。对非洲而言，发达国家一直是其 FDI 流入的主要来源，欧洲、美国的投资长期在非洲占据统治地位，欧美资本控制了非洲多国的经济命脉。近年来，尽管中国对非投资在非洲 FDI 格局中的地位呈明显上升态势，2013 年我国对非投资在非洲 FDI 流量中的占比上升至 5.89％，但中国资本在非洲 FDI 格局中的地位仍远远低于欧美，未来上升空间很大。

通过中非之间三种主要经贸合作形式在彼此经济格局中所占地位的分析，我们至少可以得出如下三个重要结论：

第一，中非经贸合作已经具备较好基础，这是中非经济结构互补性的直接体现。从 2000 年到现在的 14 年间，中非经贸合作发展迅速，尤其是中非贸易和工程承包，中非双方已经成为彼此在国际上最重要的合作伙伴。中非贸易和对非工程承包的迅速发展，充分体现了中非双方在需求和供给上的高度吻合，双方在产业结构上高度互补，在发展阶段上承继，中国的产品、技术在非洲具备重要的适用性。

第二，中非双方在经济体量上具有不对称特征，这决定中国可以用

---

① 数据来源：国务院国有资产监督管理委员会统计数据。

"小投入"在非洲获得"大回报"。目前，以 GDP 核算，我国是全球第二大经济体。2013 年，中国已成为世界第一大货物贸易国。我国也已成长为全球最重要的海外工程承包国之一。2013 年中国对外直接投资流量仅居美、日之后，位列全球第三大对外投资国。与中国巨大的对外经贸合作体量相比，非洲因其在发展阶段和自身经济体量的原因，在对外合作规模上明显低于中国。

如前所述，中非双方在经济结构上的互补性决定未来中非经贸合作空间巨大，而中非双方在经济体量上的不对称特征，决定如果中国在未来从投入和政策角度，提升对中非经贸合作的重视程度和投入力度，有望"撬动"整个非洲的对外合作格局向中国倾斜，在中非之间形成一条完整而巨大的价值链，提升我国在国际经济格局中的影响力。

第三，对非投资是中非经贸合作的重要"短板"，也是当前中国在非洲影响力较低的关键原因。从中非贸易和对非工程承包的角度看，中非经贸合作在规模上已经取得了重要成就。但是，当前我国对非投资尚处于起步阶段，对非投资在中国对外投资、非洲接受国际投资中的地位均较低，是中非经贸合作的重要"短板"。

国际投资是层次最高、效率最高的国际经济合作形式，其合作层次和效益明显高于贸易和工程承包。投资者通过资产的运营权和控制权，实际上具有了经济生活中的"发言权"。目前在非洲掌握"发言权"的仍然是欧美等非洲传统合作伙伴，关键就在于其掌握了资本，掌握了非洲多国的经济命脉。

当前中非经贸合作已经具备较好的基础，未来如能提升在对非投资方面的投入，尽快弥补"短板"，投资将成为提升我对非贡献度，深化中非传统友好和政治互信的关键手段。在国家战略层面上，提升对非投资力度，有助于我国在国际格局大变革、大调整中对外"突围"，通过投资合作与非洲国家及社会各界真正形成"你中有我，我中有你"的利益交织的"命运共同体"，使我国在非洲的影响力异军突起，使非洲舞台与我亚太传统舞台遥相呼应，对美国为首的西方世界形成重要牵制。

2.2 中国经济形势的新变化

改革开放以来，中国经济在投资和出口的"双轮驱动"下经历了30余年的高速增长。但随着中国土地、环境、人力成本的上升，经济高速增长与产业结构相对落后之间的矛盾日益突出，中国经济正出现一些不容忽视的新变化。

2.2.1 中国经济增速逐渐"下台阶"，未来中国经济中高速增长成"新常态"

根据国家统计局2015年1月20日公布的最新数据，2014年中国全年GDP首次突破60万亿美元（合636 463亿元），全年增速为7.4%，这是1990年以来中国经济的最低增速，但仍高于此前市场预期的7.3%。其中，2014年第四季度GDP同比增速为7.3%，略高于此前市场预期的7.2%。

与此同时，国家统计局也发布了人均GDP数据，2014年我国人均GDP为7 485美元（约合人民币46 531元），高于2013年人均GDP6 767美元，在全球所有国家排名中尚在第90位左右。

2011年以来，中国GDP增速明显呈下行趋势，截至2014年年底，中国GDP季度增速已经连续12个季度低于8%。

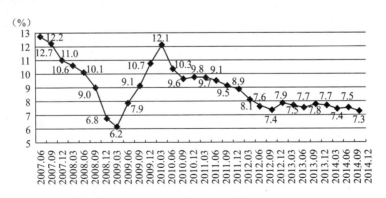

图2.14 中国GDP季度增速持续下行

资料来源：国家统计局。

在 GDP 总体增速不断下行的背后，中国经济各分项指标也在明显下行。2014 年前三季度，全国规模以上工业增加值按可比价格计算，同比增长 8.5％，增幅较上半年下降 0.3 个百分点，比 2013 年同期回落 1.1 个百分点。与此同时，全国固定资产投资增速明显回落，房地产投资继续下行、基建投资放缓、制造业投资萎靡，拖累了固定资产投资总体增速。需求方面，内需低迷，外需不振。

2015 年 1 月 19 日，在国务院第四次全体会议上，李克强总理明确指出，"当前世界经济深度调整、复苏艰难，我国发展进入新常态，正处于爬坡过坎、攻坚克难的关键时期。今年经济下行压力依然较大，面临的困难可能更多。"① 2015 年中国经济再下台阶几乎已成定局，2015 年 3 月 5 日李克强总理在第十二届全国人民代表大会第三次会议上所做的《2015 年政府工作报告》已经将今年的经济增长目标下调到 7.0％。可以说，2013 年以来，中国经济增长逐步进入"新常态"②，有着自身的特征。

从国际经验看，经济增速回落是一个经济体达到中等收入水平之后的普遍规律。无论是战后经济快速恢复的日本和德国，还是以亚洲四小龙为代表的新兴工业化国家，当经济发展到一定水平后，增长速度都会出现不同程度的下滑。经济增速收敛（Convergence）规律方面的大量理论和实证研究也表明，一国经济与均衡状态差距较大时，增长速度较快，随着与均衡状态的靠近，增速将趋于收敛。

根据世界银行的统计，第二次世界大战后连续 25 年以上保持 7％以上高增长的经济体只有 13 个，排除博茨瓦纳、马耳他、阿曼等小国，其余 10 个经济体基本都从第三个 10 年开始减速，第四个 10 年能保持 7％以上增速的

---

① 资料来源：《经济参考报》2015 年 1 月 20 日评论文章《李克强：今年经济下行压力依然较大，困难可能更多》。详见如下网址：http：//finance.qq.com/a/20150120/002755.htm。

② "新常态"（New Normal）一词最先由美国太平洋基金管理公司总裁埃里安 2009 年前后提出，以此形容国际金融危机之后全球经济出现的一个增长速度低于平均水平的时期，并预测这一状态将持续 3～5 年。2014 年 5 月，习近平总书记提出，"我国发展仍处于重要战略机遇期，我们要增强信心，从当前我国经济发展的阶段性特征出发，适应新常态，保持战略上的平常心态"。2014 年 11 月，习近平总书记在亚太经合组织（APEC）工商领导人峰会演讲中，首次公开全面阐述了中国经济的"新常态"，指出"新常态"的三大特点及其带来的四大发展机遇。

只有中国台湾，其余经济体基本都跌至 4％以下。而中国目前已进入高增长的第四个 10 年。

中国经济增长进入新常态的主要原因是，过去支持中国经济高速增长的内外部因素已经发生了变化。

从内部看，人口红利逐渐消退，从 2011 年开始，中国的人口结构已经迎来拐点，劳动力人口比例开始下降，老龄人口占比加速上升。未来 10 年，老龄化趋势将愈发明显，劳动力人口占比将降至 70％以下。人口结构的调整至少从三个方面拉低潜在增速：拉低储蓄率，抬高劳动力成本，带来房地产需求的下降。从外部看，全球化红利在消退，金融危机后，外需和外资开始退潮。

中国经济增长减速，弱化了中国企业在国内市场上面临的需求环境，过去在需求端面临的宽松环境不复存在。另一方面，人力、环境、土地成本都在上升，不断挤压中国企业的生存空间。人民币的持续升值，则直接侵蚀了外向型出口企业的利润空间。中国企业"走出去"的压力面临上升。

2.2.2 产业结构调整进入"阵痛期"，产业升级的战略任务"迫在眉睫"

过去 30 多年，我国经济增长在很大程度上依赖工业发展，并且有向重化工业方向演进的趋势，而第三产业发展相对滞后，这种经济结构不利于就业和经济进一步的增长。

并且，过去 30 余年我国的投资和出口均主要集中于劳动密集型和资源密集型产业，技术密集型产业很少，工业的产业结构也不够合理，过于低端。外国直接投资进入的领域多为传统制造业，外资技术转移和扩散的程度较低，造成了我国资本形成和生产能力集中在产业链的低端，产业结构发展的不合理现象更加突出。这样的产业结构造成我国产业竞争力下降、技术含量低，创新能力不足，也导致我国在国际分工中处于不利地位。

与此同时，由于缺乏规划，地方政府在政绩压力下，各地产业结构雷同，同质竞争较为严重，钢铁、水泥等多个中低端行业产能分散且严重富余。根据 2013 年 10 月国务院发布的数据，截止 2012 年底，中国钢铁、水泥、电解铝、平板玻璃、船舶产能利用率分别仅为 72%、73.7%、71.9%、73.1% 和 75%，明显低于国际通常水平。

表 2.2　中国主要工业产品产量及占全球比例情况

产品	中国产量	占世界同期同类产品比重
基础工业产品：		
粗钢	5.678 亿吨	46.6%（世界第一）
钢材	6.96 亿吨	超过 50%（世界第一）
水泥	16.3 亿吨	超过 50%（世界第一）
电解铝	1 285 万吨	60%（世界第一）
精炼铜	413 万吨	25%
化肥	6 600 万吨	35%
制造业产品：		
汽车	1 379 万辆	25%（世界第一）
造船完工量	4 243 万载重吨	34.8%
冰箱	5 930 万台	60%；（世界第一）
空调	8 078 万台	70%（世界第一）
洗衣机	4 935 万台	40%（世界第一）
微波炉	6 038 万台	70%（世界第一）
手机产量	6.19 亿部	50%（世界第一）
彩色电视机	9 966 万台	48%（世界第一）
节能灯	17.6 亿只	90%（世界第一）
轻工业产品：		
纱产量	2 393.5 万吨	46%（世界第一）
布产量	740 亿米	
化纤产量	2 730 万吨	57%（世界第一）

资料来源：中非发展基金。

为推动富余产能化解，2013 年 10 月国务院发布《关于化解产能严重过剩矛盾的指导意见》（下称《意见》），重拳出击，多措并举，推动富余产能消化和转移。《意见》将各省对地方富余产能的化解纳入政绩考核体系，同时出台一系列财政、税收、审批、产业重组等方面的支持政策，并督促各省分解目标，出台省级层面的方案和鼓励措施。力度之大，前所未有。可以说，中国经济已经进入产业结构调整的"阵痛期",相关行业企业"走出去"的压力以及可能获得的政策支持同样前所未有。

2.2.3 外需支撑力度下降,国际经济合作模式逐步由"出口拉动型"向"投资驱动型"转变

改革开放以来,我国外贸规模持续增长,2013 年我国货物进出口总额达 4.16 万亿美元(其中进口总规模 1.95 万亿美元,出口总规模 2.21 万亿美元),超过美国,成为全球"第一贸易大国"。

在过去的 30 多年里,出口一直是我国经济增长的一个重要"引擎"。在总需求结构中,出口所占份额近年来不断增长。这种对出口的依赖不利于对外经济和国内经济的协调发展。一方面,由于国家通过税收、汇率等政策大力鼓励出口,地方政府热衷于发展出口加工业,资源过分集中在对外经济部门,非贸易部门发展相对滞后。另一方面,中国作为一个发展中大国,经济增长过于依赖外部需求会带来一定的风险,增加经济的波动性。

可以说,我国经济在过去的较长时间里是过度依赖出口的,这也是 20 世纪 90 年代以来粗放型经济增长模式延续的重要原因。尽管中国工业制成品出口已占货物出口的 90%以上,但出口仍然集中在劳动密集型产品和制造环节上,附加值较低。廉价的劳动供给使得企业维持较低的生产成本,保持国际竞争力,但同时也使得企业缺乏技术创新的动力,形成"低技术"陷阱。出口产品与国内需求脱节,面向国内市场的企业总体上比外向型企业的专业化程度低。正如斯蒂格利茨所指出的那样,出口导向战略一方面使得一国的需求不再受本国收入限制,但另一方面,却可能导致该国集中于劳动密集型产业,而削弱长期增长的潜力;出口部门可能相当先进,而出口以外的部分则可能维持在较为落后的层次。我国出口产品中"两高一资"(高能耗、高污染、资源性)产品仍占相当比重,加大了国内资源和环境压力。由于以上原因,高投入低产出的粗放型增长模式因出口导向型战略的实施进一步得以延续,甚至加强。

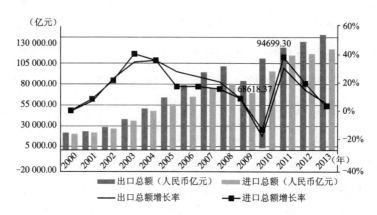

图 2.15　2000—2013 年中国进出口总额

近年来，受国际经济形势波动影响，我国外贸出现各种波动和反复。一方面，随着中国经济的体量在不断增长，世界市场难以支撑中国出口的持续增长，2012 和 2013 年我国出口增长率已分别降至 5% 和 6%，过去每年百分之十几甚至百分之二十几的出口高速增长已经一去不返。另一方面，主要发达国家在经历了本次金融危机后，吸取教训，开始向实体经济回归。这将部分替代我国出口产品，加之其他新兴经济体也会生产替代我国部分出口产品，使得我国制造业产品面临越来越激烈的竞争。

此外，金融危机以来，国际贸易保护主义明显抬头，自 2008 年以来，相关国家推出或拟推出的贸易保护主义措施超过 100 项，包括提高关税、贸易禁令、出口补贴及各种形式的非关税贸易壁垒等。发达国家针对我国的反倾销调查数量也显著增加。美欧更是在传统 WTO 框架之外，大力推动 TPP、TTIP 等区域性经贸合作协定，实质则是变相的、多边的保护主义。

在此背景下，我国未来出口难以再出现过去的高速增长，未来出口对中国经济增长的支持力度下降也将成为"新常态"。2008 年以来，中国"出口/GDP"和"净出口/GDP"两项指标均开始出现"倒 U 形"下降，2007 年中国"净出口/GDP"曾一度达到 7.6% 的高点，此后不断下降，到 2013 年已下降至 2.8%。

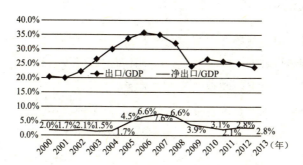

图 2.16 中国出口总额及净出口占 GDP 比例

出口对中国经济增长支撑力度的下降，至少需要从两个方面来弥补：从中国经济内部看，就是要提升消费对经济增长的支持力度；从对外经济合作来看，就是要提升对外投资对中国经济增长的驱动。当前中国经济正在逐步实现这个转型。2013 年以来，中国政府出台一系列政策推动企业对外投资，学界业界均认为 2014 年是中国的"对外投资元年"。[①]

2.2.4 国际收支长期失衡，今后中国经济将逐步告别"双顺差"

改革开放以来，在中国出口型经济的基础上，国家在政策层面长期坚持"保出口"导向，我国经常账户长期保持了高额顺差，且贸易顺差规模逐年还在不断上升。2008 年，我国进出口顺差曾高达 2.08 万亿元人民币的历史高点，金融危机爆发后出现明显下降，2012 年开始再度攀升，到 2013 年当年贸易顺差已回升至 1.6 万亿元。

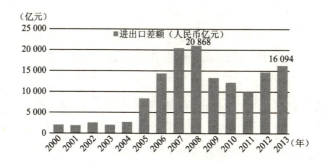

图 2.17 历年中国进出口差额（顺差）情况

① 资料来源：第一财经网 2014 年 11 月 11 日评论文章《2014 年有望成为"对外投资元年"》，详见如下网址：http://www.yicai.com/news/2014/11/4037439.html。

资本项目层面，我国在外资政策上长期重视"引进来"，而对外投资尚处于发展阶段，截止到 2013 年底，各年我国利用外资规模均明显高于对外投资规模。资本账户也同样持续保持了高额顺差。

贸易账户和资本账户的长期"双顺差"，给中国经济带来了明显的国际收支失衡问题。长期"双顺差"下，我国外汇储备规模也快速攀升。2006 年 2 月底，我国外汇储备规模超过日本，居全球第一。根据国家外汇管理局的最新数据，截至 2014 年 9 月底，国家外汇储备余额已高达 3.89 万亿美元。

经常项目长期高额顺差意味着国民储蓄大于投资，本国消费、投资相对不足，产品大量出口，经济资源为他国所用。这种局面不利于经济的长期协调发展，也降低了本国居民的福利。

"双顺差"的累积也导致了金融风险的聚集。巨额的"双顺差"一方面带来本币的升值压力，升值预期刺激了大规模的投资性资本通过各种途径流入我国，扩大了国际收支"双顺差"。这种扩大趋势又进一步加强了人民币升值预期，吸引了越来越多的热钱的流入。国际收支顺差和投资性资本相互促进，形成一个自我加强的循环。另一方面，在现行结售汇体制下，"双顺差"通过外汇占款增加了国内货币供应，导致国内流动性充裕，投资增长难以抑制，并推动商品价格水平的上升，导致通货膨胀。通胀的预期又导致房地产、股票等投资品价格上涨，形成资产的泡沫，金融风险不断聚集。

外汇储备长期的增长也造成了潜在的外汇损失。据估计，我国巨额外汇储备中有将近 1 万亿美元购买美国国债和企业债券。美国经济可能长期保持庞大的经常性账户赤字，美元进一步贬值的可能性不容忽视。这使我国外汇储备面临潜在的贬值危险。

而提升对外投资规模可以有效化解中国国际收支的失衡。从贸易顺差的角度来看，通过对外投资，将一部分富余产能转移出去，降低中低端产品的输出规模，可有效缓解高额贸易顺差问题。从资本账户层面看，资本输出直接降低资本账户顺差规模，提升外汇储备资产规模多样化水平。

事实上，这种改变已经开始出现并产生明显影响。2015 年 2 月 3 日，国家外汇管理局公布的数据表明，2014 年中国经常项目顺差为 2138 亿美元，而资本账户为逆差 960 亿美元，^① 这是近年来中国首次突破"双顺差"，调整为"一顺一逆"。出现这一变化的首要原因是对外投资的快速增长，2014 年，我国共实现全行业对外投资 1160 亿美元，如果考虑第三地融资再投资，2014 年我国对外投资规模估计在 1400 亿美元左右。根据这一初步统计，2014 年我国对外投资规模比利用外资规模高出约 200 亿美元。这说明，2014 年我国对外投资规模已经超过利用外资规模，成为资本净输出国。^②

2.3 非洲经济形势的新变化

2.3.1 非洲经济：后危机时代重回高增长通道

21 世纪以来，非洲经济出现了持续快速增长。2000 年到本轮金融危机爆发前非洲经济年均增长超过 5%，被称为非洲经济增长的"黄金十年"。

2008 年席卷全球的金融危机中断了非洲经济快速增长的步伐，非洲实际经济增长率从 2008 年的 5.6% 下降到 2009 年的 3.1%。2009 年也是近十年来非洲经济增长最慢的一年。在当时非洲大陆 53 个国家里，只有埃塞俄比亚和刚果（金）两个国家的经济增长超过了 7%。经济增长率在 5%～7% 之间的国家有 5 个，在 3%～5% 之间有 17 个，有 29 个国家的经济增速跌至 3% 以下，其中 10 个国家出现了负增长。

由于经济结构不同，各国在经济危机下的表现也不相同。一般而言，石油出口国的经济表现要好于石油进口国。对于石油出口国来说，经济危机前石油价格和石油出口的持续增长为这些国家带来了大量的外汇储备，降低了外债偿还和财政压力，从而为其在经济危机期间实施应对性财政和货币政策创造了空间。^③

但到 2010 年，非洲经济增长率很快恢复至 4.7%。2011 年由于北非政治动荡和世界经济低迷的叠加效应，经济增速陡降为 1.1%。尽管如此，非洲

---

① 张忱：《去年我国未现"双顺差"》，载于《经济日报》2015 年 2 月 4 日。

② 李予阳：2015 年 1 月 26 日发表于《中国经济网》的评论性文章《2014 年我国对外投资已超过利用外资规模》。

③ UNECA & AU, Economic Report on Africa 2010。

经济表现出良好的抗冲击弹性，支撑经济快速增长的因素并未丧失。

2012 年，在全球经济持续疲弱且充满不确定性的不利环境下，非洲经济却强劲反弹，经济增速达 6.4%，远超世界平均水平（2.2%），也高于发展中国家（4.7%），仅次于东亚地区（7.6%）。多达 46 个非洲国家的经济增长率超过世界平均水平，全球增长最快的 30 个经济体中有 16 个是非洲国家。[①]

但 2013 年，受美国经济疲软、欧债危机和新兴经济国家需求疲软、利比亚和埃及等北非国家乱局延续等多重因素影响，非洲经济增长率下降至 3.9%。如不考虑利比亚石油减产因素，2013 年非洲经济增长率为 4.2%。但 2014 年开始，非洲经济增长有望再次加速，在高增长通道中继续攀升。根据非洲开发银行和 OECD 的最新预测，2014 年非洲经济增长率有望上升至 4.8%，2015 年增长率进一步上升至 5.7%，再次回到全球金融危机爆发前非洲经济增长"黄金十年"的增长水平。[②]

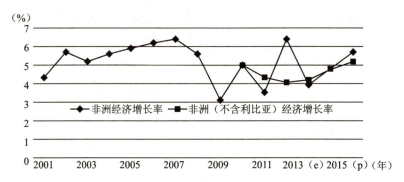

图 2.18　非洲经济增长率
资料来源：非洲开发银行、OECD、UNDP，African Economic Outlook 2014。

2013 年非洲各地区之间的增长差异较为明显。据非洲开发银行和 OECD 的统计，2013 年非洲各区域增长最快的是西部非洲，2013 年增长率达 6.7%，而 2014 年和 2015 年有望进一步攀升至 7.2% 和 7.1%。2013 年西部

[①] 迟建新：《非洲经济：真实的增长与转型的挑战》，载于《求是》2014 年 3 月刊。

[②] 此预测为非洲开发银行、OECD、UNDP2014 年 7 月发布的数据，预测的前提是全球经济企稳，部分非洲国家军事和社会冲突对经济的影响得到缓解。资料来源：African Development Bank，Development Centre of the Organization for Economic Co—Operation and Development，2014，African Economic Outlook 2014，available at：http://www.afdb.org。

非洲多数国家的经济增长率都在 6% 以上，且区内经济增长不完全是出于石油行业的发展。如西非大国尼日利亚，2013 年其经济增长主要来自于农业、贸易、通信等服务行业的发展，其传统强势领域——石油行业表现平平。①

而东部非洲的埃塞、卢旺达、坦桑尼亚和乌干达等国 2014 和 2015 年有望达到 6.5%～7.5% 之间的高增长。东非地区经济增长的主要动力来自于农业的发展。受益于出口和私人投资的增长，以及金融业和通信行业的发展，肯尼亚经济增长率有望从 2013 年的 5% 上升至 2014 和 2015 年的 6% 左右。

表 2.3 非洲国家经济增长率

单位：%

	2009	2010	2011	2012	2013	2014（P）	2015（F）
非洲	2.7	4.7	1.1	6.4	3.9	4.8	5.7
撒哈拉以南非洲	2.5	5.0	4.5	4.9	5.0	5.8	5.9
北部非洲	3.7	4.1	−5.6	9.4	1.9	3.1	5.5
西部非洲	5.6	6.8	6.5	6.9	6.7	7.2	7.1
东部非洲	4.4	7.0	6.3	3.9	6.2	6.0	6.2
中部非洲	3.0	4.8	5.0	5.8	3.7	6.2	5.7
南部非洲	−0.3	3.5	3.7	3.3	3.0	4.0	4.4

注：2013 年为预估值；2014 和 2015 为预测值

资料来源：非洲开发银行、OECD、UNDP，African Economic Outlook 2014.

与此同时，中部非洲、南部非洲在 2014 和 2015 年之间经济增长也存在明显上升趋势。北非地区由于利比亚内战尚未结束，埃及秩序也有待恢复，2013 年北部非洲经济增长率降至 1.9%，但预计 2014 年北非经济增长率有望温和复苏至 3.1%，2015 年有望进一步回升至 5.5%。

总体来看，2014—2015 年非洲经济总体复苏，已经基本重回高增长通道，2015 年开始有望重回非洲经济"黄金十年"的高增长水平。这无疑为中非经贸合作提供了较好的宏观经济基础。2010—2013 年间，非洲出现了较为强劲的经济复苏态势，至少表现在如下三个方面。

第一，非洲多国经济增速已经恢复。在非洲 30 个主要经济体中，27 个

---

① 尼日利亚石油行业占其 GDP 的 37%，占其政府收入的 20% 左右。但 2013 年尼日利亚输油管道屡遭人为破坏，石油行业整体缺乏投资，传统强势行业反而成为拖累其经济的一个因素。

经济复苏态势趋好。

第二，严重依赖资源的单一经济结构出现变化，资源出口对经济增长的贡献率下降至32%，非资源出口增长与资源出口增长率旗鼓相当。

第三，非洲整体生产率出现回升，主要表现为企业竞争更加活跃、技术水平有所提高、通信和科技应用明显发展，消费、就业稳步增长。

如前所述，我们预测，未来5年，非洲总体将保持高速增长。在未来的4～5年时间内，非洲经济增长速度有望超越亚洲，成为全球增长速度最快的大陆。

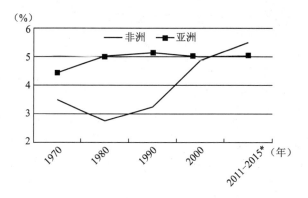

图 2.19　非洲与亚洲的经济增长率及预测

数据来源：IMF。

未来5年，非洲部分国家经济增长速度将明显提升，增长速度引人注目。根据IMF的预测数据，2011—2015年全球经济增速最快的10个经济体中，非洲国家占了7个：埃塞俄比亚（8.1%）、莫桑比克（7.7%）、坦桑尼亚（7.2%）、刚果（布）（7.0%）、加纳（7.0%）、赞比亚（6.9%）、尼日利亚（6.8%）。

表 2.4　全世界经济增速前 10 位国家

单位：%

2001—2010 年		2011—2015 年	
安哥拉	11.1	中国	9.5
中国	10.5	印度	8.2
缅甸	10.3	埃塞俄比亚	8.1
尼日利亚	8.9	莫桑比克	7.7
埃塞俄比亚	8.4	坦桑尼亚	7.2

2001—2010 年		2011—2015 年	
哈萨克斯坦	8.2	越南	7.2
乍得	7.9	刚果（布）	7.0
莫桑比克	7.9	加纳	7.0
柬埔寨	7.7	赞比亚	6.9
卢旺达	7.6	尼日利亚	6.8

注：数据统一使用 IMF 的统计和预测口径，为保持统计口径的一致性和数据的可比性，笔者未对具体数据进行调整。

资料来源：国际货币基金组织。

2.3.2 非洲经济增长的内在驱动因素强劲

2000 年开始的非洲"黄金十年"高增长既受益于外部环境，但更多的是来自于内部因素的强劲驱动。外部环境方面，新世纪伊始到本轮经济危机之前，发达国家和发展中国家均保持了较高的经济增长率，为非洲经济发展提供了良好的外部环境，各国对资源的旺盛需求更是有力支撑了非洲国家的出口。内因驱动方面，加强治理、推行良政成为非洲国家的广泛共识；经济全球化背景下，各国执政党或当权者纷纷将发展经济作为施政重点；非洲大陆政局总体稳定，绝大多数国家致力于发展经济，实施更好的宏观经济管理和政策，这些都为非洲经济发展提供了良好的内部环境。同时，人口红利上升，城市化加速也为非洲经济发展和产业结构升级注入了新的活力。

金融危机过后，随着全球经济总体企稳复苏，非洲经济增长的外部环境得以优化和维持。与此同时，"黄金十年"期间驱动非洲国家经济增长的内因依然存在，未来若干年内这些内部驱动因素的作用还将趋于更加强劲。

第一，非洲城市化加速将催生新的经济增长点

目前非洲正进入城市化加速期，未来 30 年，非洲城市人口比例每年将提高一个百分点，到 2040 年左右，非洲的城市人口比例将达到 60%。同时，非洲人口超过 100 万的城市数量将在未来 10 年翻番至 60 个。非洲城市化的提速将伴随着对基础设施的大量投资，消费市场的扩大，并推进非洲产业结构的升级，催生新的经济增长点。

第二，非洲人口红利期正在到来

目前非洲人口以年均 2.3％的速度增长，远高于亚洲的 1％。非洲人口结构年轻，且将继续向年轻化发展，2040 年之前非洲 15 岁至 24 岁之间的年轻人口预计每十年增长 15％—20％。

发展经济学的研究表明，城市化和人口红利的结合通常能带来经济发展提速——生产率提高，市场和内需扩大，同时积极的溢出效应也将惠及农村。

消费者的崛起是近年来非洲经济出现的另一大趋势。近年随着经济扩张、人口增长和中产阶层崛起，消费支出持续上升。据非洲开发银行预测，2010—2020 年，撒哈拉以南非洲消费市场规模将由 6000 亿美元扩大到 1 万亿美元，其中赞比亚、埃塞俄比亚、乌干达、加纳等国市场容量均将翻番。我国在非洲中、高端商品市场的拓展空间相当可观，金融、航运、通信等服务行业和基础设施的市场潜力也极为巨大。

第三，经济政策环境仍在不断改善，对国际资本的吸引力不断上升

根据世界银行最新发布的《2014 年世界营商报告》，毛里求斯营商环境得分位列非洲地区之首，在全球排名第 20 位；卢旺达位居非洲第二，全球第 32 位。非洲共有 9 个国家营商环境得分高于中国，部分非洲国家营商环境较好；但仍有 30 个国家落在 150 名以后，营商环境较差。①

表 2.5 2014 年度非洲营商环境排名前十的国家

排　名	国　别	营商容易程度在全球排名
1	毛里求斯	20
2	卢旺达	32
3	南非	41
4	突尼斯	51
5	博兹瓦纳	56
6	加纳	67
7	塞舌尔	80
8	赞比亚	83

———————

① 营商指数（Easy Doing Business Index）是反映一国各种规章制度对商业活动的促进效果或制约作用，是体现营商便利程度和产权保护程度的量化调研指标，共包括九个方面的分项指标。详见 World Bank，*Doing Business* 2014。

排　名	国　别	营商容易程度在全球排名
9	摩洛哥	87
	中国	96
10	纳米比亚	98

数据来源： World Bank，*Doing Business* 2014：*Making a Difference for Entrepreneurs.*

当前，多个非洲国家正在通过积极改革改善投资环境，2013/2014 年度营商环境改善最快的 10 个国家中有 3 个是非洲国家：卢旺达、佛得角和赞比亚。2013/2014 年度营商环境 10 个分项指标改善最快的国家中，有 3 个是非洲国家，其中，布隆迪在"获得信贷"分项指标中进步最快，改善速度居全球各国之首；贝宁在"合同执行"分项指标中改善最快，科特迪瓦在"结束营业"分项指标中改善最快。

表 2.6　2013/14 年度营商环境分项指标改善最快的国家

序号	分项指标	改善最快的国家
1	开设企业	希腊
2	申请建筑许可	乌克兰
3	财产登记	俄罗斯
4	获得信贷	布隆迪
5	投资者保护	帕劳
6	缴纳赋税	阿联酋
7	跨境贸易	危地马拉
8	合同执行	贝宁
9	结束营业	科特迪瓦

数据来源： World Bank，*Doing Business* 2014：*Making a Difference for Entrepreneurs.*

第四，非洲基础设施逐步改善，带动经济发展

基础设施投资不断增加，不仅直接拉动了经济增长，而且还有利于营造更好的投资环境，吸引更多外国投资流向更多的行业。

根据世界银行的统计，近十余年非洲每年基础设施开支约 450 亿美元，占其 GDP 的 5% 以上。2012 年，非洲地区共有 800 多个在投基础设施项目，主要涉及运输（41%）和能源（37%），南非和尼日利亚的项目最多，东非的肯尼亚、乌干达、坦桑尼亚和莫桑比克，以及安哥拉、利比亚和喀麦隆等石

油国家，也都在积极推进基础设施建设。①

第五，非洲国家逐步融入全球经济格局，发挥自身优势和潜力

非洲国家拥有丰富的农业和矿业资源，具有十分巨大的成本、资源和市场优势。随着科技进步和制度创新，以及伴随产品、生产、服务、人员和信息的跨国界流动，经济全球化正在成为不可逆转之势。经济全球化促进了生产要素的跨国流动和优化配置，促进全球范围的资本流动、产业转移和技术共享。

毫无疑问，非洲国家也可以利用经济全球化带来的机会，发挥其劳动成本低、资源丰富和本土市场需求多样化等优势，积极参与国际分工与协作，通过引进和吸收先进技术和管理经验，引进发达国家的设备、资金和管理经验，促进传统产业的升级换代和现代工业和科学技术的快速发展，扩大国际分工的利用空间。

2.3.3 当前非洲经济增长中新的不确定性因素

虽然当前非洲经济增长前景总体趋好，未来5年内增长动力较为强劲，目前已基本重返高增长通道，给中非经贸合作的发展提供较好的宏观基础。但是，新形势下，非洲经济增长也正面临着新的不确定性。

第一，外部需求回升速度给非洲经济增长带来一定挑战

多数非洲国家经济结构单一，经济发展严重依赖能源、矿产、农产品等初级产品的出口，以及官方发展援助和国际直接投资等外部资金来源。非洲国家经济的这种高度对外依存性使得非洲经济的进一步复苏在较大程度上依赖于欧洲、美国等发达国家，以及中国、印度和巴西等新兴经济体对初级产品的需求。

根据 IMF2014 年 10 月的预测，2014 年世界经济增长预测已下调到3.3%，比 IMF2014 年 4 月的预测低了 0.4 个百分点，IMF 调低全球经济增长预期的主要原因是 2014 年上半年全球经济活动弱于预期。同时，IMF 将2015 年的全球增长预测下调到 3.8%。②

---

① 迟建新：《非洲经济：真实的增长与转型的挑战》，载于《求是》2014 年 3 月刊。

② World Bank, World Economic Outlook 2014：Legacies, Clouds, Uncertainties, 2014 October.

事实上，2014年初以来，全球经济下行风险已经增加。短期风险方面，地缘政治紧张局势正在加剧。中期风险方面，欧美等全球先进经济体可能出现经济停滞、潜在增长低迷的情况。新兴市场的潜在增长率也可能下降，种种迹象表明，衰退出现向新兴经济体蔓延迹象，形势不容乐观。[①] 发达国家和新兴经济体经济复苏方面的暂时性困难导致国际大宗商品需求疲软，外部需求回升速度将在短期内给非洲经济增长带来一定的挑战性。据非洲开发银行测算，欧元区经济增长每下降1个百分点，将拉低非洲0.5个百分点的经济增速。新兴经济体增长放缓，也将会减少对国际大宗商品的需求。

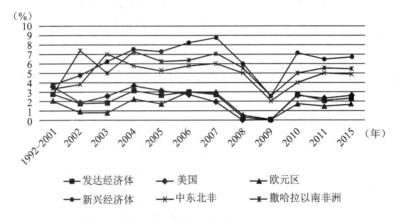

图2.20 非洲与世界主要经济体经济增长速度预测

数据来源：IMF。

金融危机导致全球经济衰退的持续时间可能比预期的更长，传播更广，程度也更高。目前全球经济前景非常不确定，金融紧缩也会持续存在，这将使得家庭和企业推迟开支。在发达国家，信心的缺乏可能会导致更深的衰退，进而抑制贸易信贷，全球贸易进一步萎缩。在此背景下，未来非洲出口、FDI和援助都将面临增长放缓甚至萎缩，给非洲经济增长带来不确定性。

第二，北部非洲秩序尚待恢复，部分非洲国家冲突风险仍存

---

① 2011年年初以来，曾在全球经济复苏过程中发挥重要作用的两个新兴经济体——中国和巴西——经济都出现了增速放缓的信号。中国方面逐步下调中国经济增长目标至7%左右，为近十年来最低，一方面反映出中国经济增长方式转变需要适当降低增长速度，另一方面也反映出中国继续保持高速增长存在客观压力。

自 2010 年底开始，西亚北非多个阿拉伯国家相继爆发一系列以民生、民主为诉求的抗议活动，并引发剧烈政治动荡。突尼斯、埃及、利比亚等国长达数十年的威权政体迅速倒台。此后，利比亚并未进入和平进程，而是陷入派别冲突、武装割据和暴力恐怖活动蔓延的泥潭。① 利比亚的内乱和冲突严重影响其经济重建进程。同样，埃及总统塞西上台后，局势总体企稳，但国内恐怖组织和武装势力远未肃清，安全风险突出。

此外，部分非洲国家政局存在不确定性，选举易引发冲突，个别国家武装冲突的风险也不能排除（如马里、中非共和国），较高的收入不平等、贫困率和青年失业率可能引发社会紧张和政治动荡（如南非罢工）。

第三，国际大宗商品"超级周期"终结，给依赖资源出口的非洲经济带来挑战

非洲总体上仍是以初级产品生产和出口为主的经济体，很多非洲国家经济和财政严重依赖少数几种矿产品或农产品的生产和出口。几百年的殖民主义统治严重地破坏了非洲经济发展的结构，致使非洲国家独立以后仍难以改变畸形的单一经济结构。虽然许多非洲国家已经实行了"结构性调整方案"，并开始了经济多元化的实践，但除少数国家外，单一经济结构并未发生明显变化。

以非洲石油大国安哥拉为例，石油行业和以钻石开采为主的矿业是两大支柱产业，二者占 GDP 比重高达 60%。② 2012 年安 GDP 为 1 142 亿美元，同比增长 6.8%；人均 GDP 为 5 490 美元，实际增长 7%，与中国同期水平相近。如政局保持稳定，10 年内安整体经济水平有望接近南非，成为南部非洲发展水平最高的经济体之一。但是，近期国际油价的持续下跌，已经开始使安哥拉政府感到压力，未来油价如持续萎靡，安哥拉基础设施建设等无疑将陷入资金困境，发展必将减速。

---

① 卡扎菲政权垮台后，利比亚本应进入后卡扎菲时代的政治和社会转型时期，主要包括建立过渡政府、选举国民议会和制定新宪法 3 个阶段。3 年来，利比亚的转型名义上已完成第二阶段，但实际上并未实现平稳过渡。

② 根据安哥拉政府公布的最新数据，安已勘明石油储量 135 亿桶，且仍有大量潜力区域未进行勘探。2013 年安石油日产量 170 万桶，2014 年有望突破 200 万桶；安为非洲第二大产油国，仅次于尼日利亚，未来有望超越尼日利亚成为非洲第一大产油国。

类似的情况出现在尼日利亚、利比亚、刚果（金）、刚果（布）、赞比亚、加蓬、几内亚等几乎所有经济结构单一、依赖初级产品生产和出口的经济体中。可以说，当前非洲大陆仍然普遍面临"资源诅咒"[①] 和"荷兰病"[②] 的风险，历史上，非洲没能利用好曾经有过的资源繁荣，得自自然资源的"快钱"往往没能合理使用。

非洲许多国家都是开放型中小经济体，具备"荷兰病"的基本体质。事实上，过去 200 多年的资源开采几乎没有使非洲国家摆脱贫困，实现经济发展。在这个过程中，既有非洲自身的原因，也有西方国家在主导国际经济格局时将非洲定位为"原料库"的因素。结果就是，绝大多数非洲国家经济结构仍然单一甚至畸形，制成品严重依赖进口。这种单一经济结构最易受到国际贸易条件和国际需求变化的影响。

第四，经济全球化带来的压力和挑战

由于国际新秩序尚未建立，世界各国经济发展水平差异巨大，在经济全球化过程中，发达国家凭借雄厚的经济实力，占据着国际分工的制高点，成为最大的受益者。而广大发展中国家则面临着巨大的风险和挑战。

非洲国家经济落后，处于国际分工的最底层，缺乏竞争优势。随着经济全球化的深入发展，非洲国家在生产、贸易、金融等多方面同外界的联系与交往将越来越密切和广泛，一方面会进一步加剧非洲经济对外依赖的程度，另一方面也会导致国际范围内的各种因素、尤其是金融风险因素对非洲国家的经济安全构成威胁。从目前来看，非洲在逐步融入国际经济和金融体系后，至少汇率波动和资本外逃两方面的风险明显上升了。

---

① 资源诅咒（Resource Curse）是与矿业资源相关的经济社会问题。丰富的自然资源可能是经济发展的诅咒而不是祝福，大多数自然资源丰富的国家比那些资源稀缺的国家增长的更慢。经济学家将原因归结为贸易条件的恶化，荷兰病或人力资本的投资不足等，主要由对某种相对丰富的资源的过分依赖导致。

② 荷兰病（the Dutch disease），是指一国特别是指中小国家经济的某一初级产品部门异常繁荣而导致其他部门的衰落的现象。20 世纪 50 年代，已是制成品出口主要国家的荷兰发现大量石油和天然气，荷兰政府大力发展石油、天然气业，出口剧增，国际收支出现顺差，经济显现繁荣景象。可是，蓬勃发展的天然气业却严重打击了荷兰的农业和其他工业部门，削弱了出口行业的国际竞争力，到 20 世纪 80 年代初期，荷兰遭受到通货膨胀上升、制成品出口下降、收入增长率降低、失业率增加的困扰，国际上称之为"荷兰病"。

2014 年以来，随着国际经济形势整体趋稳，美国量化宽松计划退出的预期上升，呼声渐高。目前美国正逐步回笼金融危机后其向金融系统注入的数万亿美元资金，国际经济体系中美元供给下降。在此背景下，美元升值预期直接导致发展中国家尤其是新兴经济体资金外流，追逐美元，发展中国家美元供给普遍趋紧。本币贬值，资本市场行情疲软甚至暴跌几乎成为 2013 年以来全球发展中国家的一个常见现象。在此背景下，南非、赞比亚、加纳、肯尼亚等非洲国家本币大幅贬值，政府因外汇储备有限难以维持汇率稳定，几乎束手无策，这给非洲国家的经济带来了严重的风险，也降低了国际投资者对这些国家的预期。

对于非洲而言，首先受到冲击的是金融体系最为发达的南非。因为南非是非洲的资本市场中心，其资本市场成熟度高，直接与欧美等发达国家资本市场对接，美元升值及其预期直接通过金融链条影响南非兰特汇率，目前兰特汇率已由高位的 7：1 左右一路跌至 11：1。而 2014 年赞比亚克瓦查兑美元的汇率也曾一度从 5.2：1 跌至 7.5：1 的水平，期间汇率阶段性波动幅度巨大。

非洲国家本币的大幅贬值，直接冲击了投资者的信心。对于以非洲国家货币结算的外国投资者，本币贬值 30％ 就相当于直接吞噬掉投资企业 30 个点的利润率，这无疑使企业蒙受重大损失。而企业为了规避汇率风险，就必然尽快将资金汇出境外，这就派生了资本外逃的问题。

非洲国家面对的巨大汇率风险，一方面来源于其自身的国际金融体系不够稳健，货币当局缺乏调控能力；另一方面也与储备货币和基准货币过于单一有直接关系。未来可考虑从经济体量相对较小的非洲，推进储备货币和基准货币多元化，缓冲因美元"一股独大"带来的冲击风险。

2.4 中非经贸合作面临新的国际形势

进入 21 世纪以来，无论是西方发达国家，还是新兴国家相继从自身需要出发调整其对非战略，合作态度更加务实，瞄准经济利益，其要旨是加大对非关注和投入力度，特别是提升经贸合作在各自对非关系中的地位，以巩固或拓展各自在非洲的权益。

2.4.1 国际经济格局正处于调整变革期

2008 年国际金融危机爆发后，全球经济进入大调整、大变革和大转型的时代。美、欧等传统发达国家及其金融体系在金融危机中遭到重创，此后又受到主权债务危机的持续拖累。中国等新兴经济体则在金融危机中率先复苏，加剧了新一轮全球竞争。

国际经济格局的调整变革，从全球经济总量结构可见一斑。金融危机后，发达国家占全球 GDP 的份额明显下降，美、欧 GDP 占全球比例分别从 2009 年的 25％和 28％下降至 2011 年的 21.7％和 25.2％，2013 年美国占全球 GDP 份额进一步下降至 16.4％，欧元区下降至 12.3％。与此同时，2011 年中国及金砖国家（未含南非共和国）① GDP 占全球份额已由 2009 年的 14％上升到 20％，2013 年金砖 4 国 GDP 占全球份额进一步上升至 28.8％。② 经济份额的调整导致新兴经济体在国际经济格局中的作用日益上升，在全球经济治理方面的分歧与矛盾日益凸显。

当然，经济总量及其份额的调整尚远不足以达到威胁发达国家主导地位的效果。尽管在未来 3 至 5 年内，美欧经济仍将处于复苏与衰退的边缘，但这远不足以从根本上动摇其在国际经济格局中的主导地位。并且，发达国家已经开始反思经济过于虚拟化和服务化带来的教训，推出"再制造"战略，希望在其比较优势产业扩大市场份额。新兴经济体则不断推进经济结构调整、产业升级，积极推进对外直接投资，向全球扩展其产业链，以求打破传统国际分工对自身发展空间的约束。

全球价值链的这种重构活动正带来国际市场的调整和动荡，美欧希望强化其对传统国际经济格局和秩序的安排。美国推进的"跨太平洋伙伴关系协定"，东盟主导的"区域全面经济伙伴关系"等，将对亚太地区一体化格局产生重大影响。酝酿中的美欧自贸区、日欧自贸区，可能在发达经济体之间形成紧密联系，制约发展中国家的市场拓展。

---

① 由于南非共和国到 2010 年年底才加入金砖国家，为保证统计口径的一致性和可比性，此处的金砖国家未包括南非在内。

② World Bank, World Economic Outlook 2014：Legacies, Clouds, Uncertainties, 2014 October.

中国等新兴市场经济国家则力求在美国主导的国际经济和金融体系外"另起炉灶",希望在新兴市场国家和发展中国家之间强化合作。中国、俄罗斯、印度、巴西、南非合作成立金砖国家合作发展组织,并筹建金砖国家发展银行。

此外,中国还在亚洲范围内倡导建立亚洲基础设施投资银行(Asia Infrastructure Investment Bank,简称亚投行,或 AIIB)。在 2014 年 11 月于中国召开的亚太经合组织(APEC)领导人峰会上,中国国家主席习近平宣布中国将出资 400 亿美元成立丝路基金,利用中国资金实力直接支持"一带一路"(丝绸之路经济带和 21 世纪海上丝绸之路规划)建设。同时,在 APEC 峰会上,中国倡导《APEC 推动实现亚太自贸区北京路线图》,迈出了建立建立亚太自贸区的第一步。

这些无疑都被视为是中国在亚太传统舞台上对美、日为主导的国际经济秩序发出的挑战。而事实上美国也在加紧发起反击,在亚洲基础设施银行、丝路基金的发起过程中,美国均明确建议韩国、澳大利亚、新加坡等盟友不参加相关协议的签署和出资。

准确把握当前错综复杂的国际经济形势及变化特征,适时调整应对措施,把握国际竞争和经济发展的主动权,是当前中国面临的艰巨任务,是中国把握战略机遇期、构建可持续发展能力的关键时期。可以预见的是,未来若干年亚太传统舞台将成为大国角力的一个核心区域,双方的竞争很可能长期处于拉锯式胶着状态,任何一方要想取得压倒性胜利难度都很大。

而中国目前的各种自由贸易安排和金融安排对非洲的考虑还很有限,这在一定层面上反映出非洲在我国对外经贸战略中的重要性仍未受到足够重视。美、日在亚太经营多年,亚太区域也是美日同盟的核心利益所在,在亚太市场上出现的注定是一场"持久战"。

因此,中国注重在亚太地区发力的同时,也应提升在其他美、日影响相对薄弱区域的投入。在当前国际经济秩序面临调整变革的时代,中国加强在非洲的投入,更易"撬动"体量相对较小的非洲。如能通过中非经贸合作的升级实现中非利益共同体,未来在国际上自觉维护双方利益,非洲将成为中国打造有利于自身的国际经济秩序的重要抓手,也能对亚太传统舞台的竞争形成重要的策应效果。

并且，在全球经济发展面临结构性调整的背景下，全球制造业产业链正面临不可避免的转移，产业链下游的劳动密集型产业向处在工业化初级阶段、劳动力成本更低的国家转移。这为非洲摆脱对资源产业的依赖、发展制造业、融入世界经济提供了良好的新机遇。非洲各国已经开始这方面的努力，实施经济转型。例如，东非大国埃塞俄比亚正在建设经济合作区，改善投资环境，吸引外国企业投资该国的制造业。

2.4.2 发展中国家经济正集体受到美国货币政策调整的拖累

2008年全球金融危机以来，非洲经济能够继续保持高速增长，至少得益于两个方面的外部因素：一是为应对危机，世界主要经济体普遍实行宽松货币政策，国际资本充足，为非洲各国发展提供了资金。二是新兴经济体需求推动下的国际大宗商品价格一路走高，非洲国家尽享资源出口带动的经济繁荣。

现在，情况发生了变化。2013年下半年以来，发达经济体开始复苏，今年增速有望进一步上升，并带动全球经济增长。预计美国经济2014年将增长2.8％，显著高于2013年1.8％的增速；欧元区可实现1.1％的增长。据此，世界银行3年来首次上调全球经济增长展望，预计全球经济2014年可实现3.2％的增速。但世界银行同时警告，美国如以较快速度撤出购债计划，可能导致全球金融市场剧烈波动，尤其是给新兴市场国家带来严重冲击。

虽然全球经济的复苏有助为非洲增长提供稳定的外部环境，但是美国正逐步回笼金融危机后其向金融系统注入的数万亿美元资金，国际经济体系中美元供给下降。① 美联储于2013年12月宣布从2014年1月开始削减资产购

---

① 金融危机爆发后的5年间，美国根据国内经济复苏的需要，先后推出了三轮量化宽松政策。第一轮量化宽松政策（QE1）推出于次贷危机发生初期。2008年11月25日，美联储首次宣布将购买机构债券和抵押贷款支持债券（MBS），累计达1.725万亿美元。第二轮量化宽松政策（QE2）推出于美国经济复苏过程中的回调期。2010年11月至2011年6月期间，每月购买750亿美元的长期美国国债，购买总金额达6000亿美元。此外，美联储自2012年9月14日起，每月购买400亿美元MBS，不设定购买结束时间。第三轮量化宽松政策（QE3）推出于美国"财政悬崖"期。美联储自2012年12月起，每月购买450亿美元国债，加上每月400亿美元的MBS，美联储每月资产购买额达到850亿美元。

买规模，标志着持续五年之久的量化宽松政策（QEs）正式步入退出阶段。①

美国量化宽松政策的退出，一方面反映美国这一全球"经济龙头"经济形势的好转，在中长期内有助于稳定全球经济，但同时也至少在两个方面给包括非洲在内的发展中国家带来重要影响，一是资本外流，二是本币贬值。在美国量化宽松退出的背景下，美元升值预期升温，国际资本已经开始从包括非洲国家在内的发展中国家撤离，追逐美元，发展中国家美元供给普遍趋紧。本币贬值、资本市场行情疲软甚至暴跌几乎成为 2013 年以来全球发展中国家的一个常见现象。同时，国际大宗商品的"超级周期"结束，资源价格开始下降，非洲国家资源收入下降，流向资源相关行业的国际投资也将随之下降。

对于非洲而言，首先受到冲击的是金融体系最为发达的南非。因为南非是非洲的资本市场中心，其资本市场成熟度高，直接与欧美等发达国家资本市场对接，美元升值及其预期直接通过金融链条影响南非兰特汇率，目前兰特汇率已由高位的 7：1 左右一路跌至 11：1。随后，这一不利影响将通过贸易、投资等实体经济链条向非洲资本市场相对落后国家、内陆国家传导。

美国退出量化宽松政策，正给发展中国家带来重要冲击。一是美元升值、本币贬值预期下，国际资本追逐升值美元，资本外流的不利影响将逐渐显现。二是国际大宗商品的"超级周期"结束，资源价格开始下降，非洲国家资源收入下降，流向资源相关行业的国际投资也将随之下降。三是本币的大幅贬值，成为非洲多国难于规避的一个系统性投资风险，非洲多国投资环境出现恶化，投资者避险情绪可能上升，尤其在一些针对非洲国家本土市场、以非洲国家本币作为收入币种的投资项目，投资方可能会选择放缓甚至取消投资计划。

2.4.3 全球主要经济体不断加大对非洲的投入

冷战结束后，非洲地缘战略地位下降，备受国际社会，特别是西方国家的冷落。但是，进入新世纪，西方国家一改以往漠视非洲的态度，给予非洲

---

① 中国人民银行发布的《中国金融稳定报告（2014）》，2014 年 4 月发布。详见如下网址：ht-tp：//www.pbc.gov.cn/image＿public/UserFiles/goutongjiaoliu/upload/File/。

前所未有的关注。

促使西方国家对非政策从战略忽视到战略关注的转变主要因素有三个：其一，是"9·11事件"促使欧美反省并形成共识：极端贫困和不发达是恐怖主义滋生的温床，发展与和平、安全等问题密不可分。其二，是2000年中非合作论坛启动后中非经贸合作的快速发展和中国在非洲影响力的迅速提升。其三，随着全球化的深入发展和世界经济形势的好转，使得非洲这一潜在巨大市场和重要的战略资源来源地的经济价值又重新凸显。

于是，非洲这一"弃子"又重新进入国际社会的视野。西方大国和新兴国家从长远经济利益出发，为在21世纪综合国力竞争中居于主动地位，纷纷加大对非关注和投入力度。

美国于2012年6月公布了《美国对撒哈拉以南非洲战略》，新战略融合了奥巴马政府自2009年1月就任以来提出的诸多倡议和政策目标。美国的对非新战略提出美国在非洲的4个战略目标：一、加强民主制度建设，二、促进经贸投资领域的发展，三、推动和平与安全，四、促进机遇和发展。其中前两个目标最为关键。

在新战略中，奥巴马强调美国应从非洲的增长中分享经济利益。他明确提出，非洲是机遇和希望日益增多的地区，相信"世界下一个经济取得重大成功的事例会发生在非洲"，美国将着眼于非洲未来的经济发展，以及美国如何能从这一发展机遇中将自身的利益最大化。[①]

从内容上看，"新战略"并无重大革新，但从形式上，为美国对非政策包装上民主、发展、和平、机遇等漂亮外衣。在"增长与机遇法案"（AGOA）论坛举办前夕专门发布"新战略"，显示了美国对于发展与非洲关系的重视，表明非洲在美国全球战略中的地位进一步提升。此外，"新战略"着重强调了非洲对美国重要的经贸意义，表明美国已经将与非洲的经贸合作提到了一个新的重视高度。

---

① 除强调经济利益的重要性外，奥巴马在美国对非新战略中还强调了民主的重要性。奥巴马提出，对非洲民主的支持是"与美国利益攸关"之举，是美国在海外领导力的"基本组成部分"，承认非洲国家面临的安全挑战和内部纷争要靠自身才能"可持续地"解决，但美国的参与能扮演"积极而显著"的角色。

不仅如此，美国还于 2013 年 7 月宣布了"电力非洲"计划①，承诺未来 5 年内为撒哈拉以南非洲国家提供 70 亿美元资金，用于资源开发、发电、电力输送以及能源管理能力建设。2014 年 8 月美国邀请近 50 位非洲国家元首或政府首脑参加美非峰会，被媒体称为"史上最大规模美非峰会"。对于此次峰会，外界普遍认为召开的主要目的之一就是要"在非洲赶超中国"，制衡中国的影响力。②

事实上，近年来提升对与非洲合作关注度的远不止美国。日本政府在 2013 年 6 月举办的第五届非洲开发会议上，向非洲各国承诺了总额 3.2 万亿日元的援助和开发计划。2014 年 1 月，日本首相时隔 8 年再次踏上撒哈拉以南非洲，为 20 年来停滞不前的日本经济寻找增长点是其主要目的之一。同时，日本还在对非政策上与美国积极合作，发布所谓《美日全球及区域合作声明》③，在非洲发起所谓加深对非合作的"联合新攻势"，意在为美国的对非政策站台，合作围堵中国。

法国在 2013 年 12 月举行的法非峰会上，就明确表示将促进法国在非利益，增强法国在非传统影响力。随后公布的法国对非外交新政策，其重点之一就是寻求与非洲建立紧密的经贸联系、推动更多法国企业进入非洲。

此外，近年来，韩、印、巴西、马来西亚等新兴经济国家也提升了与非洲之间的经贸合作的投入力度，且效果显著，4 国在与非洲的贸易规模、对非投资规模和地位方面均显著上升。

由此可见，"成长的大陆"正上演大国角逐，经济利益日益成为巩固和扩展各国在非利益的重点。美、日作为世界级经济体，其提升对非洲的重视程

---

① 2013 年 6 月 26 日至 7 月 3 日，美国总统奥巴马先后访问了塞内加尔、南非、坦桑 3 个非洲国家。奥巴马在访非结束时宣布价值 70 亿美元的"电力非洲"计划。"电力非洲"计划将鼓励公私合营，通过该计划，美国政府融资 70 亿美元，美国通用电气公司（GE）和 Symbion Power 等美国公司也将出资 90 亿美元帮助非洲提升电力工业。

② 根据 CNN 的分析，美国高调召开此次美非峰会的五大原因中，前三位原因分别是：应对非洲医疗挑战；应对非洲安全挑战；"制衡中国在非洲的影响力"。

③ 《美日全球及区域合作声明》的内容说明，美日已在非开展大量合作：美国已加入日本主导的"横滨项目"，联合培训非洲国家政要和企业人才；日支持美针对非洲女性企业家开展的访学计划。美国际开发署与日外务省合作在莫桑、坦桑、卢旺达、加纳、塞内加尔进行人道主义援助。日本支持美国举办首届"美非峰会"。

度对中非经贸合作的影响不容小觑。

未来在非洲的竞争将主要集中在经贸领域，而对非投资方面的竞争又是经贸竞争的重中之重。美国和日本是当今世界第一大和第二大资本输出国，在未来的大国角逐中，相互合作的"美日战略联合体"才是中国未来在非洲真正的竞争对手。

表 2.7　2004—2012 年世界、美国和日本海外直接投资基本情况

单位：亿美元

		2004	2005	2006	2007	2008	2009	2010	2011	2012
世界	流量	9 211.4	9 037.6	14 274.7	22 720.5	20 053.3	11 497.8	15 049.3	16 780.4	13 909.6
	存量	118 458.9	125 758.8	157 664.0	193 430.6	165 112.0	195 189.6	211 300.5	214 418.7	235 927.4
美国	流量	2 949.1	1 248.7	2 242.2	3 935.2	3 083.0	2 669.6	3 044.0	3 966.6	3 288.7
	存量	33 628.0	36 380.0	44 703.4	52 749.9	31 024.2	42 872.0	47 667.3	44 999.6	51 911.2
日本	流量	309.5	457.8	502.6	735.5	1 280.2	747.0	562.6	1 076.0	1 225.5
	存量	3 705.4	3 865.8	4 495.7	5 426.1	6 803.3	7 409.3	8 310.8	9 627.9	10 549.3

资料来源：UNCTAD World Investment Report 2013 database。

美、日等对非洲重视程度的上升将使其强化对非洲及重点国家的干预，非洲大陆的"西方元素"上升，中国在非洲的战略利益将逐步受到美国的竞争，维护中非关系所需的投入和成本面临上升。

当然，必须看到的是，目前"美日战略联合体"仍把遏制中国的主要力量放在亚太地区，对非洲的投入总体还远不及他们在亚太的投入，在非洲的影响力和控制力也远低于他们在亚太地区的影响力和控制力。这也决定，中国通过中非经贸合作的升级实现"战略突围"目前具备较高的可行性。因此，当前中国对非战略的重心应该是"非对称性"地提高对非洲的重视程度和投入力度。也就是要以远高于美国和日本的投入力度提升中非经贸合作的规模和层次，尤其是提升对非投资的规模和层次，在非洲实现影响力。

要"非对称性"地提高对非洲的重视程度和投入力度，首先必须进一步提升非洲在中国经贸和外交战略中的地位，加大对非投资合作力度，以多元化方式开展对非经济合作，进一步密切中国与非洲国家在经贸层面上的联系（事实上中国目前仍未将非洲作为对外经贸合作的重点区域）。同时，在进一步加深、拓宽与非各国间经贸合作的同时，明确我国在非的政治目标，通过多种多样特别是自下而上的民间外交手段向非洲实施积极的软实力影响。在此基础上，进一步提升我国企业对非贸易投资质量，注重社会责任，在非洲以及国际社会营造良好声誉，逐步"深耕"非洲大陆。

2.4.4 南南合作的崛起为中非经贸合作提供了有利背景

发展中国家之间经贸合作的迅速发展，是近年来全球经济中令人瞩目的新亮点。其中，新兴国家同非洲的经贸关系不断加强，是南南合作中最显著的趋势之一。非洲在金融危机中保持了经济增长，并较快实现了经济复苏，与经济增长较快的新兴国家间密切的经贸往来起到了重要作用。

2010 年 12 月，金砖四国（BRIC）宣布接受南非加入金砖国家机制，成为金砖五国（BRICS）。作为全球影响力最大的非洲国家，南非加入"金砖国家"合作机制，具有重要意义。"金砖国家"代表了全球经济增长最具活力的新兴经济体，南非被纳入这一合作机制，意味着非洲与世界其他新兴经济体的联系、与全球的经济融合更加密切，在南南合作中的地位得到进一步提升，非洲经济发展将获得更大的国际合作空间。

一、南南合作在非洲对外合作中的比例不断增加

贸易方面，据 IMF 统计，从 1990 年到 2009 年的 20 年间，高收入国家在非洲对外贸易中所占比重从 92％下降至 26％，中低收入国家比重则从 5％上升至 26％。同中低收入国家间的贸易扩大促进了非洲贸易伙伴的多元化，提高了在初级产品市场上的话语权，增加了这些国家的出口收益。另据 OECD 统计，新兴经济体在 20 世纪头 10 年中，与非洲的贸易量翻了一番。

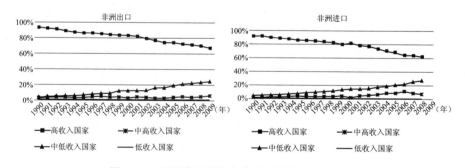

图 2.21　不同收入国家在非洲对外贸易中的比重

数据来源： IMF。

投资方面，随着发展中国家在全球 FDI 格局中的地位也不断提升，新兴经济体在非洲 FDI 流入中所占份额不断上升，对其经济增长的贡献率不断加大。金融危机发生后，来自发展中国家的 FDI 更显示了其平稳性和持续性，成为非洲经济走出低谷、走向复苏的重要支撑因素。

根据联合国贸发会议（UNCTAD）的统计分析，发展中国家在非洲 FDI 流量中的份额从 1995—1999 年间的 18％上升到 2000—2008 年间的 21％，在 FDI 存量中的份额从 1999 年的 6.9％上升至 2008 年的 7.4％。

全球金融危机后，这一趋势更为明显，发展中国家、尤其是亚洲国家对自然资源的需求不断增加，企业国际化步伐不断加快，对非洲的投资不断高涨。相对于发达国家，来自新兴国家的投资更为活跃。

二、南南合作为非洲增长做出了显著贡献

非洲国家的出口在过去的 10 年翻了数倍，这主要得益与新兴经济体的需求增长。进入 21 世纪，新兴经济体城市化加速、中产阶层崛起等因素，推动了对大宗商品的需求，推高了商品价格。而非洲与发展中国家贸易量的增加，使得非洲国家贸易伙伴多元化，提高了初级产品出口的定价权，增加了出口收入。

发展中国家对非洲直接投资规模的上升，对非洲的经济增长和复苏、产业升级和自主发展能力的增强，更是有着重要的贡献。

首先，发展中国家从金融危机中复苏较快，对非洲的直接投资缓解了其资金不足的困境，为非洲大陆的经济复苏做出了重要贡献。发展中国家对非洲劳动密集型产业投资不断增加，为非洲国家创造了就业。2003 年以来，发展中国家投资者在非洲的雇工人数增加了两倍，如巴西的 Odebrecht 公司[1]已成为安哥拉的最大雇主。

其次，相对于发达国家，发展中国家跨国企业拥有的技术更加适合非洲国家，通过在非洲设厂，或同非洲当地企业合作，促进了非洲国家自身产业

---

[1]　Odebrecht 集团公司为拉丁美洲最大的建筑工程商，总部位于巴西萨尔瓦多，为一家多元化国际集团公司，业务涉及能源、建筑、海上油气开发、化工、运输等多个领域，年营业额逾 300 亿美元。1950 年，该公司开始与巴西国家石油公司合作，1979 年开创巴西私营企业为巴西石油提供钻井服务的先河。

技术水平的提高。根据联合国贸发会议组织的统计，发展中国家在非洲合资公司中的股份从 2000 年的 24％提高到 2009 年的 45％。

再次，发展中国家在非洲的投资往往伴随着配套基础设施的建设。例如，亚洲投资者在阿尔及利亚、埃及、埃塞俄比亚、毛里求斯、尼日利亚、赞比亚等国进行的自由贸易区或工业园区建设，就极大推动了当地的基础设施建设和工业化进程。

最后，发展中国家的投资者对于非洲国家的投资前景更为乐观，对投资环境某些方面的恶化不像发达国家那样敏感，因此对非洲的投资更加持久和活跃。发展中国家的国有企业在对非洲投资中占主导地位，因而受经济波动的影响较小，能够帮助非洲国家更好地抵御外部经济条件的变化，为实现增长和减贫目标创造了良好的条件。

相对于欧美等西方国家长期以来在战略上将非洲定位于"廉价的原材料基地"，拒绝推进非洲的工业化和现代化，南南合作无疑为非洲国家的发展提供了一种全新的国际合作模式。南南合作的各方都是发展中国家，都是国际经济秩序的接受者，合作双方之间更加平等，基本基于参与方的经济利益出发开展经贸合作。新千年以来南南合作的逐渐崛起，已经使非洲国家受益匪浅，与发展中国家的经贸合作，既是他们在发达国家之外的一个全新选择，在某种程度上也是非洲国家在经济上摆脱依赖和受控于发达国家一个现实选择。南南合作的崛起，为当前和未来一段时间的中非经贸合作提供了良好的国际经济合作背景。

第3章 >>> 中非经贸合作的发展现状及其前景

改革开放后，中国在积极发展同西方发达国家经贸关系的同时，更加重视保持和加强同非洲国家的经贸合作。在改革开放的总方针下，中国对非经济合作由过去以援助为主，发展为以经济效益为中心、多种形式的互利合作，无论在广度还是在深度上，都取得新的发展。

20世纪80年代末、90年代初，世界两级格局解体，国际形势发生巨变，随着中国市场化改革的不断深化，中非经贸合作逐渐转向以经济效益为中心，市场化特征也越来越明显。合作领域不断拓宽，方式不断创新，合作主体趋于多元化。对非贸易、工程承包、投资均有较大幅度的增长。

进入新世纪，世界格局、中非形势都发生了巨大变化，中非经贸合作也进入一个全新的阶段。这一时期，非洲国家政治经济形势趋于稳定，经济实现连年快速稳定增长。为应对经济全球化带来的机遇和挑战，非洲国家加快发展、联合自强的意识不断增强，加大了区域一体化力度，以更加积极的姿态参与国际合作。2000年，中非开创了双方合作的新形式——中非合作论坛。中非合作论坛召开连续四届部长级会议和一次峰会，标志着中非集体对话和双边磋商的全新合作机制正式确立，开启了中非合作的新纪元。

经过较长时期的发展，作为中非经贸合作的"三驾马车"，中非贸易、工程承包、对非投资三种合作形式近年来均取得了显著进步，三种合作形式已经初步显现"并驾齐驱，相互支撑"的态势。

3.1 中非贸易的现状及前景

3.1.1 中非贸易的发展历程

中非贸易从 20 世纪 50 年代开始起步，历经半个多世纪，获得了较大的发展。1950 年，中国对非进出口总额仅为 1 000 多万美元。2008 年，已超过 1 000 亿美元；在非洲的贸易伙伴也由少数几个国家扩展到整个非洲；进出口商品结构、贸易方式也呈现多元化的趋势。2009 年，受国际金融危机影响，中非贸易额降至 910.7 亿美元，但随着经济复苏，双方贸易额迅速回升。

从新中国成立之初至 20 世纪 70 年代，中非贸易处于建立与发展的起步阶段，从最初的民间贸易逐步发展到较大规模的官方贸易。1960 年，双方贸易总额首次突破 1 亿美元，1978 年达 7.65 亿美元，1980 年突破 10 亿美元。中国对非洲的出口商品结构从最初的以初级产品为主，发展到以工业制成品为主；进口商品种类也从几类逐步增加到数十类。中国在非洲的贸易伙伴从最初集中在北非国家，逐步向撒哈拉以南非洲，尤其是东非和中西非国家拓展。1979 年，与中国政府签署贸易协定的非洲国家已达到 30 个。

20 世纪 80 年代，中非贸易处于缓慢增长的阶段。这一时期正值改革开放之初，中国对外贸体制进行了初步改革，更加注重发展同欧美等发达国家间的贸易，对非贸易受到一定影响。这一阶段，中非贸易额除 1985 年降至 6.28 亿美元外，其余年份均徘徊在 8 亿～12 亿美元之间。

进入 20 世纪 90 年代后，在国家政策的支持下，中非贸易获得强劲增长，从 1990 年的 16.7 亿美元增至 1999 年的 64.8 亿美元，年均增速高达 16％。同所有非洲国家均建立了贸易关系，对非洲出口的商品种类也不断增加。

进入 21 世纪以后，中国与非洲之间的贸易合作实现了快速增长。2000 年中非贸易额首次突破百亿美元大关，此后连续 8 年保持 30％以上的增长速度。2005 年，中国跃居非洲第三大贸易伙伴。2008 年，中非贸易历史性地迈上了千亿美元的新台阶，达到 1 068.4 亿美元，比上年增长 45.1％，提前两年实现中国提出的 2010 年中非双边贸易达到千亿美元的目标。根据中国海关的统计，2008 年中国对非出口 508.4 亿美元，同比增长 36.3％，高出同年中国出口增速 19.1 个百分点；从非洲进口 560.2 亿美元，增长 54%，高出中国当年进口增速 35.5 个百分点。

表 3.1　2000—2012 年中非贸易情况

单位：亿美元

年份	中国对非出口总额	中国出口总额	对非出口占中国出口比例	中国从非进口总额	中国进口总额	从非进口占中国进口比例	中非贸易总额	中国外贸总额	中非贸易占中国外贸比例
2000	50.42	2 492.03	2.02%	55.55	2 250.94	2.47%	105.97	4 742.97	2.23%
2001	60.06	2 660.98	2.26%	47.93	2 435.53	1.97%	107.99	5 096.51	2.12%
2002	69.61	3 255.96	2.14%	54.27	2 951.70	1.84%	123.88	6 207.66	2.00%
2003	101.84	4 383.71	2.32%	83.61	4 128.36	2.03%	185.45	8 512.07	2.18%
2004	138.16	5 933.69	2.33%	156.46	5 614.23	2.79%	294.62	11 547.92	2.55%
2005	186.83	7 619.99	2.45%	210.63	6 601.18	3.19%	397.46	14 221.17	2.79%
2006	266.9	9 690.73	2.75%	287.74	7 916.14	3.63%	554.64	17 606.87	3.15%
2007	372.9	12 180.15	3.06%	362.83	9 558.19	3.80%	735.73	21 738.34	3.38%
2008	512.40	14 306.93	3.58%	559.67	11 325.67	4.94%	1 072.07	25 632.55	4.18%
2009	477.35	12 016.12	3.97%	433.31	10 059.23	4.31%	910.66	22 075.35	4.13%
2010	599.54	15 777.54	3.80%	670.92	13 962.44	4.81%	1 270.46	29 739.98	4.27%
2011	730.83	18 983.81	3.85%	932.40	17 434.84	5.35%	1 663.23	36 418.60	4.57%
2012	853.11	20 487.14	4.16%	1 132.51	18 184.05	6.23%	1 985.61	38 671.19	5.13%

数据来源：商务部数据库。

3.1.2 中非贸易的现状

2008 年全球金融危机爆发以来，非洲和中国经济均受到不同程度的冲击，中非贸易额出现了大幅的滑坡。根据联合国贸发会议的统计数据，金融危机后的 2009 年，中非贸易总规模从 2008 年的 1 072.1 亿美元下降至 910.7 亿美元，出现了 15.1% 的负增长，这是新世纪以来中非贸易首次出现负增长，中非贸易额在 2008 年首次突破 1 000 亿美元大关后出现明显倒退，退回 1 000 亿美元以下规模。其中，2009 年中国自非洲进口从 2008 年的 559.7 亿美元萎缩至 433.3 亿美元，下降幅度高达 22.6%；中国对非洲出口从 2008 年的 512.4 亿美元下降至 2009 年的 477.3 亿美元，降幅为 6.8%。

数据表明，中国从非洲进口额萎缩幅度，明显高于中国对非洲出口额的下降幅度，这是由中非双方的经济特征决定的。中国从非洲进口的大幅萎缩，主要原因在于金融危机爆发后国际能源价格和矿产价格的大幅下降。2008年金融危机爆发后，国际大宗商品价格一度从历史高点跌至谷底，原油价格在最低的时候不足2008年价格的四分之一，多数矿产价格几乎也遭"腰斩"。而原油和矿产品进口在中国从非洲进口总额中占比较高。

根据国家海关总署的分析，2009年中国从非洲主要贸易伙伴进口的特征是"价减量增"，即中国从非洲贸易伙伴国家进口的实物量是增长的，但由于价格的大幅下降，进口总额上表现为大幅下滑。而中国对非出口额有所下降，主要原因在于金融危机导致非洲国家收入大幅下降，进口能力受到限制，从中国进口机电产品、纺织品等的需求下降。

金融危机爆发后，中国迅速推出了"四万亿"投资计划，中国经济的巨大需求，很快使全球大宗商品价格调头向上，对全球经济的企稳复苏起到了重要的支撑作用。在此背景下，2010年开始，中非贸易出现了强势反弹，很快返回了快速上升通道。2010年，中非贸易总额从2009年的910.7亿美元上升至1 270.5亿美元，大幅增长近40%，不仅重新回到了1 000亿美元以上水平，而且明显超过了金融危机前2008年的水平。其中，中国自非洲进口的贡献率超过了三分之二，2010年中国自非洲进口从2009年的433.3亿美元反弹至670.9亿美元，增幅高达54.8%。与此同时，中国对非洲出口从2009年的477.3亿美元上升至599.5亿美元，同比增长25.6%。

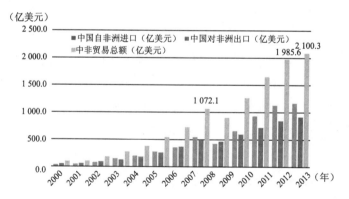

图3.1　历年中非贸易情况

资料来源：联合国贸易和发展会议（United Nations Conference on Trade and Development；UNCTAD）。

目前，中非贸易呈现出如下几方面重要特点。

一、中非贸易规模持续高速增长，中国从非洲进口增速和波动性均高于对非出口

金融危机爆发后的第一年，2009 年，中非贸易总规模从 2008 年的 1 072.1亿美元下降至 910.7 亿美元。但即使如此，中国在 2009 年成为非洲第一大贸易伙伴国。此后，中非贸易规模不断上升，快速返回上升通道，中非贸易在非洲对外贸易中持续位居全球第一大贸易伙伴。2012 年中国对非出口 853.1 亿美元，同比增长 16.7%，高出同年中国出口增速 8.8 个百分点；从非洲进口 1 132.5 亿美元，增长 21.5%，高出中国当年进口增速 17.2 个百分点。

2013 年，中非贸易再创新高，超过 2 000 亿美元大关，达到 2 100.3 亿美元的新高点。其中中国从非洲进口 1 174.5 亿美元，中国向非洲出口 925.8 亿美元。

从 2001 年到 2013 年的 12 年间，虽然金融危机使中非贸易出现了短期的下降，但这 12 年间的复合增长率仍然很高。2001—2013 年的 12 年间，中非贸易总额从 108 亿美元上升至 2 100.3 亿美元，年均复合增长达 28.1%。而从进出口的分项数据来看，中国从非洲进口规模从 2001 年的 47.9 亿美元上升至 2013 年的 1 174.5 亿美元，年均复合增长率达 30.6%；中国对非洲出口规模从 2001 年的 60.1 亿美元上升至 2013 年的 925.8 亿美元，年均复合增长率为 25.5%。从增速看，中国从非洲进口的增速高于中国对非洲出口的增速，这是由中非双方的经济特征以及中非双方的贸易商品决定的，后面我们还会详细论述。

从中非贸易规模的历年增速水平看，我们也能很清楚地看到中非贸易的高速增长。除 2009 年受全球金融危机冲击外，其余各年多数年份中非贸易总额增速、中国从非洲进口增速、中国对非洲出口增速等均在 40% 左右，多个年份增速甚至超过 40%。

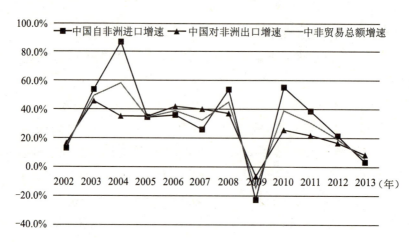

图 3.2　中非贸易历年增速情况

资料来源：联合国贸易和发展会议（United Nations Conference on Trade and Development；UNCTAD）。

从上图我们能看到中非贸易的另一个特点就是：中国从非洲进口的增速和波动性均高于中国对非洲出口的增速水平。从图中我们可以清楚地看到，在绝大多数年份，中国从非洲进口的增速均高于中国对非洲出口的增速，而当增速上升时，中国从非洲进口的增速往往高于对非洲出口的增速，当增速下降时，中国从非洲进口的增速则降得比中国对非洲出口的增速更快（这一点最明显的就是 2009 年的数据）。

中非贸易的这个特点，是由双方经济特征和贸易内容内在因素决定的。非洲经济发展阶段落后，其出口的产品主要是原油、矿产品和一些初级农产品。这些产品均属于国际大宗商品，价格易受国际经济形势的冲击，而价格的波动直接影响出口额，导致中国从非洲进口规模的波动性和弹性均较大。反观中国对非洲的出口商品，作为"世界工厂"，中国对非出口的产品主要是制成品，制成品的价格相对稳定，需求也与实体经济的需求直接挂钩，更多由实体经济中的现实需求决定，虚拟的成分较少，因此价格和需求量均相对稳定，随经济发展而增长。因此，中国对非洲的出口在增速上相对更低，在波动性上也更小。同时值得注意的是，中国对非洲出口额相对稳定，稳步增长，说明非洲对中国产品的需求弹性较小，也就是对中国产品产生了一定的"依赖性"。

二、中非进出口产品结构稳定，贸易互补性反映了双方经济的高度互补性

2000 年以来中国与非洲之间贸易商品的结构具有十分鲜明的特点，中非贸易的规模虽然快速上升，但中非之间商品贸易的结构总体上保持了相对稳定，同时双方在进出口产品结构上具有显著的互补性特征。

根据中非贸易商品结构的特点，为便于分析，首先我们对中非贸易的商品进行分类。我们在 SITC（国际贸易标准分类法）[①] 的基础上对中非贸易的商品结构进行微调和重组。

表 3.2　中非贸易商品结构分类标准

序号	本文分类标准	SITC 标准
1	食品、饮料及烟草类	0—食品及主要供食用的活动物 （0—Food and live animals） 1—饮料及烟类 （1—Beverages and tobacco） 2—非食用原料 （2—Crude materials，inedible，except fuels）
2	油气及矿产品	3—矿物燃料、润滑油及有关原料 （3—Mineral fuels，lubricants and related materials）
3	化学材料及动植物油脂	4—动、植物油脂及蜡 （4—Animal and vegetable oils，fats and waxes） 5—化学品及有关产品 （5—Chemicals and related products，n. e. s. ）
4	材料类制成品	6—材料类制成品 （6—Manufactured goods classified chiefly by material）
5	机电产品及交通工具	7—机械及运输设备 （7—Machinery and transport equipment）
6	杂项制品	8—杂项制品 （8—Miscellaneous manufactured articles）
7	其他产品	9—未分类的其他商品 （9—Commodities and transactions not classified elsewhere in the SITC）

---

① 国际贸易标准分类（Standard International Trade Classification，简称：SITC），是国际上公认的用于国际贸易商品的统计和对比的标准分类方法。具体分类细则详见联合国网站：http://unstats. un. org/unsd/cr/registry/regcst. asp? Cl＝14。

从中国自非洲进口产品结构看，"油气及矿产品"进口占进口额的比例较高，是历年中国自非洲进口商品结构中占比最高的一类。2000年，"油气及矿产品"占中国自非洲进口总额的66%，到2013年，这一比例出现了较大幅度的下降，占当年中国自非洲进口总额的46%，13年间下降了20个百分点。

而中国自非洲进口商品结构中，比例上升最快的是"其他产品"类商品。根据SITC的分类方法，该类产品主要包括四个组成部分：未分类的邮递包裹；未分类的特殊交易和商品；硬币（非金币）；非货币黄金（不含金矿砂和金精矿）。"其他产品"类商品的进口额从2000年的占中国自非洲进口额6%上升至2013年的26%，13年间上升了20个百分点。从"其他产品"类商品的构成我们不难推断，该类产品比例的大幅上升应主要来自中国从非洲进口黄金的大幅上升。

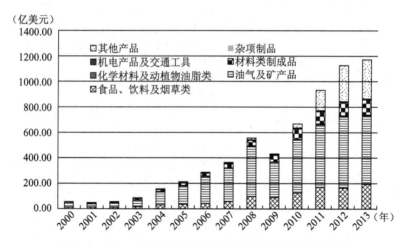

图 3.3　历年中国从非洲进口产品分类规模及其增长情况
资料来源：联合国贸易和发展会议（United Nations Conference on Trade and Development；UNCTAD）。

在中国自非洲进口的商品结构中，其他两类占比相对较高的是"食品、饮料及烟草类"，主要是初级农业产品，2000年该类占中国自非洲进口总额的18%，13年间占比基本保持稳定，2013年该分项产品占中国自非洲进口总额的16%。与此同时，"材料类制成品"（主要是皮革、橡胶、纸类、钢铁、有色金属等）占比从2000年的7%上升至2013年的10%，"材料类制成

品"是 2013 年中国自非洲进口的第四大类产品。

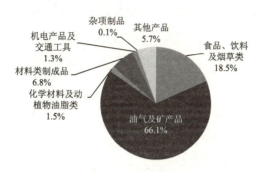

图 3.4　2000 年中国从非洲进口的商品结构
资料来源：联合国贸易和发展会议（United Nations Conference on Trade and Development；UNCTAD）。

与此同时，我们不难发现，在历年中国自非洲进口的产品构成中，"化学材料及动植物油脂类"、"机电产品及交通工具"和"杂项制品"（主要是家具、箱包、鞋帽、成衣附件等）等三类产品占比很低，仅为中国进口总额的1‰或接近 0。

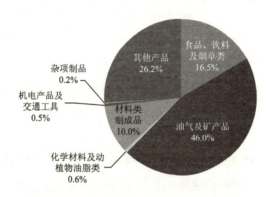

图 3.5　2013 年中国从非洲进口的商品结构
资料来源：联合国贸易和发展会议（United Nations Conference on Trade and Development；UNCTAD）。

因此，从产品构成上看，中国自非洲进口的产品中，绝大多数为"油气及矿产品"和"食品、饮料及烟草类"两类产品，即资源类或农业类初级产品，2013 年这两类初级产品在中国自非洲进口中占比达 62％。而制造业类产品占比极低。这客观上反映了非洲的经济特征，多数国家尚未完成工业化进程，经济和出口严重依赖资源类和农业类初级产品。

从中国向非洲出口产品结构看，历年中国对非洲出口商品中，"机电产品及交通工具"、"材料类制成品"、"杂项制品"三大类商品的出口规模常年占据"统治地位"，历年这三大类商品在中国对非出口额中占比近九成。而这三类产品均是制成品，这符合中国"世界工厂"的经济特征，也符合非洲工业化落后的基本特征。

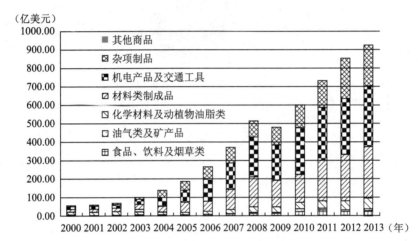

图 3.6　历年中国向非洲出口产品分类规模及其增长情况

资料来源：联合国贸易和发展会议（United Nations Conference on Trade and Development；UNCTAD）。

在 2000 年中国对非出口商品结构中，"材料类制成品"在各类产品中占比位居第一，比例达 31％，主要是皮革、橡胶、纸类、钢铁、有色金属等经过初级加工的材料，加工程度和附加值相对较低。到 2013 年，该类产品的占比仍为 31％，当然，13 年间"材料类制成品"的规模出现了持续的快速增长。

2000 年，"机电产品及交通工具"在中国对非出口产品中占比 26％，出口额 13.16 亿美元，2013 年，"机电产品及交通工具"出口非洲额度为 327.37 亿美元，13 年间出口规模增长了 25 倍，占中国对非出口额的比例上升至 35％，成为中国对非出口商品结构中占比最高的大类。"机电产品及交通工具"出口规模的大幅上升，反映了新世纪以来中国中高端制造业在不断进步，各种汽车和工程机械在非洲广受欢迎，不断深入非洲市场，提升市场地位和份额。而对中国中高端制造业产品需求的不断上升，同时也反映出非洲的经济在不断进步。

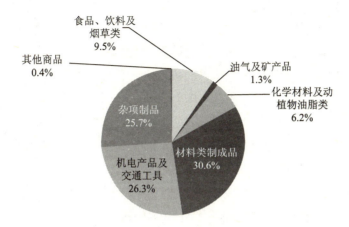

图 3.7　2000 年中国对非洲出口产品结构

资料来源：联合国贸易和发展会议（United Nations Conference on Trade and Development；UNCTAD）。

2000 年，中国向非洲出口"杂项制品"类商品 17.85 亿美元，占当年中国对非出口额的 24%。到 2013 年，"杂项制品"类商品对非出口额达 219.42 亿美元，13 年间规模上升了 12 倍，占中国对非出口额的比例略微下降至 24%，是 2013 年中国对非出口的第三大类商品。在 SITC 分类中，"杂项制品"主要包括家具、箱包、鞋帽、成衣附件等，属于中低端制造业产品，其中相当一部分为小商品。该类产品技术含量较低，基本为劳动密集型产品，该类产品在中国对外出口中占比普遍较高。

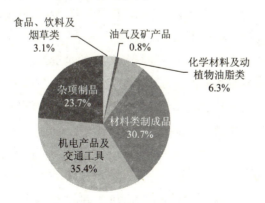

图 3.8　2013 年中国对非洲出口产品结构

资料来源：联合国贸易和发展会议（United Nations Conference on Trade and Development；UNCTAD）。

除上述三类产品外，"化学材料及动植物油脂类"占比亦较高，在2000年和2013年的中国对非出口额中占比均为6%左右，该类商品主要是简单加工后的化学原料和材料等。此外"食品、饮料和烟草类"在2000年占比为10%，到2013年该类产品占比已下降至3%。

综上所述，历年中非贸易的进出口商品结构总体保持了稳定，且高度反映了中非双方在国际分工中的比较优势，也充分反映了中非双方在产业结构上高度互补，在发展阶段上相互承继。

中国对非洲出口的商品主要是制造业产品，既包括中低端的材料制成品、化工制成品和各种小商品等，也包括中高端的机电产品和汽车，且中高端制造产品的占比总体呈上升态势。制造业产品在中国对非出口商品中合计占九成左右。而非洲对中国出口的商品主要是资源类和农业类初级产品，两类产品在历年非洲对华出口中占比超过八成。

2000年以来，虽然中非双方贸易规模快速上升，但进出口产品的结构保持了基本稳定。这不仅充分反映了中非双方的产业特征，也充分体现了中国和非洲在国际分工体系中的地位。中非贸易规模的快速上升，实际反映了双方对彼此产业的高度需求，中国是中低端产品的"世界工厂"，产品价格和性能适用于非洲；非洲尚未完成工业化进程，工业和制造业结构尚待完善，无法制造生产和生活不可或缺的大多数制造品。同时，非洲各国经济严重依赖于资源类和农业类初级产品的制造和出口，中国发达的制造业为非洲的资源类产品和农产品提供了巨大的市场。总之，贸易的旺盛，充分反映了中非双方在产业结构上的高度互补性，在发展阶段上的承继性。

三、中非贸易在双方对外合作中的地位"不对称"和失衡程度不断上升

在中非贸易快速增长的背景下，中非贸易在中国和非洲对外贸易中的地位不断上升，但是，这种地位的上升是不对称的，而且中非贸易在双方对外合作中的地位本身也是不对称的。近年来，这种不对称的失衡程度日益上升。

如前所述，从2000年到2013年，对华出口在非洲出口总额中占比从3.19%大幅上升至15.94%，从华进口在非洲进口总额中占比从3.43%上升至14.5%。由此可见，2000年以来，中国在非洲的外贸格局中地位明显上升，中非贸易占非洲外贸的比重已经上升到七分之一到六分之一之间。

　　这显然说明中国在非洲外贸格局已经占据了一个较高的比重,中国在非洲外贸中的地位已经超过了非洲的传统贸易合作伙伴美国以及英国、法国、葡萄牙等。中国在非洲外贸格局中地位的快速上升,同时结合考虑双方的经济特点,我们基本可以得出一个结论:发展水平和收入水平相对较低的非洲,已经对廉价适用的中国工业和制造业产品产生了一定的依赖性,中国产品在非洲的地位已经举足轻重。

　　而反观非洲在中国外贸格局中的地位,从 2000 年到 2013 年,对非出口在中国对外出口中的占比从 2.01% 上升到 4.19%,从非进口在中国进口中的占比从 2.47% 上升到 6.02%。同样,13 年来非洲在中国外贸中的格局中的地位也出现了明显上升,中非贸易在中国对外贸易中所占比重上升了一倍以上。但必须注意到的是,这个比重到目前为止仍然并不高,既远低于中国传统贸易伙伴在中国外贸格局中的地位,也明显低于中国在非洲外贸格局中的占比。在中国的外贸格局中,美国、欧盟、日本、韩国和东南亚合计占七成左右,其中中国第一大贸易伙伴美国独占 15% 左右。

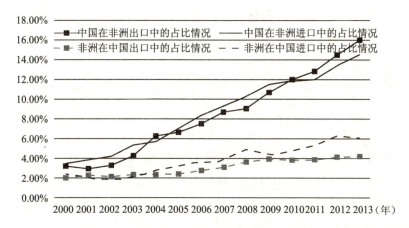

图 3.9　中非贸易在双方对外贸易中的占比情况

资料来源:联合国贸易和发展会议(United Nations Conference on Trade and Development;UNCTAD)。

　　这样,中非贸易在双方对外合作中的地位"不对称"或者地位"失衡"就出现了,中国已经成为非洲的第一的贸易伙伴,中国产品在非洲国家的生产和生活中已经占到举足轻重的地位,中国也已经成为非洲产品的第一大海外市场。而非洲总体经济体量较小，虽然与中国贸易在规模上快速上升，但非洲在这个"全球第一大贸易体"的外贸格局中占比仍然较低。

众所周知，外贸是过去30多年中国经济高速增长的两大引擎之一，到目前为止，中国对外经济政策的重心在于"保外贸"，尤其是"保出口"。同时，对外经济政策的设计基本以促进与重点国家的外贸为核心，高层经济外交的实施也基本以重点外贸伙伴国为核心。这就不难解释，改革开发以来中国重视与美、欧、日、韩、东南亚国家的经贸关系。目前中国致力于拓展亚太传统舞台的空间，先后与韩国、澳大利亚签订自由贸易协定，仍然有这个考虑在里面。而非洲在中国外贸格局中的地位相对较低，这客观上解释了当前非洲在中国对外经济战略中地位仍不够高的重要原因。

但是，这种思路在新形势下必须转变。当前我国对外经济发展阶段正从以外贸为主向对外投资为主过渡，换句话说，中国正逐渐由"世界工厂"向"全球投资者"转型，这个转身一旦成功，将显著提升中国在国际经济格局中的地位、影响力和话语权。

与此同时，中国对外经济政策重心也在由"保出口"向"促投资"转变。必须注意的是，对外投资和对外贸易在合作层次、双方需求、国际格局等方面仍存在巨大差别。

虽然非洲目前并非是中国最重要的贸易伙伴，但就国际投资而言，非洲是中国对外投资的一个必然选择，这是由中非双方在全球价值链所处地位决定的，也是由双方固有的经济特征和发展阶段决定的。

未来国际投资政策的设计，应从未来非洲在中国对外投资中的战略重要性考虑，而不能从非洲在中国外贸格局中的地位来设计，也不能从中国目前在非洲接受外资格局中的地位来制定。也就是说，国际经济政策的制定和调整既要具备针对性，更要具备前瞻性。

四、中国在非洲贸易伙伴较为集中

中国虽然同所有非洲国家都有贸易往来，但主要贸易伙伴仍是少数国家，主要是安哥拉、苏丹、尼日利亚等石油出产国以及南非、北非等经济发展水平较高的国家，同其他国家的贸易非常有限。

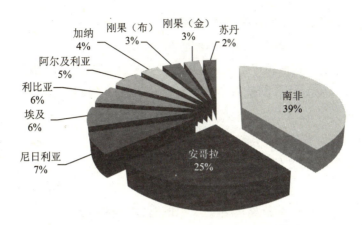

图 3.10　2012 年中国在非洲主要贸易伙伴构成

数据来源：国家统计局。

2012 年，中国在非洲前 10 大贸易伙伴依次是南非、安哥拉、尼日利亚、埃及、利比亚、阿尔及利亚、加纳、刚果（布）、刚果（金）、苏丹。同这 10 个国家的贸易额合计占中非贸易总额的比重接近 80%。其中，与南非、安哥拉和尼日利亚 3 国的贸易额分别为 600 亿美元、376 亿美元和 106 亿美元，占中非贸易总额的一半多。

表 3.3　2012 年中非贸易规模排前十位的非洲国家

		进出口		进口		出口	
		亿美元	同比（%）	亿美元	同比（%）	亿美元	同比（%）
1	南非	599.94	31.9	446.71	39.1	153.23	14.7
2	安哥拉	376.01	35.7	335.62	34.7	40.39	45.1
3	尼日利亚	105.70	−2.0	12.74	−19.6	92.96	1.0
4	埃及	95.45	8.4	13.21	−13.0	82.24	12.9
5	利比亚	87.60	214.7	63.76	209.0	23.84	231.0
6	阿尔及利亚	77.29	20.2	23.12	17.9	54.17	21.1
7	加纳	54.34	56.5	6.44	77.2	47.91	54.0
8	刚果（布）	50.77	−1.6	45.56	−2.5	5.21	6.5
9	刚果（金）	43.50	9.1	35.13	11.1	8.37	1.3
10	苏丹	37.33	−67.6	15.54	−83.7	21.79	9.2
前十位国家占比		76.95		88.11%		62.14%	

数据来源：商务部西亚非洲司数据库。

五、进出口相对平衡，顺逆差交替出现

2000—2009 年期间，中国对非洲贸易改变了此前"高出低进"、持续顺差的局面，进出口基本同步增长，顺差和逆差交替出现，但差额规模较小。

2000 年，我国对非贸易逆差 4.8 亿美元，2001 年转为顺差，并保持至 2003 年，顺差规模从 2001 年的 12.2 亿美元增至 2003 年的 18.3 亿美元。2004 年再次转为逆差，并持续至 2006 年，规模在 20 亿美元左右。2007 年转为顺差，规模为 10.8 亿美元。2008 年，中国从非洲进口额增幅较大，对非贸易逆差扩大至 50.1 亿美元，主要原因是国际原油价格的大幅上涨。

2009 年，随着原油价格的回落，中国对非贸易差额发生逆转，出现 44 亿美元的顺差。此后，随着国际大宗商品价格的复苏，中国从非洲进口的增速远高于中国对非出口的增速，中非贸易在 2010 年出现逆差并逐渐扩大，2010 年中非贸易的逆差为 71.4 亿美元，2012 年进一步扩大到 279.4 亿美元。

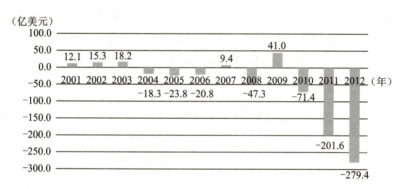

图 3.11　2001—2012 年中国对非洲贸易差额

数据来源：国家统计局。

但是，值得注意的是，进入 2014 年以后，随着中国等新兴经济体增速下降，全球对油气、矿产等大宗商品的需求下降，大宗商品的价格集体出现"理性回归"。目前，中国经济增长已经"换挡"减速，产业结构升级进入攻坚期，钢铁、造船、电解铝等资源密集型行业富余产能削减进入实质性阶段，未来对固矿类大宗商品的需求难以为继。而纵观全球，没有一个经济体可以像过去 10 年的中国那样对大宗商品起到如此强劲的需求支撑。因此，未来国际大宗商品价格在"理性价位"持续徘徊震荡的可能性很大，中非之间进出

口也将逐步恢复到相对均衡状态，不会持续出现大规模的逆差。

3.1.3 中非贸易的前景

如前所述，从 2001 年到 2013 年的 12 年间，虽然金融危机使中非贸易出现了短期的下降，但这 12 年间的复合增长率仍然很高。2001—2013 年的中非贸易额年均复合增长达 28.1%。其中，中国从非洲进口规模年均复合增长率达 30.6%，中国对非洲出口规模年均复合增长率为 25.5%。

金融危机后，2010 年中非贸易额与 2009 年相比超过了 50% 的强劲反弹。2011—2013 年，中非贸易的增速出现了一定幅度的缓解，3 年间，中非贸易额年复合增长率为 18.5%。其中，中国从非洲进口规模年均复合增长率为 21%，中国对非洲出口规模年均复合增长率为 15.5%。

2010 年以来，中非贸易继续快速增长，但年均增速出现了一定程度的下滑。这首先是因为中国已经成为非洲的第一大贸易伙伴，当双方贸易基数增长到较高规模时，增速下降是正常的，但增速下降并不意味着贸易量增长的下降。这类似于经济增长理论中的"收敛定律"（Convergence Theory）[①]，当一国经济规模扩大到一定水平时，经济增速就会逐渐下降。

未来中非贸易规模将继续保持较高速度增长，中非贸易具有巨大潜力和前景，这是由中非双方经济结构的高度互补性决定的。中国与非洲面临着各自的转型，经济互补性较强，相互需求增多，双方的发展互依互存，非洲发展中的"中国因素"和中国发展中的"非洲含量"都已不可或缺。

中国是"世界工厂"，非洲的工业化还远未完成，中国的廉价适用商品是非洲的必然选择。与此同时，非洲正处于城市化加速推进阶段，未来 30 年，非洲城市人口比例每年将提高一个百分点，到 2040 年左右，非洲的城市人口比例将达到 60%；非洲人口超过 100 万的城市数量将在未来 10 年翻番至 60 个。城市人口的大幅上升，必然对"中国制造"派生出新的需求。同时，非洲人口以年均 2.3% 的速度增长，远高于亚洲的 1%；人口结构年轻，且将继续向年轻化发展，2040 年之前年轻人口预计每十年增长 15%~20%。这意味

---

①　经济增速收敛定律（Convergence Theory）：理论和实证分析表明，一国经济与均衡状态差距较大时，增长速度较快，随着与均衡状态的靠近，增速将趋于收敛。

着非洲人口红利正在强化，将有助推动经济发展和消费水平的上升，年轻且具备消费能力阶层的扩大，也将使非洲的市场容量进一步上升。

2014 年 11 月 19 日，德勤会计师事务所公布的在南非约翰内斯堡发布的一份研究报告表明，至 2017 年，非洲将成为消费品行业第二大市场。[①] 德勤的研究表明，与以往相比，消费增长较少依赖采矿业和石油产业的收入；当前非洲正经历"前所未有"的消费人口增长，非洲从 2014 年到 2030 年将有 50 多万中产阶层人口，每天消费 2 美元（约合人民币 12.24 元）至 20 美元。15 岁到 24 岁的消费者促进了品牌商品销售及现代商贸物流在非洲市场的飞速发展。随着非洲地区城市化发展进程加快，新的特大城市实际上将形成另外的完整市场。目前非洲已经是一个拥有 2.4 亿有效人口的大型消费市场，摩洛哥、埃及和南非的市场潜力尤其较大。

因此，随着城市化的推进和"人口红利"期的到来，非洲的消费人口正在崛起，非洲的市场容量正在不断上升，未来非洲对中国产品的需求是强化而不是弱化。

过去 10 年里，中国的巨大需求，推动了大宗商品价格走高，直接促成了非洲的"资源繁荣"。收入的增加，增强了非洲国内购买力，国内市场和需求得以扩大，也引致了众多行业的发展，进而为非洲经济增长和能力建设提供了基础。在今后较长时间里，中国经济增长虽然出现了"换挡减速"，但从 GDP 角度衡量，中国已经成为全球第二大经济体，中国正在进入"城镇化"加速推进阶段，未来仍然是非洲初级产品不可或缺的大市场，中国的市场地位，对于非洲而言具有不可替代的作用。到 2013 年，中国在非洲出口中已经占到了六分之一的市场份额。未来大宗商品价格如较长时间保持在理性价位，中国从非洲进口额将保持中高速稳步增长，增长的主要动力将来自于进口量的稳步上升。

因此，从贸易增长潜力来看，中非贸易正处于一个稳步上升期，并且有着巨大的上升空间。中非双方经济将保持较快增长是作出这一判断最直接、

---

① 资料来源：2014 年 11 月 20 日环球网评论性文章《德勤：非洲将成为未来消费品行业第二大市场》。详见如下网址：http://finance.people.com.cn/n/2014/1120/c1004—26063618.html。

最重要的根据。与此同时，中国与非洲在经济结构和产业承接方面有着重要的互补性，而且这种互补性正在不断上升。这两点是决定中非贸易量不断上升的根本因素。

从政策层面上看，中国也正不断采取措施，扩大中非贸易规模。根据中非合作论坛的相关政策安排，中国已对31个非洲国家的农产品、石材、皮革、纺织服装、机电产品和木质家具等10多类共计466种输华商品免除进口关税，截至2009年6月底，非洲出口中国的受惠商品累计超过8.9亿美元[1]。2009年11月中非论坛第四届部长级会议通过《中非合作论坛沙姆沙伊赫宣言》和《中非合作论坛沙姆沙伊赫行动计划（2010至2012年）》，进一步承诺"扩大对非产品开放市场，逐步给予与中国有外交关系的非洲最不发达国家95％的产品免关税待遇，2010年年内将首先对60％的产品实施免关税"。[2]中国针对非洲国家推出的优惠出口买方信贷，在扩大我国机电产品和成套设备对非出口方面也将起到积极作用。此外，中国与部分非洲国家之间正在开展的"一揽子"合作计划也将对中国相关产品的出口产生促进作用[3]。

但是，我们也必须注意到中非贸易中客观存在的一些问题。这些问题可能给中非贸易的前景和空间带来不确定性，必须引起我们的重视。

第一，中国对非出口商品结构有待进一步优化调整。

近年来中国对非洲出口商品结构有所改善，机电产品的出口比重逐年增加，并已成为对非出口的第一大类产品。但是，与发达国家相比，附加值低、技术含量低的产品在出口产品中所占比重仍然较大，需要继续提高技术含量高、附加值高的高新技术机电产品的出口比重。

第二，中非贸易摩擦仍在继续。

---

① 参见商务部分析报告《半年商务形势系列述评——中非经贸合作稳步发展》（2009.8.18）。

② 参见《中非合作论坛沙姆沙伊赫行动计划（2010至2012年）》第4.4.3条款。

③ "一揽子"合作的基本模式是，非洲国家以对华出口能源资源产品收入作为还款来源和担保，换取进出口银行提供的商业贷款，用于中国企业在该国承建的工程项目和进口我机电产品。首先，商务部与非方有关政府部门签订框架协议，明确合作原则和程序。然后，进出口银行与非方商定贷款规模、条件、担保等内容并签订贷款总协议，评审具体项目并决定是否发放贷款。目前，我与安哥拉、赤道几内亚、刚果（布）、埃塞俄比亚、苏丹5国开展了一揽子合作。在一揽子合作框架内，进出口银行向上述5国提供约100亿美元的商业贷款。此外，不少非洲国家要求与我开展此类合作的意愿强烈。

根据商务部的数据，截止到 2013 年底，中国已连续 18 年成为遭遇反倾销调查最多的国家，连续 8 年成为遭遇反补贴调查最多的国家。除了发达经济体对中国贸易纠纷立案继续大幅度上升以外，新兴工业国家和发展中国家立案也呈增长趋势。近年来，中国在非洲地区遭受的反倾销诉讼呈现明显的上升趋势。

第三，中国企业对非出口秩序存在一定程度的混乱。

目前中国对非出口企业多是各自为战，分散经营、重复经营现象严重。某些企业为求得短期利益，纷纷采取低价竞销的手段来扩大自己产品在非洲市场的份额，致使中国企业对非出口秩序混乱。一些个体经营者的经营手段不规范，甚至经营假冒伪劣产品，直接影响了中国产品在非洲市场上的声誉。

第四，部分中国企业不注重对非出口商品的质量及售后服务。

一些外贸公司为了争取客户，在用样品报价时故意压低报价，到交货时以次充好，到货与样品不一致。还有一些外贸公司将粗制滥造的产品冒用其他公司的名牌产品，牟取暴利。在售后服务方面，中国企业大多不重视完善对非出口商品尤其是机电产品的零配件供应及售后服务体系，很多出口到非洲的机电产品只是随整机发运一批零配件，之后的零配件供应及售后服务则很少顾及。

3.2 对非工程承包的现状及前景

3.2.1 对非工程承包的发展历程

中国对非的工程承包最早是从援外项目开始的。1963 年，中国向几内亚派遣工程队帮助援建火柴和卷烟厂，开启了中国在非洲开展工程承包的历史。

改革开放后，中国企业开始真正进入非洲国家工程承包市场。最初主要集中在北非的埃及、阿尔及利亚、利比亚，在中、东部非洲的卢旺达、布隆迪和索马里等国也有少量项目，多为房建和筑路等小规模项目，承揽方式以分包和承包施工为主。到 20 世纪 80 年代末，对非承包业务从早期的 20 多个国家扩展到 48 个国家。

20 世纪 90 年代后，许多有实力的生产型企业加入了对非承包工程商的队伍，在非承揽业务的规模不断扩大，层次不断提高，合作领域涉及各个行业。1996 年，中国对非承包工程新签合同额首次突破了 10 亿美元，达到 13.7 亿美元，同比增长 1.13 倍。1998 年，中国对非承包工程营业额首次超过 10 亿美元，达到 15.1 亿美元。

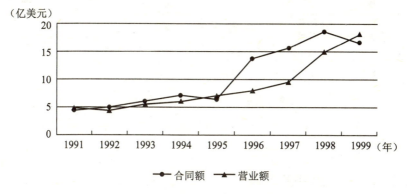

图 3.12　1991—1999 年中国在非洲工程承包发展情况

资料来源：1992—2000 年《中国对外经济贸易年鉴》。

　　进入新世纪以来，我国对非承包工程进入快速发展阶段，在对外工程承包总额中所占比重不断增加。

　　2000—2005 年，中国对非承包工程新签合同额从 20.8 亿美元增长到 84.1 亿美元，年均增长率超过 32％。2006 年，中国企业在非洲新签订了数个超大项目合同，如中信—中铁建联合体总承包的阿尔及利亚高速公路东西两段项目，合同金额高达 60 亿美元；中土公司签订的尼日利亚铁路项目合同额达到 83 亿美元。这也使 2006 年中国对非承包工程合同额比上年增长了近 1.5 倍，达到 289.7 亿美元的高峰，使非洲取代亚洲，成为中国工程项目新签合同额最大的地区市场，占到中国对外承包工程市场 40.4％的份额。

　　根据国资委的统计数据，目前中国企业在非洲工程承包市场上的份额已经达到 42.4％，超过非洲地区昔日宗主国家法国、英国、意大利、西班牙等的总和，位居第一（国资委数据，统计范围为国有工程企业）。如果考虑在非经营的大量中国民营企业，中国企业在非洲工程承包市场上的份额将更大，中国企业无疑已经成为非洲工程承包市场上最大的国际承包商。

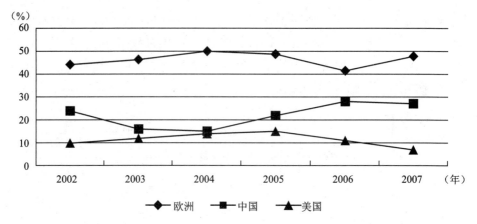

图 3. 13 2002—2007 年欧美和中国企业在非工程承包市场份额
资料来源：2003—2008 年美国《工程新闻纪录》。

3.2.2 对非工程承包的现状

据商务部统计，从中国国际承包商在海外承揽业务开始到 2012 年底，中国对外承包工程业务累计签订合同额 9 981 亿美元，完成营业额 6 556 亿美元。[①] 2012 年中国企业在非新签工程承包合同金额 640.5 亿美元，比 2009 年增长了 47％，占中国对外承包工程新签合同金额的 40.90％；完成工程承包营业额 408.3 亿美元，比 2009 年增长了 45％，占中国对外承包工程完成营业总额的 35.02％。[②] 2013 年 1～10 月，中国企业在非新签署承包工程合同额 470.1 亿美元，同比增长 22.5％，完成营业额 322.1 亿美元，同比增长 11.4％。[③]

---

① 中国海外承包工程商会 2014 年 2 月 26 日公开发布的调研报告《2013 中国国际承包商非洲本土化实践调查报告》（Survey Report on Localization Practice of Chinese International Contractors in Africa 2013）。详见如下网址：http：//www. chinca. org/cms/html/shzr2/col343/2014 － 02/26/20140226165249613407667 ＿ 1. html。

② 《证券日报》2013 年 6 月 13 日评论性文章《商务部：一季度我国对外承包工程营业额大幅增长》。详见如下网址：http：//news. xinhuanet. com/fortune/2013－06/13/c ＿ 124847665. htm。

③ 数中国国家商务部公布的《2013 年商务工作年终述评之十：中非经贸合作成果令人瞩目》。详见如下网址：http：//www. mofcom. gov. cn/article/difang/tianjin/201312/20131200440790. shtml。

图 3.14　2003—2012 年中国对非工程承包情况

总体来看，非洲在中国对外工程承包格局中的地位是逐步上升的。2003 年，中国企业对非工程承包新签合同额为 38.7 亿美元，占当年中国对外工程承包新签合同额的 21.9%。2012 年，对非工程承包新签合同额占中国对外工程承包新签合同额的 40.9%。同样，2003 年，中国企业对非工程承包完成营业额为 26 亿美元，占当年中国对外工程承包完成营业额的 18.8%。2012 年，对非工程承包完成营业额占中国对外工程承包完成营业额的 35.02%。由此可见，过去的 10 年间非洲市场在我国海外工程承包中的份额基本翻了一倍。

从 2009 年开始，非洲已连续 4 年成为中国第二大海外工程承包市场，在中国海外工程承包格局中的地位仅次于亚洲。[①] 非洲已连续 4 年成为中国第二大海外工程承包市场，2012 年中国企业在非洲完成承包工程营业额 408.3 亿美元，占中国对外承包工程完成营业总额的 35.02%。[②] 根据美国《工程新闻记录》对全球最大 225 家国际工程承包公司的业务统计，2011 年中国公司在非业务额占非洲整体工程市场份额的 40.1%，超过欧洲公司位居第一。而其中的基础设施类工程项目，自 2000 年以来约 20% 都由中国企业承揽，2011 年仅在埃塞俄比亚签约和开工项目就有 18 个。中国工程队伍已经成为

①　国务院新闻办公室：《中国与非洲的经贸合作白皮书（2013 年）》。
②　同上。

非洲基础设施建设的主力军，来自中国的资金、设备和技术有效降低了非洲国家建设成本，使非洲基础设施落后的面貌逐步得以改善。

中国企业积极参与非洲电力、能源、交通和民生等基础设施领域的建设。在巩固传统优势的基础上，中国企业正向对非承包工程的上、下游领域拓展，开始参与有关项目的可研、规划、设计和后期的运营、管理。

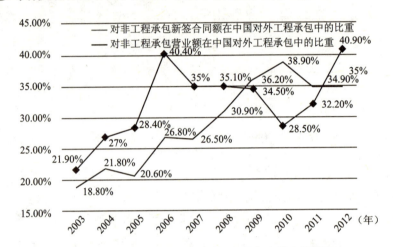

图3.15 非洲市场在中国对外工程承包中的占比情况

数据来源：商务部《中国对外承包工程、劳务合作和设计咨询业务统计年报》。

当前，中国企业对非工程承包至少呈现出如下几个特点：

第一，承包工程规模不断扩大。

自1995年以来，中国对非工程承包进入快速增长阶段，对非工程承包在中国总的国际工程承包业务中的占比不断增加。中国企业在非洲承包的单个工程规模也不断扩大，不断出现数亿美元甚至几十亿美元的超大型工程。中国企业已经成为非洲工程承包市场上最大的国际承包商，市场份额超过40%，超过非洲地区昔日宗主国家法国、英国、意大利、西班牙等欧洲国家的总和，位居第一。同时，非洲也已成为中国企业在海外承包工程的第二大市场，在中国海外工程承包格局中的地位仅次于亚洲。中非双方在工程承包领域的合作已经得到广泛而深入的发展。

第二，工程承包领域多元化。

目前，在非洲市场上我国公司承揽的项目已不局限于一般的土建工程，而是涉及到国民经济的各个行业，带动了国产设备材料出口显著增长。中国公司在非洲承包工程的项目涉及房屋建筑、石油化工、电力设施、交通运输、通讯设备、水利工程、冶金设施、铁路改造以及道路桥梁、港口建设、农田整治等各个领域。

第三，与资源开发等其他形式相结合。

非洲是中国需求资源领域合作的一个重点地区。而非洲各项基础设施落后，绝大部分资源开发项目需要进行大量的基础设施建设。一些中国对外承包工程企业正探索在非工程换资源的新合作模式，以新的路径进入对外承包工程高端业务领域，推动工程承包行业向深层次发展。

第四，确立了较明显的竞争优势。

一是中国承包企业完成的工程项目质量良好，在非洲树立了良好的形象，很多项目受到非洲国家领导人、当地政府的称赞和好评。二是价格具有较强的竞争力。由于中国企业的技术、管理及普通劳务人员工资较低，可从国内渠道获得廉价的施工设备和建筑材料，所以承揽工程的价格较低。三是管理先进，技术合适，可供非洲国家学习和借鉴。中国在非承包企业多为实力雄厚的大型国有公司，具有较强的资金和技术实力。非洲国家希望加强与中国企业合作，学习中方投标及项目管理经验，引进施工设备、材料、技术，带动当地承包公司发展。

3.2.3 对非工程承包的前景

目前，非洲已经成为中国第二大海外工程承包市场，中国在非洲基础设施市场上的份额超过了非洲的前宗主国，成为第一大国际承包商。未来，中国在非洲的海外工程承包，从规模上仍将继续保持增长，从市场份额上看，进一步上升的空间较小，竞争趋于激烈。

第一，中国对非援助和中非基础设施合作为中国对非工程承包规模的进一步上升提供了良好的基础。

基础设施是中国对非援助的重点领域，20世纪60年代，当时人均GDP尚不足100美元的中国，历时5年，克服艰难条件，铺设了纵贯坦桑尼亚和赞比亚的坦赞铁路，为刚独立仍面临经济封锁的赞比亚及周边东非国家开辟出一条经济枢纽和交通生命线。坦赞铁路是中国对整个非洲进行基础设施建设和援助的开始。① 商务部数据显示，截至 2011 年底，中国共在非洲 51 个国家援建了约 270 个基础设施项目，其中交通设施近 140 个、电力设施约 60 个、通信设施 70 个，成绩显著。

基础设施一直是中非经贸合作的重点和优先领域。2004 年和 2006 年举行的中非合作论坛第二次和第三次部长级会议，均同意将基础设施作为双方合作的重点领域。2009 年中非合作论坛第四次部长级会议通过的《沙姆沙伊赫行动计划》首次提出将基础设施"作为中非合作的优先领域"。2012 年中非合作论坛第五次部长级会议通过的《北京行动宣言》进一步强调"双方同意继续将基础设施作为中非合作的优先领域，加强在交通、通信、广播电视、水利、电力、能源等基础设施建设领域的合作"。

2013 年 3 月，习近平主席在出席在南非德班举行的金砖国家领导人第五次会晤时明确指出，中国将继续在对外援助、投融资合作方面向基础设施领域倾斜，支持非洲一体化建设，同非洲国家建立跨国跨区基础设施建设合作伙伴关系。

2014 年 5 月李克强总理访非期间，重申中方将继续把基础设施建设放在对非合作重要位置，积极参与非洲公路、铁路、电信、电力等基础设施项目建设，在与非盟制订的关于非洲跨国、跨区域基础设施合作行动计划基础上，共同促进非洲大陆互联互通。提出要与非方合作打造非洲高速铁路网络、高速公路网络和区域航空网络，并将在非洲设立高速铁路研发中心，促进非洲大陆互联互通，实现区域互联互通。

目前，中国已成为非洲基础设施建设主要资金来源国。据南非标准银行 (Standard Bank) 估算，2007 年以来，非洲基础设施建设所吸收的外部资金中有三分之二来源于中国，主要投入到电力和交通设施项目。2010—2012 年 5 月，中国对非优惠性质贷款项下累计批贷 92 个项目，批贷金额达 113 亿美元。埃塞俄比亚亚的斯—阿达玛高速公路、喀麦隆克里比深水港等项目均由中国的优惠贷款支持建设。中国大型商业银行也在非洲开展了多项买方信贷，

---

① 中国从事非洲基础设施建设历史回顾，http：//www.chinairn.com/news/20140107/111651506.html

支持了加纳电网、埃塞俄比亚水电站、阿尔及利亚东西高速公路等项目。[①]

中国对非援助规模的上升，优惠贷款项目的增加，以及中国资金对非洲基础设施支持力度的上升，均有助于提升未来中国对非工程承包规模。通常来说，凡是中国对非援助项目、优惠贷款项目和金融支持项目均将由中国企业承建施工，采购中国机电设备。

第二，非洲基础设施建设缺口巨大，未来工程承包仍将面临较多项目机会。

进入 21 世纪，非洲大陆经济发展步入黄金期，正在成为继亚洲、拉美之后的第三个全球"增长极"。2010 年全球经济增长最快的 15 个经济体中，有10 个是非洲国家。2012 年，在全球经济低迷、发展前景充满不确定性的背景下，非洲各国经济仍保持了良好的增长态势，实现 5% 的增长率，增速仅次于东亚地区，排名全球第二。世界银行数据显示，2013 年，除南非以外的撒南非洲国家平均增长 6%，有 13 个国家经济增速超过 6%。[②] 根据联合国的预测，如果维持目前的增长态势，到 2034 年，非洲经济占全球经济的比重将有望从目前的 2.4% 提高至 5.1%。

但近年来非洲令人鼓舞的经济增长成就也掩盖了其长期竞争力方面的潜在不足，世界经济论坛（WEF）《非洲竞争力报告（2013 年）》显示，非洲国家的国际竞争力远远落后于世界其他国家，而全球最不具竞争力的 10 个经济体有 7 个为非洲国家。

表 3.4　非洲国家竞争力排名（2013—2014）

非洲前十名			非洲后十名		
国家	综合竞争力全球排名	基础设施竞争力全球排名	国家	综合竞争力全球排名	基础设施竞争力全球排名
毛里求斯	45	50	马里	135	108
南非	53	66	马拉维	136	137
卢旺达	66	104	莫桑比克	137	130
博茨瓦纳	74	94	布基纳法索	140	140

① 资料来源：国务院新闻办公室，《中国与非洲的经贸合作白皮书》（2013）。
② World Bank：*Global Economic Prospects*（2014.01）.

续　表

非洲前十名			非洲后十名		
国家	综合竞争力全球排名	基础设施竞争力全球排名	国家	综合竞争力全球排名	基础设施竞争力全球排名
摩洛哥	77	57	毛里塔尼亚	141	120
塞舌尔	80	43	安哥拉	142	145
突尼斯	83	77	塞拉利昂	144	139
纳米比亚	90	60	布隆迪	146	146
赞比亚	93	118	几内亚	147	147
肯尼亚	96	102	乍得	148	148
对比：同时期金砖国家竞争力排名					
中国	29	48	印度	60	85
巴西	56	71	俄罗斯	64	45

资料来源：WEF—Global Competitiveness Report（2013—2014），中非发展基金研究发展部。

目前非洲国家在发展潜力和国际竞争力方面面临的最大问题就是基础设施缺口。非洲开发银行"非洲基础设施国别诊断"（Africa Infrastructure Country Diagnostic，AICD）系列研究显示，非洲大陆的基础设施条件远远落后于其他发展中地区，而平均服务价格却是其他国家的一倍。

表3.5　非洲基础设施显著落后于其他发展中经济体

指标	非洲低收入国家	其他低收入国家	非洲中等收入国家	其他中等收入国家
铺面道路密度	34	134	284	461
主干道密度	9	38	142	252
移动通信覆盖率	48	55	277	567
网络覆盖率	2	29	82	235
发电能力	39	326	293	648
电力覆盖率	14	41	37	88
净化水普及率	61	72	82	91
卫生设施普及率	34	53	53	82

注：道路密度单位为"公里/百平方公里可耕地面积"，通信密度单位为"线/千人"，发电能力单位为"兆瓦"，电力覆盖率单位为"兆瓦/百万人"，净化水及卫生设施普及率为使用人口占总人口的百分率。

资料来源：AfDB—Africa Infrastructure Country Diagnostic（AICD），中非发展基金研究发展部。

落后的基础设施已成为非洲几乎所有行业发展的瓶颈。据世界银行测算，电力、供水、道路以及通信基础设施的短缺导致了撒哈拉以南非洲高达40％的生产率损失，并拉低GDP增速2个百分点，而消费市场增长与城市化发展使这一问题更加突出。[①] 基础设施领域存在的巨大供给缺口已经成为非洲经济发展和吸收外来投资的主要制约因素，非洲国家对于兴建或改善国内基础设施有迫切需求。随着非洲国家基础设施建设的不断推进，中国工程承包企业仍将面临较多的项目机会。

电力和交通是非洲基础设施发展的重点领域，而中国企业在这些领域具备一定成本优势。据BMI的统计，截至2013年初，电力、交通领域（包括发电与电网、公路、桥梁、铁路、机场、港口等）已实施项目数量占同时期非洲各国基础设施项目总量的78.8％，投资金额占各国总投资金额的66.4％。根据德勤的统计，截至2013年6月底，非洲开工建设的322个大型基础设施建设项目中，36％为电力能源项目，25％为交通设施建设项目，项目总价值超过2 227亿美元。[②] 根据非盟和非洲开发银行关于非洲基础设施的2040年远景规划，电力和交通不仅是需求增长最快的领域，也是投资资金需求最大的领域。

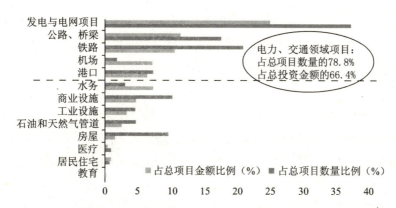

图3.16　非洲基础设施项目的行业分布（截至2013年年初）

资料来源：Business Monitor International；Ernst & Young Analysis，中非发展基金研究发展部。

---

① World Bank：Africa's Infrastructure—A Time for Transformation（2010）.

② Deloitte：African Construction Trends Report 2013.

非盟"非洲基础设施发展计划"（The Programme for Infrastructure Development in Africa，PIDA）整合了 2012—2040 年非洲现有各类跨国跨区域基础设施发展规划，确定了跨国跨区域基础设施建设的项目规划、融资和总体实施框架。PIDA 投资总额预计为 3600 亿美元，已制订的近期阶段（2012—2020 年）优先发展计划（PAP）项目约需 680 亿美元，其中以电力为主的能源领域占 59%，交通领域占 38%，水资源领域占 2%，信息通信领域占 1%。电力能源和交通项目比重高达 97%，是绝对的重点投资领域。

2013 年，中国与肯尼亚之间达成了一项总额为 4 250 亿先令的融资协议。该融资额的三分之二将用于建设肯尼亚港口城市蒙巴萨至布隆迪首都布琼布拉之间的高铁。其中 25 亿美元将用于铁路修建，37.5 亿美元将用于配套基础设施建设、购买火车头和车厢等。东非共同体国家肯尼亚和坦桑尼亚也已启动耗资 1.56 亿美元的公路建设项目。尽管未来中国企业面临着来自欧洲、南非、中东等实力雄厚的企业的竞争，未来中非在基础设施方面的合作势必进一步增加。

这方面，2014 年 11 月中国铁建股份有限公司在尼日利亚拿下的大型沿海铁路建设项目就是一个有力的证明。尼日利亚的这一沿海铁路项目西起尼日利亚"经济首都"拉各斯，一路向东横跨沿海地区的 10 个州，直达港口城市卡拉巴。单线里程 1402 公里，贯穿整个尼日尔三角洲产油区，全线设计时速 120 公里。该项目是尼日利亚国家铁路干线网以及西非"互联互通"铁路网的主要组成部分。

中国铁建承包这一铁路项目合同总金额高达 119.7 亿美元，是中国对外工程承包史上单体合同金额最大的一单。铁路设计采用中国标准，将直接带动施工机械、机车车辆、钢材、机电产品等价值至少 40 亿美元的中国机电设备的出口。

大型基建项目的承接，反映中国的工程标准、施工技术、装备质量已经得到全面认可，未来随着中国技术的推广和进步，中国企业有望在非洲不断承接大型项目。

第三，工程承包合作效益总体较低，易受政治风险冲击。

更重要的是，工程承包这一合作形式属于低端的劳务输出范畴，工程结束后，中国企业通常既不参与项目运营，也不持有项目资产，结果是中国企业仅提供工程建设方面的服务，而无法分享非洲经济成长的好处。同时，工程承包带来的大量劳务输出也容易加剧部分非洲国家的失业问题，非洲国家当地就业压力较大，很多国家通过配额方式限制外国承包商引进普通工人，且当地社会对大量外国工人占据劳务岗位表示不满。因此，中国企业成建制外派劳务承建工程项目的传统经营模式正在遭遇挑战。

工程承包易受政治风险冲击。工程承包项目因其自身特点，受到政治局势动荡的冲击最为严重。非洲局部地区政治经济不稳定的风险，使得中国承包企业在非洲的资产、人员安全保障问题受到威胁。目前，施工总承包是我国企业对外工程承包的主要方式，施工现场不仅堆放大量的施工机具、设备和建筑材料，有形资产规模较大，而且在工程项下带动的各类劳务人员数量较大，平均1亿美元工程承包营业额带动270多人。非洲一些国家频繁发生的政治动荡对劳动力和有形资产密集型的我国对外工程承包业务带来严峻挑战。

在2011年年初开始爆发的北非政治动荡中，我国在突尼斯、埃及、利比亚等国的工程承包项目被迫暂停、人员撤回，遭受了巨大的经济受损。在战乱最为严重的利比亚，国内75家企业，包括13家央企在利比亚的全部项目暂停，涉及大型承包项目共50个，合同金额188亿美元。据估计，中资企业在利比亚的经济损失，包括固定资产、原材料、难以追回的工程垫付款、撤离人员安置费用等，可能高达200亿美元。

第四，工程企业转型缓慢，亟待由"国际施工员"向"全球投资者"转型升级。

中国企业在非工程承包项目虽然在规模上不断上升，但多数项目都是基础建设，属于施工领域的"脏活累活"，工程企业在非洲的竞争优势很大一部分也是来自于人力成本和中国设备的成本优势，而不是来自于技术等方面的竞争优势。

中国企业参与非洲基础设施项目已开始由工程建设向EPC模式转变，业务延伸至工程设计和成套设备采购，但还很少涉及投融资和运营管理，尚处于项目价值链的低端环节。而国际领先的跨国建筑企业已纷纷通过公私协作项目完成了战略转型，效益提高显著。世界排名第一的基础设施工程公司

——法国万喜集团（Vinci Group）2013 年负责 PPP 项目的特许经营业务板块仅占总收入的 13.9%，却贡献了集团 47.6% 的净利润和 63.1% 的现金流。而中国企业工程承包业务仍属于低端的劳务输出范畴，附加值偏低，且中国公司之间往往产生同质化恶性竞争，导致整体收益率进一步下降。

第五，施工企业在非内部竞争影响合作效益，本土化程度较低引发争议。

不可否认的是，未来中国企业进一步大幅拓展非洲工程市场的难度正在上升，而且未来非洲工程承包市场上的竞争势必更加激烈。虽然中国工程承包企业在非洲市场上的份额较大，但竞争也越来越激烈。一方面，在大部分非洲国家，除中国公司外，还有欧洲、南非、中东等实力雄厚的企业。特别是 20 世纪 90 年代后期以来，随着意大利、埃及、以色列等国一些知名承包公司进入非洲各国市场，同时南非承包企业快速发展并不断在其他非洲国家拓展业务，竞争更加激烈。另一方面，非洲国家本土企业竞争力逐年增强，中国企业在土建等技术含量不高的项目上竞争优势正在削减。

并且，近年来随着非洲工程承包市场竞争烈度的上升，中国企业之间的内部恶性竞争已经成为一个不争的事实。这至少包括两个方面。一是出于业绩压力等原因，部分中国企业相互压价，缺乏协调性，大打价格战，严重影响行业利润。二是国家层面上缺乏战略安排，部分企业在利润的诱惑下，以低成本技术为西方企业承建生产性项目（如水泥厂等），客观上支持了西方企业占领非洲市场，缺乏适时向投资转型的战略考虑。结果是，等自身想投资相关领域，或者其他中国企业想投资相关领域时，发现市场已经被西方企业占领，且使用的是中国廉价适用技术，中国企业在竞争中难以与"先入为主"的西方企业抗衡。

另一方面，本土化程度较低也成为非洲国家批评中国施工企业的一个重要方面。部分非洲国家认为中国施工企业在承揽非洲工程项目时大量使用中国技术人员和工人，抢占当地人的就业机会。埃塞俄比亚、赞比亚、安哥拉等非洲多国已经有意识地收缩中国企业赴非劳务人员的签证，提升签证难度，以避免过多中国技术人员和工人与国内居民"抢饭碗"。另外，非洲各国对外资企业的员工本土化雇佣比例有明确要求，且有逐年提高之势，有些非洲国家为保证本国劳动力就业，出台政策限制外来劳务人员进入本国。

3.3 对非投资的现状及前景

3.3.1 中国对非投资的发展历程

1979 年以前，我国对非洲的直接投资规模很小，仅限于少量特定政府项目。20 世纪 80 年代，我国对非洲投资开始起步，逐渐形成与贸易、援助、工程承包等互为补充的合作形式。截至 1990 年，在非洲共投资 102 个项目，投资总额 5 119 万美元。20 世纪 90 年代初，我国转变对外援助方式，直接推动了对非投资的发展，投资主体也逐渐由政府向企业转变。1995 年以后，我国对非洲国家的直接投资大幅增加，从 1996 年的 5 600 万美元增加到 2003 年的 1.03 亿美元[①]。到 2012 年底，我国在非洲的直接投资存量已达 213.3 亿美元。

一、起步阶段（1979—1990）

新中国成立初期，中非双边经贸合作规模很小，且多服务于政治目的。其后，随着非洲各国在 20 世纪 60 年代陆续取得独立，并与中国建立外交关系，双边经贸合作开始稳步发展。这一时期，中非经贸合作以援助为主，有少量贸易往来，直接投资活动则很少，只有少数为执行特定政府项目而兴办的合资企业，如在坦桑尼亚设立的中坦航运合资公司等。经济合作为政治服务是这一时期我国对非经贸合作的主要特征。

改革开放后，经济成分在对非合作中的重要性日益提升。国内进行的经济体制改革，为企业对外直接投资提供了体制上的准备，逐步推进的企业改组、产业调整也为对外产业投资创造了条件。随着对外开放政策的实施，中国政府开始改变以援助为主的与单一的对非经济合作方式，在非洲国家开展包括合资、独资企业在内的多种形式的互利合作。可以说，这一时期是中国对非直接投资的起步阶段，也是中国与非洲经济合作实现由政治行为向经济行为过渡的阶段。

从 20 世纪 80 年代起，我国在非洲的投资规模逐步扩大，成为与贸易、

---

① 数据来源：原对外经贸部统计数据。

援助、工程承包等相辅相成的合作形式。对非投资在带动工程设备、制造品等出口方面开始发挥重要作用。但是，这一时期，中国企业普遍缺乏管理经验，在海外投资和国际经营方面还不成熟，加上资金实力的限制，对非投资项目的规模都不大。

1979—1990 年期间，中国在非洲共投资了 102 个项目，投资总额 5119万美元，其中制造业、资源开发、建筑承包和餐饮行业的项目占绝大多数（图 3.17）。这一时期投资项目超过 100 万美元的只有 11 个，平均投资额只有 50 万美元。

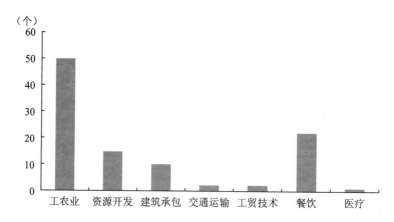

图 3.17　1979—1990 年中国对非洲投资项目行业分布
数据来源：原对外经济贸易合作部。

二、稳步发展阶段（1991—1999）

20 世纪 90 年代初，中国开始转变援外方式，注重将对非洲的援助转化为双边企业间的合资合作，推动并扩大了中国对非洲的直接投资。1995年，中国政府对援外方式进行重大改革，推行"以优惠贷款和援外合资合作方式"为主要内容的援外政策，将援助与直接投资、工程承包、劳务合作、外贸出口等紧密结合起来。1995—1997 年，在埃及、几内亚、马里、科特迪瓦、尼日利亚、喀麦隆、加蓬、坦桑尼亚、赞比亚和莫桑比克设立了 11 个"投资开发贸易中心"，为中国企业到非洲开展经贸业务提供帮助。1995—1999 年，中国与 23 个非洲国家签订了政府间贷款协议，为投资非洲的中国企业提供资金支持。企业只要在这些国家找到合适的项目，都可向政府申请贴息贷款。

援外方式的转变，有力地推动了中国企业对非投资的发展，使得企业逐渐成为我国对非经贸合作的主体。五矿、海尔等具有国际竞争力的企业，正是从这一时期开始，有计划、有步骤地在非洲国家投资设厂。也是在这一时期，加工装配项目作为政府推动海外投资的重点，开始初具规模。截至 1999 年底，中国在非洲 16 个国家建立了 47 个境外加工项目，双方投资总额 7414 万美元，其中中方投资 4 314 万美元。境外加工项目不仅为非洲国家提供了税收收入和就业机会，也带动了中国相关技术、设备和原料的进出口。

值得一提的是，1998 年，原国家计委（现国家发改委）第一次就我国对非投资领域、规模及投资目标进行了量化分析，并着重对非洲资源和矿产类投资提出了指导意见。这一指导意见的提出，标志着中国对非投资开始由贸易带动型向资源开发型转变。

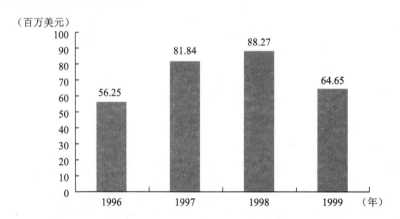

图 3.18　1996—1999 年中国对非洲直接投资流量
资料来源：原对外贸易经济合作部。

三、快速增长阶段（2000 至今）

2000 年前后，非洲大部分国家进入政治相对稳定、经济较快增长的阶段，而中国政府也于 2000 年正式宣布实施"走出去"战略。这一年，中国和非洲共同倡议成立了中非合作论坛，成为中非经贸合作的重要平台。

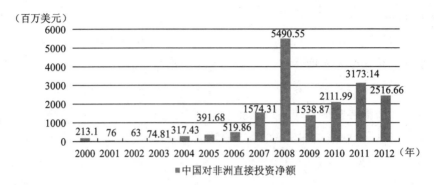

图 3. 19 2000—2012 年中国对非洲直接投资流量

数据来源：2000—2003 年为对外经济贸易合作部数据，2004—2012 年为《2012 年度中国对外直接投资统计公报》数据。

注：2003—2006 年为非金融类直接投资流量。

　　这一时期，我国政府和业界逐步认识到，中国企业投资非洲，不仅可以发挥在纺织、家电等传统产业上的优势，拓展非洲市场，还可利用欧美等发达国家对非洲的市场准入优惠，为中国产品进入发达国家开辟新渠道。因此，非洲市场成为中国实施"走出去"战略和对外直接投资的重点地区之一。为配合"走出去"和对非投资战略的实施，国家各相关部门在境外企业设立、外汇、财税、信贷、保险等方面采取了一些改革措施，推出了鼓励性政策。例如，适当放宽对企业境外投资的限制，在外汇留成上给予境外投资企业特殊政策等。

　　可以说，无论从战略高度，还是从实际发展速度来看，这一时期我国对非洲直接投资都进入了一个全面发展的新阶段。对非投资规模逐年快速上升，投资领域不断拓宽，投资形式更加多元，形成了多层次、多领域的投资格局。

　　此后，我国对非洲的直接投资进一步加快，2007 年对非直接投资流量达到 15.7 亿美元，2008 年达 54.91 亿美元，较 2007 年相比上升了 248.76%。[①]金融危机全面爆发之后，全球经济和投资活动进入低谷，为中国参与国际投

――――――――――

　　①　2008 年投资额的大幅上升，与当年中国工商银行收购南非标准银行 20% 的股份有直接关系，这一交易涉及投资额高达 54.6 亿美元。

资合作提供了良好的机遇，中国对非直接投资继续保持增长态势。

2013 年，中国对非洲直接投资 33.7 亿美元，同比增长 33.9%。对非投资领域和国别分布广泛。主要涉及建筑业、采矿业、制造业等 17 个行业大类；主要流向津巴布韦、赞比亚、肯尼亚、安哥拉、尼日利亚等国。[①]

3.3.2 中国对非投资的现状

一、投资总量增长较快，相对规模仍然较小

自 2006 年后，我国对非投资规模增长较快。据商务部统计，截至 2012 年底，中国对非投资存量约 217.3 亿美元。2003—2012 年，对非投资年均增长达到 54.21%。在非洲地区设立的境外企业数量为 2 529 家，占中国企业在境外设立企业数的 11.6%，主要分布在尼日利亚、赞比亚、南非、埃塞俄比亚、加纳、埃及、苏丹、坦桑尼亚、安哥拉、阿尔及利亚等。

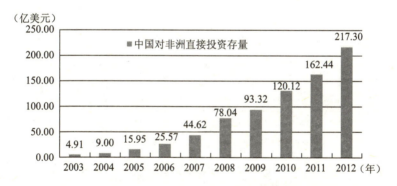

图 3.20　2003—2012 年年末中国对非洲直接投资存量

数据来源：《2012 年度中国对外直接投资统计公报》。

从项目规模来看，我国对非投资规模小、中短期收益型项目较多，尚未形成产业集群效应。但随着我国投资在非洲能源、矿业以及金融领域的拓展，大型项目的数量逐步增多。例如，中石油在苏丹进行的油田开发项目，累计投资已超过 15 亿美元。工商银行收购南非标准银行 20% 的股份，交易金额

---

① 中华人民共和国商务部、国家统计局、国家外汇管理局：《2013 年度中国对外直接投资统计公报》，中国统计出版社，2014 年 9 月。

达到54.6亿美元，刷新了该国并购交易规模的历史纪录。此外，中色建设集团公司在赞比亚的谦比西铜矿项目、中国钢铁工贸集团在南非的铬矿项目等，均涉及较大规模的投资。

从相对规模来看，我国对非直接投资仍然较小。截至2012年底，我国对非洲投资存量仅占对外投资总存量的4.0%；在世界对非投资存量中的比重更低，仅占3.4%，远低于欧美发达国家的水平，反映了我国对非投资起步较晚、基数较小的事实。但从2003—2009年的变化情况看，我国对非投资的相对规模已经呈现逐步扩大的趋势，2003年，对非洲投资在中国对外直接投资存量中仅占1.5%，此后逐年增加，到2012年达到4.3%。在世界对非投资中的比重则从2003年的0.2%逐年增加，至2012年达到3.5%。

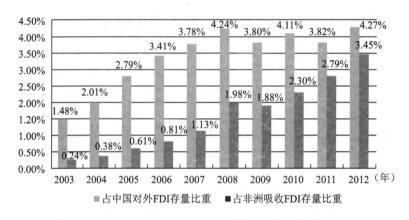

图 3.21　2003—2012 年中国对非洲直接投资存量相对规模
数据来源：联合国贸发会议组织数据库。

二、投资区域分布广泛，目的国仍较集中

近年来，中国对非洲投资的区域逐渐扩大，投资项目分布已由最初以北部非洲的埃及和苏丹、南部非洲的南非和赞比亚为主，扩展到整个非洲地区，广泛分布在非洲大陆的49个国家和地区。因此，虽然中国对非洲投资在对外投资总额中的比重不大，但从境外企业的地区分布来看，中国企业在非洲覆盖的国别地区较为广泛。截至2012年末，中国对非投资覆盖了非洲85%的国家，高于我国境外企业对外平均覆盖率，仅次于亚洲和欧洲。

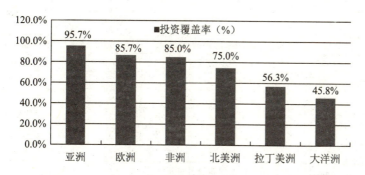

图 3.22 2012 年年末中国境外企业在世界各地区覆盖率

数据来源：《2012 年度中国对外直接投资统计公报》。

尽管如此，从投资金额来看，中国对非洲的投资仍然集中在少数国家，主要是经济发展水平较高或资源较为丰富的国家。截至 2012 年底，获得中国直接投资存量最多的 10 个非洲国家依次为南非、赞比亚、尼日利亚、阿尔及利亚、安哥拉、苏丹、刚果（金）、津巴布韦、毛里求斯和埃塞俄比亚。10 个国家获得的中国直接投资均超过 2 亿美元，占到中国对非投资总量的 75%。其中，南非一国获得的中国直接投资接近非洲总量的四分之一，与该国在非洲经济总量中的比重相当。赞比亚和尼日利亚接受的中国直接投资存量已接近 10 亿美元，两国在全非洲的比重达到 18.2%。阿尔及利亚、安哥拉、苏丹等资源丰富的国家接受的中国投资存量也都超过 10 亿美元。自 2003 年以来，10 个国家在中国直接投资中所占比重呈现出明显的快速上升趋势，至 2008 年达到 78.8% 的峰值，2012 年前 10 位国家占比超过 72.1%。

表 3.6 获得中国直接投资最多的十个非洲国家

（单位：亿美元）

	2004	2005	2006	2007	2008	2009	2010	2011	2012
南非	0.59	1.12	1.68	7.02	30.49	23.07	41.53	40.60	47.75
赞比亚	1.48	1.60	2.68	4.29	6.51	8.44	9.44	12.00	19.98
尼日利亚	0.76	0.94	2.16	6.30	7.96	10.26	12.11	14.16	19.50
阿尔及利亚	0.34	1.71	2.47	3.94	5.09	7.51	9.37	10.59	13.05
安哥拉	0	0.09	0.37	0.78	0.69	1.96	3.52	4.01	12.45

续　表

	2004	2005	2006	2007	2008	2009	2010	2011	2012
苏丹	1.72	3.52	4.97	5.75	5.28	5.64	6.13	15.26	12.37
刚果（金）	0.16	0.25	0.38	1.04	1.34	3.97	6.31	7.09	9.70
津巴布韦	0.38	0.42	0.46	0.59	0.60	1.00	1.35	5.77	8.75
毛里求斯	0.13	0.27	0.51	1.16	2.30	2.43	2.83	6.06	7.01
埃塞俄比亚	0.08	0.30	0.96	1.09	1.26	2.83	3.68	4.27	6.07
占非洲比重	62.7%	64.1%	65.1%	71.6%	78.8%	71.9%	73.8%	73.8%	72.1%

数据来源： 商务部《2012 年中国对外直接投资统计公报》。

　　从流量来看，中国对非直接投资也呈现出明显的集聚态势，2012 年中国在非洲投资最多的 10 个国家依次为安哥拉、刚果（金）、尼日利亚、赞比亚、津巴布韦、阿尔及利亚、莫桑比克、加纳、赤道几内亚、埃塞俄比亚。其中，安哥拉、刚果（金）和尼日利亚均超过 3 亿美元，比重大于 13%。

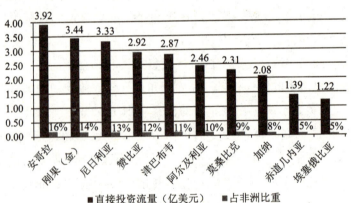

图 3.23　2012 年接受中国 FDI 流量前 10 位的非洲国家

数据来源：《2012 年度中国对外直接投资统计公报》。

三、投资领域日趋多元化，目前仍以资源类为主

　　我国对非洲的投资领域相对集中，但正在逐步拓宽。对非投资目前主要集中在短缺资源开发利用和我国的比较优势产业领域。其中，比重最大的仍是资源类行业，如石油、黑色及有色金属等矿产资源领域，大型投资项目明显增多。如在苏丹、安哥拉开展的石油勘探开发项目，在赞比亚、刚果（金）等国开展的铜矿开采项目、在利比里亚的铁矿项目、在加纳的黄金项目、在

南非的铬矿项目等。

随着对非投资规模的扩大，中国对非投资领域日趋多元化，在农业、通信、汽车、机电设备、服装、日用品等领域的投资逐步增长。旅游、航空、环保等也开始成为中非投资合作新的增长点。在通信领域，非洲各国近年来移动通信发展迅速，相继制定了适合本国国情的电信管制法规和条例，加大了产业开放力度。中国的通信设备生产商在非洲国家的电信建设中发挥了巨大作用。此外，许多非洲国家开始推行可持续发展政策，因地制宜地发展特色经济，并注重环境保护、可再生能源的发展，风电、太阳能、生物能源等成为中国对非洲投资的新领域。

中国在非洲金融业的投资也逐步扩大，取得良好进展。继 2008 年中国工商银行参股南非标准银行、启动战略合作外，2009 年，中国建设银行与南非第一兰特银行签了扩大非洲业务合作的战略合作备忘录。同年，国家开发银行在埃及设立了代表处；中国银行与尼日利亚、马拉维等 4 家银行新建了代理行关系，与法国、加纳两家银行签署了对非金融合作协议。截至 2013 年底，中国金融机构在非洲业务已覆盖超过 50 个国家。

在投资总量扩大的同时，中国对非投资层次也不断提升。目前，有超过 2000 家的中国企业在非洲 50 多个国家和地区投资兴业，合作领域从传统的农业、采矿、建筑等，逐步拓展到资源产品深加工、工业制造、金融、商贸物流、地产等。

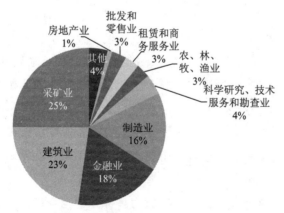

图 3.24 中国企业分行业对非投资比重（截至 2011 年年底）

数据来源：《中国与非洲经贸合作（2013）》。

四、投资主体不断多元化，企业投资非洲热情高涨

20世纪八九十年代，我国投资非洲的企业大多是政策导向的大型国有企业。随着我国市场化改革不断深化，对非投资也逐渐转向以市场为导向、以经济效益为中心，对非经贸合作由以政府主导向由企业主导转换；对非投资主体逐渐形成国有企业和民营企业并存、大中小型企业并存的局面。

国有企业资金势力雄厚，进入非洲市场较早，很多从20世纪60年代开始在非洲承担援助任务，由改革前的政府行为主体转变为市场行为主体，在对非农业、矿业等领域的投资中尤其发挥着主导作用。同时，随着国内民营经济的不断发展壮大，越来越多的民营企业走入非洲，逐渐成为对非投资的重要主体。据统计，目前在非洲投资的2 000余家中国企业中，中小型企业或民营企业占70％以上。截至2012年年底，我国共有16 000家企业在国外（境外）设立对外直接投资企业（简称"境外企业"），分布在全球179个国家（地区），覆盖率达76.8％，其中非洲地区的境外企业覆盖率高达85％。其中，在非洲设立境外投资企业2 529家，占比为11.6％，主要分布在尼日利亚、赞比亚、南非、埃塞俄比亚、加纳、埃及等国。这些企业以其敏锐的市场嗅觉、较强的适应性、高效的决策方式、灵活的经营机制，成为对非投资中一支重要力量。尤其是江浙等沿海省份，民营经济较为发达，民营企业进入非洲数量最多，投资活动也最为活跃。

不同类型企业在对非投资中各有侧重领域。大型国有企业在非洲的投资领域主要是石油天然气、矿产开发、基础设施建设和金融等领域。中石化、中石油、中海油、五矿、中国有色等大型国有企业在非洲能矿开发领域积累了较为成功的经验。这些企业作为独立经营主体的同时，也是中国政府海外资源战略布局的执行者。在非洲投资的中国民营企业则活跃在进入门槛较低的制造业、零售业等领域，主要受市场和利润的驱动。近年来也有一些资金实力雄厚的民企进入矿业开发领域。

大型国有企业在非洲的投资方式较为多样，根据具体情况确定合资、独资等方式；而民企一般倾向于采取独资方式，追求项目控股权。值得注意的是，非洲大陆已成为我国中小企业对外直接投资重点地区。

五、投资动因多元化

到 2011 年年底，我国在非洲的直接投资存量约 31％进入采矿业和能源产业，反映出中国对非直接投资主要仍是资源需求性导向。但同时也应该看到，随着非洲连续多年平稳较快增长，日益呈现出巨大的市场潜力，加之欧美发达国家对非洲实行市场准入优惠，越来越多的中国企业投资非洲是为了规避贸易壁垒，开拓海外市场。2012 年，我国对非洲地区的直接投资主要集中在安哥拉、刚果（金）、尼日利亚、赞比亚、津巴布韦 5 个国家，占到中国在非洲总投资流量的 66％。这 5 个国家共同的特征是与世界经济融合程度较深，在全球贸易中较为活跃，这表明，除寻求资源外，对全球市场的拓展也逐渐成为中国对非直接投资的重要动因。

与此同时，由于我国处于产业调整与升级阶段，产业转移也成为企业对非投资的重要动因之一。我国纺织、家电、重化工、轻工等行业均出现了不同程度的生产能力富余。另一方面，由于成本上升，部分劳动密集型产业需要向其他国家和地区转移，而这些产业和技术对于工业发展落后、产业水平偏低的非洲国家非常适合。

近年来，由于非洲的投资回报率不断提高，对投资回报的追求也成为我国企业对非投资的动因。在 1960—1990 年的 30 年间，非洲的投资回报率总体上低于世界其他地区，流入的资金主要是各种援助和贷款。20 世纪 90 年代初以来，随着大多数非洲国家经济环境的改善，非洲的投资回报率逐步提高。根据 2007 年美国商务部发布的统计报告，20 世纪 90 年代，美国、日本、欧洲等国企业在非洲的直接投资回报率均显著高于在亚洲等地区的平均投资回报率。对于国内企业而言，因人民币升值、原材料和劳动力价格上涨、加工贸易政策调整等因素，利润空间受到挤压，而原材料、劳动力资源丰富的非洲，为企业提高投资回报率提供了重要的机会。

六、投资模式、资金来源多样化

近年来，中国企业学习和借鉴国际经验，在对非投资合作中采取多种形式，既有传统的绿地投资，也有跨国并购；既有中国企业独资，也有与当地企业合资，或与第三国企业联合投资。在新建、并购、独资、合资、参股等方式之外，我国政府和企业还创造性地探索形成了一些运作顺利、效果良好的模式，使得对非投资模式呈现出多样化的趋势。

例如，我国企业针对一些国家经营不利的援助或优惠贷款项目，如公路、纺织厂、糖厂等，实行债转股，将受援国所欠无息贷款转为中国公司的股本，进行合资经营；在安哥拉、苏丹等国，以"贷款、基础设施换资源"的一揽子合作模式开展能源开发，取得了显著成效。2006，商务部正式启动境外经贸合作区审批工作，对中标的合作区项目给予 2 亿～3 亿元人民币的财政拨款，以及不高于 20 亿元人民币的中长期贷款的资金支持。在此框架下启动的在非洲的经贸合作区共有 6 个，分别在赞比亚、尼日利亚、埃及、埃塞俄比亚、毛里求斯等国，这一集群式投资模式正在显现其积极的带动作用。

对非投资的资金来源也呈现多元化的趋势。除企业自筹资金外，国家还设立了一些专门机构，为投资项目提供信贷、参股等形式的融资支持。2007年，作为中非合作论坛北京峰会提出的 8 项举措之一，由国家开发银行出资设立了中非发展基金，设计规模 50 亿美元，以股权投资的形式为中国企业投资非洲提供资金支持。截至 2014 年底，中非基金已决定对 34 个非洲国家的80 个项目进行投资，投入运营 50 个项目，决策投资近 30 亿美元。2010 年，国家开发银行设立了规模为 10 亿美元的非洲中小企业专项贷款。截至 2012年 1 月底，专项贷款开发跟踪项目 55 个，涉及贷款金额 14.54 亿美元，覆盖29 个非洲国家；累计承诺项目 35 个，金额 7.74 亿美元；已签合同项目 29个，合同金额 6.33 亿美元；已发放贷款项目 26 个，累计发放贷款 2.78 亿美元，贷款余额 2.56 亿美元。资金支持了非洲农产品种植与加工（棉花）、畜牧业养殖与加工（皮革）、轻工机械（摩托车、空调、电视）、小商品贸易等与民生紧密相关的行业领域。通过合资公司、加工厂、装配厂等形式直接为当地创造就业机会 1.02 万个，间接使 39 万农户、养殖户受益，带动贸易额3.11 亿美元，在非洲得到热烈响应。

3.3.3 中国对非投资的前景

一、中国经济崛起与非洲发展诉求相结合，将继续推动中国对非投资

经过 30 多年的改革开放，中国已经从一个落后的农业国发展成为以工业为主导的现代化国家。通过促进农业和农村地区发展、大力推动以出口加工贸易、大规模投资基础设施建设等措施，中国实现了超过 8% 的年均 GDP 增长率，在世界经济格局中的地位不断上升。2010 年，中国 GDP 总量超过日本，成为仅次于美国的世界第二大经济体。

中国经济的崛起，一方面体现在对世界初级产品市场的影响。长期高速的经济增长，带动了对初级产品的需求，直接拉动了大宗商品的国际市场价格。非洲等发展中国家作为重要的原材料供应国，从中受益。另一方面，中国也逐渐成为发展中国家资金的重要来源，以无偿援助、优惠贷款、直接投资等形式，为发展中国家提供了急需的发展资金。

非洲国家近十年来，经济实现了平稳快速增长。但非洲发展仍然面临诸多困难，最为突出的是单一的经济结构和薄弱的基础设施。为提高自身发展能力，必须改变以初级产品出口为主的局面，培育完整的产业体系，并大力加强基础设施建设。因此，非洲国家对于资金、技术的需求最为迫切。

中国对非投资的迅速扩大，正是在非洲国家亟待发展与中国在全球经济格局中迅速崛起的大背景下展开的。在可预见的未来，中国经济仍将保持较高增速，结合非洲国家寻求发展的强烈意愿，成为中国对非投资的强劲支撑。

根据李克强总理 2014 年 5 月访非期间提出的设想，未来，投资在中非经贸合作中的地位将显著提升，存量到 2020 年将达到 1 000 亿美元水平。"461" 框架、"三大网络" 等中非合作的战略构想更是勾画出对非投资宏伟图景。

二、中非双方加大开放力度，投资合作前景广阔

中国近年来加快实施"走出去"战略，推动对外直接投资成效显著。根据商务部今年初发布的统计，2013 年我国实现非金融类对外直接投资 1 078 亿美元，同比增长 22.8%，对外投资流量再创历史新高。截至 2013 年底，中国非金融类境外投资累计 6 604.8 亿美元，境外企业资产总额接近 3 万亿美元。

非洲国家也在加大力度，实施符合国情的引进外资政策，为中国扩大在非洲投资提供了机会。尤其是在资源开发领域，大部分非洲国家都加快了对外资开放的步伐。2008 年底，尼日利亚启动天然气总体规划，鼓励外资参与其天然气开发和生产，已经吸收了 66 亿美元的外资。非洲主要资源国对外招标活动明显增加，各国纷纷推出大规模投资计划。

三、政府间合作框架不断完善，为企业投资非洲奠定坚实基础

近年来，在中国与非洲政府的共同努力下，双方的经贸合作框架不断完善。2006年，我国政府发布了《中国对非洲政策文件》，阐述了中国对非洲地位和作用的看法，全面规划了新时期中非在政治、经济、文化、社会等各领域的友好合作，标志着中国对非洲政策更加成熟。

其后，中国又与一批非洲国家签订了政府间经贸合作协议，为企业投资非洲奠定了坚实基础。例如，2009年，我国与埃塞俄比亚签署了避免双重征税协定；与马里签署了投资保护协定；分别与马里、佛得角、几内亚比绍、塞拉利昂、塞内加尔成立双边经贸联委会；与尼日尔、乌干达、安哥拉、塞拉利昂、刚果（金）、卢旺达、尼日利亚、毛里求斯、喀麦隆、苏丹10国召开双边经贸联委会。截至目前，中国已与31个非洲国家签署双边促进和保护投资协定，与11个非洲国家签署了避免了双重征税协定。作为中非论坛北京峰会提出的对非务实合作8项举措之一，中非发展基金设立已经7年多，支持和带动大批企业赴非投资，成为推动中国对非投资的主力平台。

2009年11月，中非合作论坛第四届部长级会议在埃及沙姆沙伊赫召开，中国宣布包括农业合作、投资促进在内的对非务实合作8项新举措。此外，作为《中阿合作论坛2008—2010年行动执行计划》的一部分，2010年5月，中阿合作论坛第四届部长级会议在天津召开，发表了《天津宣言》，为深化中国与阿拉伯国家经贸、能源、环境等领域的合作起到了重要的推动作用。

四、部分非洲国家政经局势向好，与中国投资合作将取得跨越式发展

部分非洲国家近年来结束了内战，政局趋于稳定，政府将重点放在引进外资、发展经济上。中国企业在这些国家的投资呈现高速增长。例如，2012年，安哥拉成为中国在非洲投资流量最大的国家，吸收了来自中国3.92亿美元的直接投资，而在商贸领域，中国企业与当地公司合作开发的安哥拉国际商贸城项目已经开工，建成后将成为西南部非洲最大的商贸物流中心、会展中心和投资服务中心。

2012年刚果（金）吸收了中国直接投资流量3.44亿美元，而2008年才

0.24 亿美元，增长了 14 倍多。在刚果（金），中国企业在开发铜钴矿的同时，建设了包括公路、医院在内的多个公共项目。

2012 年尼日利亚吸收了中国直接投资流量 3.33 亿美元，相比于 2008 年增长了 2 倍多。自 2012 年 9 月尼日利亚糖业发展计划（Sugar Master Plan）批准以来，国内外投资企业共计承诺投资 25.7 亿美元，2013 年尼日利亚糖需求总量由 2012 年的 150 万吨增长到 200 万吨，尼日利亚制糖业巨大的市场潜力吸引了国内外的投资商。投资领域涉及甘蔗种植、原糖加工、糖品精炼等糖产业链各环节。

随着大型项目的日渐增多、新合作模式的推广，中国对部分非洲国家的投资合作也进入加速发展的阶段，有望取得跨越式发展。例如，随着我国在非洲经贸合作区的逐步建设，埃及、埃塞俄比亚、赞比亚等国吸引的中国企业投资增速惊人。赞比亚是中国在非洲设立的第一个境外经贸合作区所在国，目前已引进 13 家企业，涉及采矿、勘探、有色金属加工、化工、建筑等领域，完成实际投资 6 亿美元。2009 年，埃及获得了来自中国的 1.34 亿美元的投资，同比增长超过 8 倍，这主要得益于中国参与建设的苏伊士经贸合作区的发展。

非洲在本轮全球经济复苏中表现良好，快于世界平均水平。据经合组织统计，2010 年非洲经济平均增长率从 2009 年的 3.1％提高到 4.9％。2011 年以来，尽管局部地区发生政局动荡，但大部分非洲国家局势基本稳定，政治经济形势进一步好转。今后若干年，非洲国家工业化和城市化方兴未艾，支撑非洲经济快速增长的因素仍然存在，为中国对非投资的发展提供了广阔的空间。

第4章 >>> 中非经贸合作的结构性
演变趋势：从失衡走向均衡

如前所述，目前中非经贸合作的现状是，中国已经成为非洲第一大贸易伙伴，非洲市场上第一大国际工程承包商，但中国对非投资无论从绝对规模还是相对占比上都很低。因此，目前中非经贸合作的内部结构存在明显的失衡特征，合作效益和层次相对较低的中非贸易和对非工程承包规模大，占比高，但合作效益和层次较高的对非投资绝对规模和相对占比都很小。这种结构失衡是当前我国对非洲国家影响力不够的重要原因之一。

产生这种结构性失衡的原因，既有中非经贸合作，尤其是中国对非投资起步较晚，开展时间较短的原因，也有改革开放以来我国对外经济战略和政策在对外合作方式上"重贸易、轻投资"，在对待国际投资上"重引进来，轻走出去"的因素。

但是，这种失衡不是一成不变的，随着时间的推进，随着中国政府及社会各界对国际经济合作理解的深入，中非经贸合作的结构是不断升级演进的，结构性失衡也将逐渐走向平衡。在中非经贸合作的结构演进中，最典型的特征将是对非投资的规模和地位不断上升，并最终发展为引领中非经贸的合作方式。这既有理论上的依据，也是中非经济发展的现实需求。

4.1 中非经贸合作结构演进的理论依据

中非经贸合作结构逐渐向"投资主导型"演进，有着深层次的理论根源。当前国际投资主流理论能很好地解释中非经贸合作中投资合作地位的不断上升，为中非经贸合作结构逐渐由"贸易主导型"向"投资主导型"演进提供了丰富的理论解读。

4.1.1 边际产业转移理论与中国对非投资

一、边际产业转移理论及其主要内容

边际产业转移理论是对外直接投资的一种宏观理论，最早由日本著名国际经济学家、一桥大学经济系教授小岛清（K. Kojima）在其1978年出版的《直接对外投资：跨国经营的日本模式》和1981年第五次再版的《对外贸易论》等代表作中提出，该理论运用国际分工的比较优势原理，以日本的对外直接投资为研究对象，系统地解释日本对外直接投资。该理论很好的解释了处于比较劣势的产业即边际产业的对外直接投资。

边际产业转移理论的基本核心是：对外直接投资应该从本国（投资国）已经处于或即将处于比较劣势的产业即边际产业（这也是对方国家具有显在或潜在比较优势的产业）依次进行。按这一原则进行对外直接投资将增进投资国和东道国的社会福利。

从宏观角度看，这种类型的投资将为东道国提供其所缺乏资本、技术和管理经验，促进当地经济资源的合理利用，进一步扩大东道国优势产业的产品生产和出口，推动东道国的技术进步和经济发展。对投资国而言，将在本国已丧失比较优势的产业转移到东道国，使投资国集中发展那些具有比较优势的产业，进一步优化和提升本国的产业结构。同时，通过这种投资，投资国会为东道国具有比较优势的产品提供市场，东道国通过出口会提高自己在国际市场上的购买力，从而为投资国的产品出口开拓更广阔的市场。

在边际产业转移理论中，"边际产业"的概念是一个动态的概念。随着投资国劳动力成本的上升，与东道国相比，投资国的劳动密集型产业已经处于比较劣势，变成边际性产业，不过，同是劳动密集的产业，可能大企业还能保持较强的比较优势，而中小企业处于比较劣势，成为"边际性企业"。另外，在同一企业中，也可能装配和生产某种特定部件的劳动密集的生产过程变成"边际性部门"。"边际性生产"是"边际产业"、"边际企业"和"边际部门"的统称。

而对于一国"边际产业"的判断，应当立足于"比较成本原理"。边际产

业转移理论认为传统的企业发展论、产业组织论等企业经营学是建立在对一种商品、一种产业或一家企业的分析之上，这是不科学的。该理论认为应采用两种商品（至少是两种，最好是多种商品）、两个国家的模式，先找出本国两种商品的成本比率，用来与外国的同种比率进行比较，亦即运用"比较之比较公式"，才能做出最后的判断。

二、边际产业依次由出口转变为对外投资

综上所述，根据边际产业转移理论，对外直接投资与对外贸易的关系不是替代关系而是互补关系，亦即对外直接投资创造和扩大对外贸易。对外直接投资是从处于或即将处于比较劣势的边际产业依次进行的，在与对方国家廉价的劳动力相结合后，生产的产品成本降低了，再由投资国进口这些产品对投资是有利的。伴随着对外直接投资的进行，一方面可以带动投资国机器设备等的出口，另一方面，随着东道国国民收入的增长，也会使投资国增加出口，从而创造和扩大了投资国的对外贸易。

由于中国和非洲多数国家在产业结构上存在良好的承继关系，随着全球科技的进步和经济全球化的不断深入，中国国内的资源禀赋和竞争优势的变化使部分产业，尤其是技术含量较低的制造业逐渐转变为边际产业。当边际产业的成本和收益对比关系发展到一定程度时，中国将不断把这些边际产业向境外转移，而产业承继关系较好、制造业发展诉求强烈的非洲国家必然成为接受转移的地区之一。中国的这种对非投资，将对贸易等其他经贸合作形式起到良好的引领和促进作用，持续扩大中非经贸的稳定性和合作效益。

中国对非投资中至少有以下三种类型的投资符合边际产业转移理论的解释。

一是资源开发型直接投资。中国企业非洲直接投资在资源导向考虑上，乃是为了要利用非洲的优势资源，例如，中石油、中石化投资非洲油田就是为了取得当地的天然能源。近年来，中国经济的快速成长，使得有限的资源已无法满足经济发展之需，因而对海外的资源需求甚大。加以世界各国对初级资源逐渐采取限制出口政策，因此中国企业必须采取对外直接投资的方式以争取国外资源，尤其是在非洲这种自然资源十分丰富的地区。

资源开发型直接投资是指投资国很大一部分对外直接投资的目的是在境

外开发自然资源以供国内进口，这是指为了开发油田、矿产品等自然资源及林业、水产资源，而在东道国当地建立企业的情况。投资国的目的是为了克服国内资源的"瓶颈现象"，投资多流入自然资源丰裕的国家，从而形成制成品和初级产品生产国之间的垂直专业化分工。这种投资方式没有必要取得上游企业（即开发生产企业）的所有权，只需采取产品分享方式或贷款买矿的"开发进口、长期合同方式"即可。从资源国家民族主义高涨的情况考虑，这也是资源国家最易接受的方式。

二是对非洲国家工业进行的直接投资。向处于发展中的非洲国家工业直接投资政策的要点是：第一，对外直接投资要按照比较成本及其变化从差距小、容易转移的技术开始，按次序进行。第二，要根据发展中国家的需要，依次移植新工业、转让新技术，起到所谓的"示范效应"。第三，对外直接投资应当对东道国的经济发展起到正效应，即提高当地企业的劳动生产率，传播技术和管理经验，使当地企业能够独立进行新的生产，以避免被东道国指责为"过分扩张"。第四，在成功地完成了"示范效应"之后，应分阶段地转让投资国国外企业的所有权。

三是市场寻求型对外直接投资。纺织、食品、轻工等劳动密集型行业在我国国内市场已经饱和，其商品生产技术档次相对较低，属于低附加值初加工产品和原料性商品。它们属于边际产业，因此通过持续不断的跨国直接投资将产业转移到在国际分工中处于更低阶梯的国家，例如，非洲将有助于为这些产业开辟新市场，同时也有利于国内产业结构的调整。由于贸易和投资的互补效应或者替代效应，一些产品的原出口国也可以成为对外直接投资的东道国。

我国这些产业相对于非洲大多数发展中国家应该说具有一定的技术比较优势，通过对非直接投资将这些产业转移到非洲低技术档次的发展中国家，不但可以解决国内市场这些产业产品供大于求的问题，还可以集中资源发展中国目前仍具备比较优势的产业，实现产业结构调整与升级。同时，促进产业结构升级，要求我们尽快形成一批附加值和技术含量较高、成本和质量具有竞争力的高新技术产业。这些产业的发展不仅要有大量的资金和创新人才的投入，而且周期长、见效慢，通过对发达国家技术领先产业的直接投资，可以避开发达国家对我国的技术封锁，节省大量的研发投入，迅速获取国外先进技术，提高我国技术水平，推动中国高新技术产业的发展，实现产业结构升级。

4.1.2 国际产品生命周期理论与中国对非投资

一、国际产品生命周期理论及其主要内容

20 世纪 60 年代中期，美国哈佛大学教授弗农（Raymond Vernon）在《产品周期中的国际投资与国际贸易》一文中首次提出了国际产品生命周期理论，用以解释从产品的创新、生产、出口再到国外生产的一系列有秩序的活动。[①] 国际产品生产周期理论把产品的生命周期划分为三个阶段：新产品阶段、成熟产品阶段和标准化产品阶段。

新产品阶段（New Product Stage）是产品生命周期的第一阶段。创新国（一般是最发达的国家，如美国）由于具有广大的市场、高水平的科技人员、研究与开发要素丰富，并且企业将创新转化为产品的能力强等优势，生产出创新产品，并对该产品有生产和市场的垄断。

在新产品阶段，创新国将产品集中在国内生产以垄断技术和降低成本。因为在这一阶段，创新企业对新技术、新产品具有独家垄断的优势。此时产品尚未定型，创新企业需要不断改进产品的设计、质量和包装等，以更好地适应消费者的需求偏好，而新产品所需的各种投入品（如原材料、零部件等）与加工工艺及规程的变化较大，创新企业在国内生产可以与消费者和投入品供应商保持密切联系，以保证原材料、零部件等的及时供应，就近及时了解市场需求动态，降低通讯成本。在这一阶段，新产品需求的价格弹性低而需求的收入弹性高，产品大部分供应人均收入水平高的创新国国内市场，而国外市场（如西欧国家、日本等其他发达国家）的高收入阶层对新产品的需求，创新企业通过出口贸易的方式即可满足。因此，在这一阶段，创新企业无需冒更大风险到国外进行直接投资。

---

① Raymond Vernon. International Investment and International Trade in the Product Cycle. Quarterly Journal of Economics，may 1966.

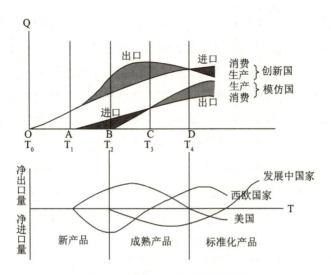

图 4.1　国际产品生命周期模型

　　成熟产品阶段（Mature Product State）是产品生命周期的第二阶段。这一阶段新产品的生产技术日趋完善，产品基本定型，国内外市场对产品的需求量日益增加，产品需求的价格弹性也逐渐增大，国内外出现了对该产品的仿制者，参与竞争者增加，使得创新企业的技术垄断和市场寡占地位受到削弱。创新企业要考虑降低成本来保持其竞争优势。创新企业通过扩大生产规模来谋求规模经济效益，降低生产成本，扩大对该产品需求日益增大的国家的出口。但是，这一阶段，由于国外仿制者在劳动成本方面具有优势，使创新国出口产品在该市场上的竞争力下降，而且进口国为了保护国内仿制品市场，会设置贸易壁垒，造成创新国扩大出口的困难。为了避开贸易壁垒，降低生产成本，节省运输费用等，创新企业便要发展对外直接投资。一般来讲，创新企业总是先到人均收入水平较高、技术水平先进、劳动力素质较高、与本国需求偏好相似的国家或地区（如美国到西欧、日本等其他发达国家）建立子公司，就地生产，就地销售或向第三国出口，以延伸对新技术的垄断优势，维持和扩大国外市场份额。

　　标准化产品阶段（Standardized Product Stage）是产品生命周期的最后阶段。在这一阶段，产品和技术均已标准化，创新企业所拥有的技术垄断优势已经丧失，产品的竞争主要表现为价格竞争，其他发达国家该产品的出口量急剧增加。创新企业为了进一步降低成本，保持竞争优势，便大规模地进行对外直接投资，将产品的生产转移到劳动力密集、劳动成本低的发展中国家，同时创新企业大规模地减少或停止在本国的生产，转而从国外（如发展中国家或其他发达国家）进口该产品，来满足本国市场需求。这一阶段发展中国家对该产品的生产急剧增长。当对外直接投资生产的产品大量返销创新国国内（即创新国由该产品的出口国变为进口国）时，该产品的生命周期在创新国已基本结束。

二、产品在标准期后将逐渐由出口转变为海外生产

因此，根据国际产品生命周期理论，发达国家首先致力于新产品开发和生产以满足本国消费；当产品进入成长成熟期，国内市场供过于求时则将新产品销售到其他较发达及发展中国家；同时，一些较发达国家开始仿制。成熟期后产品形成标准化，较发达国家大量生产，并从进口国转为出口国。最后，发展中国家以低成本生产出标准化产品，发达国家失去竞争优势，逐步放弃市场，改从他国进口原产品。该过程也可能是：在产品逐步标准化后，发展中国家具备了批量生产该产品的基础，创新国家和发达国家为了避免发展中国家大量仿制而失去竞争优势，或者为了利用发展中国家的低成本优势，会通过国际投资的方式对产品进行生产。这不仅使企业保持对创新产品的控制，还可以利用接近市场、发展中国家廉价劳动力或其他资源来降低成本，同时加快对市场需求的反应。

费农的国际产品生命周期理论从动态角度阐述了国际直接投资对贸易的替代效应，认为企业的对外直接投资是伴随着产品的生命周期运动展开的，产品在进入其"标准期"后将逐渐由出口转为海外生产。在产品进入其"标准期"以后，产品的生产工艺和方法已经标准化，发展中国家具备了生产该种产品的技术条件。同时，发展中国家在土地、资源、环境、劳动力成本方面具有优势。于是，发达国家通过绿地投资、收购发展中国家现有生产企业并进行改造升级、技术转让、特许经营等方式将生产基地转移到发展中国家，以资本的输出代替产品的输出。国际产品生命周期在制造业的国际生产选址变迁过程中表现得尤为明显。目前，北部非洲各国、南非、尼日利亚、肯尼亚等非洲国家已经具备了一定的工业基础，承接产业转移的基础也相对较好，中国不少从事纺织、建材和基础材料等产业的企业正不断开展在这些国家的投资，以当地生产代替出口。

4.1.3 技术变迁产业升级理论与中国对非投资

一、技术变迁产业升级理论及其主要内容

技术变迁产业升级理论，又称为"技术累积理论"。英国研究技术创新与经济发展问题的著名专家、里丁大学教授坎特威尔（J. Cantwell）和他的博士生托兰惕诺（P. E. E. Tolentino）在对发展中国家对外直接投资问题进行了系统考察后，在1990年发表的"技术积累与第二世界跨国公司"论文中提出了该理论。这一理论提出后，受到了经济理论界的高度评价。

技术变迁产业升级理论的核心论点是：发展中国家企业技术能力的提高是一个不断积累的结果，企业技术能力的稳步提高和扩大推动了发展中国家产业结构的升级；发展中国家企业技术能力的提高是与它们对外直接投资的增长直接相关的，现有的技术能力水平是发展中国家对外直接投资的决定因素，同时也影响发展中国家对外直接投资的形式和增长速度。

技术变迁产业升级理论认为，发展中国家对外直接投资的产业分布和地理分布是随着时间的推移而逐渐变化的。发展中国家对外直接投资在产业分布上受其国内产业结构和内生技术创新能力的影响，其一般规律是：首先开展以自然资源开发为主的纵向一体化生产活动，然后开展以进口替代和出口导向为主的横向一体化生产活动。即发展中国家对外直接投资产业结构从资源型产业向技术型产业升级发展。

从对外直接投资的地理分布看，发展中国家企业在很大程度上受"心理距离"的影响，遵循先周边国家——发展中国家——发达国家的渐进发展轨迹。即先向种族联系密切的周边国家投资，然后再向其他发展中国家投资，随着工业化程度提高，可以从高科技领域获取先进复杂的制造业技术，向发达国家逆向投资。随着工业化程度的提高，一些新兴工业化国家（地区）的产业结构发生了明显变化，技术能力得到迅速提高。在对外直接投资方面，它们已经不再局限于传统产业的传统产品，开始从事高科技领域的生产和开发活动，在对发达国家的直接投资中也表现出良好的竞争力。

二、非洲市场是中国企业实现国际化成长的"练兵场"

技术变迁产业升级理论从技术积累的观点出发，解释发展中国家的对外直接投资，认为发展中国家可以通过技术能力的积累，向周边国家尤其是发展中

国家进行成功的投资，并最终升级为向发达国家的上行投资：第一步，向邻近的国家或者文化接近、有联系的国家投资；第二步，开始向非临近的发展中国家投资，投资形式为比较简单的制造业和服务业；第三步，跨国企业将自身优势运用于复杂、高端的制造业和服务业投资，开始向距离遥远的国家和发达国家进行投资。① 从产品生命周期理论角度看，技术变迁产业升级理论实质是发展中国家通过技术积累实现"逆产品生命周期"的一种努力，从制造非标准化的产品到参与高端市场竞争，最终成为产业链条的创新主导者。

技术变迁产业升级理论强调的是，发展中国家在选择对外直接投资的目的地时必须由近而远、先发展中国家后发达国家。目前中国的对外直接投资总体上仍处于初级阶段，正由技术变迁产业升级理论所述的"第一阶段"向"第二阶段"过渡。

根据商务部和国家统计局的数据，截止 2013 年底，我国对外直接投资存量主要集中在亚洲和拉丁美洲。其中，中国在亚洲地区的投资存量为 4 474.1 亿美元，占中国对外投资存量的 67.7%；拉丁美洲地区存量 860.9 亿美元，占 13%；亚洲和拉丁美洲两地区的存量占比接近 80%。②

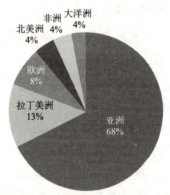

图 4.2　截至 2013 年年末中国对外直接投资存量地区分布情况
数据来源：中国国家统计局、商务部。

---

① Paz Estrella E. Tolentino. Technological Innovation and Third World Multinationals [M] . London & New York：Routledge, 1993.
② 数据来源：商务部、国家统计局、国家外汇管理局《2013 年度中国对外直接投资统计公报》

由此可见，中国的对外直接投资在区域选择上同样必须经历一个渐进的过程。在对外投资的初级阶段，我国的投资主要流向邻近的、且在文化方面高度接近的亚洲国家（地区），而随着我国企业实力和经验的不断积累，我国投向拉丁美洲、非洲等在空间和文化上相对遥远的国家和地区的资金开始上升。

对外投资区域结构演进反映的是企业跨国成长的区域选择规律，中国企业"走出去"在区域选择上同样是一个渐进的过程，企业需要在空间、文化、经济发展阶段相近的经济体中不断积累国际经营的核心资源和竞争力，才能走得更稳更远，并最终实现向发达国家的投资。具体到非洲市场，一方面，中国企业能直接与来自发达国家的跨国公司进行竞争。另一方面，竞争的激烈程度又要低于发达国家本土市场。因此，非洲市场是中国企业跨国经营的"练兵场"，不断扩大对非投资既是中国企业全面实现"走出去"的必由之路，同时也是当前中国对外投资的重要趋势。

4.1.4 对外直接投资区位选择理论与中国对非投资

一、对外直接投资区位选择理论及其演进

经过一百多年的理论发展，对外直接投资的区位选择理论不断成熟、发展并系统化。从研究的角度来看，它涉及交易成本理论、国际贸易理论、产业组织理论、空间地理理论、产业集群理论、新经济地理学理论等多个角度，阐释和解答了"在什么地方投资"的基本问题。虽然这些投资理论中都包含了一定的区位选择趋向，但是，迄今为止，还没有一种专门研究对外直接投资区位选择的理论，也没有一种被普遍公认的指导投资区位选择的理论。

（一）垄断优势与区位选择

海默（1960）开创性地将传统产业组织理论中的垄断理论应用于分析跨国公司直接对外投资问题，提出了垄断优势理论。该理论认为，必须放弃对传统国际资本移动理论中关于完全竞争的假设，从不完全竞争来进行研究。虽然海默的理论没有正面涉及跨国投资的区位选择问题，但包含了跨国公司以竞争力为标准选择东道国的区位思想。

垄断优势理论提出了研究直接对外投资的新思路，从而将国际直接投资理论与国际贸易理论、国际资本流动理论独立开来，较好地解释了第二次世

界大战后一段时期美国大规模直接对外投资的行为，对后来的理论研究产生重大影响。

（二）交易成本与区位选择

巴克利和卡森（1976）以及 A·Rugman（1981）沿用科斯（1937）的理论，提出市场内部化理论。与垄断优势理论不同，内部化理论把市场的不完善归结为市场机制的内在缺陷，并从技术、知识等中间品的特性与市场机制的矛盾入手，论证了跨国公司是经营内部化跨越国界的产物。内部化过程离不开特定的区位条件，"只要在某个地方国际资源配置的内部化要比利用市场的成本少，那里就会出现跨国企业。跨国企业通过这种方法就可能把它拥有的特殊优势资本化"。

S. Hirsch（1976）从成本的角度建立了企业参与国际经济竞争的决策模型，以比较简洁的方式说明企业对外投资的区位条件：企业倾向于寻求直接对外投资优于对外贸易，且强于对外技术转让的区位进行跨国投资。

赫尔普曼（1984）、赫尔普曼和克鲁格曼（1985）与马库森（1996）等在研究国际直接投资与国际贸易的关系时发现，国际直接投资一般会发生在技术偏好和资源禀赋相似的国家间，从具有垄断优势企业所在国流向贸易壁垒较高、运输成本较高的国家。

此外，还有学者从利率、汇率、通货膨胀、政治与法律政策等方面分析了交易成本与区位选择的关系。

（三）相对技术优势与投资区位转移

如前面所述，费农的产品生命周期理论认为，新产品从上市起要经历产品创新、产品成熟和产品标准化三个阶段，直接对外投资是生产条件、竞争条件等区位因素变化的结果，其过程是技术领先优势与区位优势相互结合的过程。随着新产品依次经历创新阶段、成熟阶段和标准化阶段，对应的投资区位也依次从最发达国家向较发达国家，再到欠发达国家转移。直接对外投资通过跨国公司这种载体同时扩大母国和东道国的优势。母国的技术优势与东道国的区位优势都是动态变化的，且以梯度形式实现转移。

前面所介绍的边际产业转移理论从企业比较优势的动态变迁角度解释了企业的直接对外投资行为。该理论将处于比较劣势而对东道国来说具有比较优势或潜在优势的产业开始直接对外投资，并依次进行。可见，比较优势论和产品生命周期理论有相似的区位含义，两者都认为跨国公司的直接对外投资应选择与本国存在一定产业梯度的区位进行投资，显然这些区位处于本国产业的下游梯度。投资的目的是为获得东道国原材料和中间产品，这样可发挥母国和东道国的比较优势，使双方获得利益。这种从国际分工的角度解释直接对外投资的理论对传统的国际直接投资理论无疑是一种发展。

（四）综合理论与区位选择

20 世纪 70 年代中后期，英国里丁大学教授邓宁（John H. Dunning）首先提出国际生产折衷理论，邓宁出版了名为《国际生产与多国企业》的论文集，对其折衷理论进行了系统的整理和阐述。折衷理论认为，企业从事国际直接投资是由该企业自身拥有的所有权优势、内部化优势和区位优势三大因素综合作用的结果。

该理论认为区位优势不仅决定着企业从事国际生产的倾向，也决定着企业国际直接投资的部门结构和国际生产类型。折衷理论并非是对以往国际直接投资理论的简单总结归纳，而是从跨国公司国际生产这个高度，讨论所有权优势、内部化优势和区位优势三组变量对国际直接投资的作用。这三组变量的不同组合决定了企业从事出口、特许权转让还是直接对外投资。

（五）结构主义与区位选择

前苏联学者阿勃利兹若伊利的观点很具有代表性，他提出，发展中国家往往存在传统落后的农业部门与采用较新技术的现代工业部门，同时存在的"二元经济结构"使产业在技术水平、劳动生产率、经济组织形式上产生差距，使产业间的联系减弱。同时，由于传统农业部门在供给和需求上的低弹性，无法对现代工业部门提供的经济发展机会做出及时有效的反应，使产业间的差距进一步扩大。这样，发展中国家的现代工业部门在远远未到规模效益要求的情况下，出现了结构性供给过剩乃至个别行业或企业的相对过度资本积累或相对资金富余，于是对外投资就成为可能。

（六）新经济地理学与区位选择

以克鲁格曼（Paul Krugman）为代表的西方经济学家创立的"新经济地理学"，提出了许多新见解和新观点，为经济学家研究区位提供了一种新方法。该理论认为，在全球经济发展的现实中，尤其是在当今的新经济背景一下，知识信息的可共享性、外溢性和扩散性使得以知识为基础的经济领域边际收入递增取代了边际收入递减，报酬递增和不完全竞争的假设更加复杂和现实。因此，报酬递增和不完全竞争对决定贸易、集聚和专业化比完全竞争和报酬稳定更加重要。

传统国际贸易理论是以李嘉图"比较优势理论"为代表，但是实际国际贸易中大量贸易是发生在同类产品内部。克鲁格曼提出"规模经济作为国际贸易产生原因"的解释，他在产业内贸易理论有关基本假设和结论的基础上，通过建立各种模型深入阐述了规模经济、不完全竞争市场结构与国际贸易的关系，成功的解释了战后国际贸易的新格局。新经济地理学理论由于突破了传统比较优势理论的限制，对于研究直接对外投资区位选择有突破性指导意义。

二、产业承继和区位优势使非洲成为中国国际投资战略中的重要环节

相对于国外跨国直接投资理论的全面发展而言，中国跨国公司发展尚处于起步阶段，而对外直接投资理论都还在总结国外经验教训、汲取和学习国外理论的初级发展时期。这和中国的经济发展水平较低、跨国公司较少、对外开放的时间比较短，以及直接对外投资的实践有限密切相关。

根据各种区位选择理论，结合中国基本国情，中国对外直接投资的区位选择应以巩固和扩大对发展中国家（地区）直接投资为基本取向，以加快发展对发达国家直接投资为主导方向，实施全方位、多元化的投资区位战略。

中国是一个发展中大国，长期以来与其他发展中国家在政治、经济上有着良好的合作关系，广大的发展中国家在经济发展水平、产业结构、需求偏好等方面与中国比较接近，这为中国开展对这些发展中国家的直接投资提供了较为有利的外部条件。目前，中国的纺织、服装、家电、机械等技术成熟且竞争激烈的边际产业在广大发展中国家具有较强的比较优势，通过对外直接投资，将这些产业转移到其他发展中国家，有利于中国成熟技术优势的发挥，带动国内技术、机器设备等的出口，也有利于双方产业结构的优化和升级。此外，许多发展中国家拥有丰富的自然资源，限于资金、技术的短缺尚未得到开发利用，对其直接投资可以解决中国某些自然资源短缺的问题。另外，通过对某些发展中国家的直接投资，还可以利用东道国享有的贸易优惠条件，把产品销往第二国，尤其是发达国家的市场。

正是因为中国企业在发展中国家进行直接投资具有许多有利条件，所以，中国企业目前的对外直接投资主要区域应该是发展中国家，尤其是非洲的发展中国家（地区）。这些国家（地区）自然资源较丰富、市场容量较大，对外国投资不歧视，而且有些非洲国家受中国传统文化影响较深。中国目前对外直接投资尚处在初级阶段，企业在资金、管理、跨国经营的经验等方面都有待提高，选择非洲发展中国家（地区）作为投资区域，有利于中国企业积累对外直接投资经验。

此外，非洲的许多国家经济发展水平较低，中国的成熟技术和机器设备比较适合这些国家的经济发展水平，选择适当时机利用中国技术上的比较优势对投资环境比较好的国家进行直接投资，将有利于输出国内某些行业富余的生产能力，带动机器设备、零部件和半成品的出口，促进国内产业结构优化升级。

4.2 中非经贸合作结构演进的现实需求

中非经贸合作结构逐渐向"投资主导型"演进，不仅可以在上述 4 种经典的国际投资理论中得到有效的解读，同时也有着由中非双方经济发展阶段决定的深层次的现实基础。那就是，对非投资对中国和非洲东道国的经济社会发展都有着重要的战略意义。中国对非投资在中非经济合作中的战略作用至少可以从中国经济和非洲国家经济两个层面上来进行讨论。

4.2.1 对非投资在中国经济发展和对外经贸中的战略作用

一、有助于打造深度利益交织的"中非命运共同体"，从根本上提升中国在非洲的影响力

近年来，世界传统强国和新兴经济体均将对非合作提升到新的战略高度，并以经济利益为核心开展对非合作。中国与非洲之间的经贸关系也得到了快速发展，中非经贸合作在规模上增长显著。2009 年，中国超过美国成为非洲最大贸易伙伴。2013 年中非贸易额首次突破 2 000 亿美元大关，达 2 100 亿美元。非洲已成我海外工程承包第二大市场，2012 年中国企业在非完成工程承包额 408 亿美元。2013 年中国对非直接投资流量达 35 亿美元，同比增长 38.9％；存量超过 250 亿美元。

进入新时代，中国与非洲不再仅仅是传统意义上的"难兄难弟"，更是建立在经贸合作基础上的"利益共同体"，未来应通过经贸合作提升我在非影响力，进而促进中非政治和全面战略合作，打造成双方利益深度交织的"中非命运共同体"，使非洲国家在国际事务中主动维护中国利益。

但是，正如我们在之前章节中所讨论的，当前我国对非投资规模虽然快速上升，但中非经贸合作的内部结构尚待改进。从结构上看，我对非经贸合作尚未摆脱以贸易、工程承包为主，投资起步晚、存量小、影响力不够的失衡格局。

虽然从数据上看，中非贸易和工程承包的额度要远大于对非投资，但贸易和工程承包无论是在企业层面还是国家层面，其合作效益和经济战略价值都远不如投资。对于企业而言，仅仅依靠国际贸易或工程承包无法掌握和积累用于国际成长的核心资源和核心能力，而投资活动通过更为高级的资本运作、资产控制和运营可以实现企业真正意义上的国际化成长。从发达国家的国际合作演进经历规律来看，随着一国与其他国家（尤其当合作对象是发展中国家时）贸易和工程承包等合作形式的发展，企业对东道国的经济环境不断熟悉，在条件成熟时企业往往选择"投资"这一更加高级的国际合作形式。这种过渡和升级一方面可以实现海外生产或上下游相关产业的一体化经营，稳定企业在国际经营环境下的供应链。另一方面可以更多地分享国际合作带来的利益。

此外，贸易和工程承包规模的持续膨胀已招致部分非洲国家对我挤占市场、就业机会等的质疑，中非经贸合作层次亟待提升。

对非投资是中非经贸合作的重要"短板"，也是当前中国在非洲影响力较低的关键原因。国际投资是层次最高、效率最高的国际经济合作形式，其合作层次和效益明显高于贸易和工程承包。投资者通过掌握资产的运营权和控制权，实际上掌握了经济生活中的"发言权"。

对非投资的合作层次和效益明显高于贸易和工程承包，契合当前中非双方战略利益。在国际关系日趋复杂、非洲利益诉求多元化的新形势下，投资将成为提升我对非贡献度，深化中非传统友好和政治互信不可替代的手段，将成为中非经贸合作的主导形式。而未来对非投资从合作模式和政策导向上引领中非经贸合作，能从多个方面巩固和扩大中非经贸合作效益。

第一，中国对非投资企业通过投资活动不断实现企业的本土化经营，提高中非之间在企业和资本层面上的合作和互信，为提升中国与非洲国家间多方位和多层次的经贸关系提供良好的微观基础。

第二，通过以对非投资企业为主体，对非投资活动为桥梁，有利于中国企业与非洲东道国政府部门、当地企业和金融机构以及有关公民社团建立起良好的联系，给中非贸易、工程承包带来更多的合作信息和合作机会。同时，对非投资本身将派生对中国成套设备等的需求，也为工程承包企业提供更多项目机会，并可以从规模上促进中非贸易和工程承包合作的上升。更重要的是，对非投资的引领作用将不断扩大中非贸易、工程承包的合作效益。

第三，对非投资通过资本运作和资产的控制和增值，在促进东道国经济社会发展的同时，在长期内将企业发展内生于国家经济发展进程之中，共享东道国经济发展成果和经济增长红利。

二、有助于中国顺利度过经济结构调整的"阵痛期"，实现由"世界工厂"向"经济强国"的转型

前期研究表明，中国与非洲国家在经济发展阶段上存在着互补关系，在产业结构方面存在重要的梯次承继关系。中国和非洲国家目前都面临着产业升级的任务。中国长期重视制造业的发展，基础制造业的发展比较全面，产能巨大，但总体层次不高，在产业链中仍处于相对低端的地位，产业附加值总体偏低。作为"世界工厂"的中国，在产业分工和对外贸易中获取的利得相当有限，利润的绝大部分都通过品牌、技术以及各种标准源源不断地流入发达国家手中。与此同时，基础制造业还存在严重的产能富余问题，我国钢铁、水泥、电解铝、家电等多个产业产量超过全球总量的 50%，稳居全球第一，产能富余问题较为突出。

长期发展低端制造业必然也正在损害中国经济发展的可持续性，中国目前正面临着不可回避的产业升级和产能转移问题。根据国务院 2013 年 10 月公布的数据，我国钢铁、水泥、电解铝、平板玻璃、船舶产能利用率分别仅为 72%、73.7%、71.9%、73.1% 和 75%，明显低于国际通常水平。[①] 这些产业的产能如不及时化解，将会加剧市场恶性竞争，造成相关行业亏损恶化、失业率上升、银行坏账上升、能源和资源问题加剧、生态环境不断恶化等一系列严重问题。因此，当前中国经济正进入结构转型和产业升级的"阵痛期"，部分行业的调整甚至会"伤筋动骨"。

2013 年 10 月，国务院发布《关于化解产能严重过剩矛盾的指导意见》，决定对钢铁、水泥、电解铝、平板玻璃、船舶等行业实施"消化一批、转移一批、整合一批、淘汰一批"策略。2015 年底前再淘汰炼铁 1 500 万吨、炼钢 1 500 万吨、水泥 1 亿吨、平板玻璃 2 000 万重量箱，淘汰 16 万安培以下电解铝预焙槽。

表 4.1　支持富余产能向国外转移

国发 38 号文 （2009.9.26）	银发 386 号文 （2009.12.22）	汇发 30 号文 （2009.7.13）	国发〔2013〕41 号 （2013.10.15）
明确提出了 6＋3 个行业产能；富余和重复建设问题	对产能富余国内融资渠道；卡死但支持了产能海外转移	对于境外融资提供了审批；便利并放宽了资金来源	明确提出"消化一批、转移一批、整合一批、淘汰一批"策略
钢铁 水泥 平板玻璃 煤化工 多晶硅 风电设备	支持产能富余行业向境外转移：对重点产业企业在境外投资国家建设急需的能源、矿产等战略资源，开展境外资源勘探和开发，以及向境外转移富余的生产能力和成熟技术，金融机构要做好信贷支持和外汇收支等配套金融服务。	扩大境外直接投资外汇资金来源：境内机构可使用自有外汇资金、符合规定的国内外汇贷款、人民币购汇或实物、无形资产、留存境外利润等多种资金来源进行境外直接投资。	钢铁 水泥 电解铝 平板玻璃 船舶 分行业明确产能削减时限和目标

---

① 资料来源：国务院 2013 年 10 月发布的《关于化解产能严重过剩矛盾的指导意见》（国发〔2013〕41 号文）。

国发 38 号文 (2009.9.26)	银发 386 号文 (2009.12.22)	汇发 30 号文 (2009.7.13)	国发〔2013〕41 号 (2013.10.15)
电解铝 造船 大豆压榨	卡住产能富余行业境内扩张的融资渠道：对不符合重点产业调整振兴规划和国家已经明确为产能富余的行业以及不符合市场准入条件的企业或项目，禁止通过新发企业债、短期融资债、中期票据、可转换债、股票或增资扩股等方式融资。	简化审批手续：将境外直接投资外汇资金来源的审核方式由事前审查改为事后登记。将外汇局对境内机构境外投资资金汇出的管理由以往的核准制调整为登记制。境外机构向外汇指定银行提交相关文件，由银行进行真实性审核后，即可为其办理投资资金汇出。	财政支持：中央财政利用淘汰落后产能奖励资金等，扩大资金规模，支持产能转移。各地财政结合实际安排专项资金予以支持。 税收优惠：向境外转移富余产能的企业，出口设备及产品享受出口退税政策。完善促进企业兼并重组的税收政策 政府服务：推动设立境外经贸合作区，吸引国内企业入园；加强宏观统筹规划，发布对外投资合作五年规划，加强"走出去"战略布局研究，编制和落实对外投资合作重点国别和重点行业规划，提供宏观指导。

资料来源：根据政府公开发布的有关文件整理。

　　这标志着中国对富余产能行业的整改逐渐进入实质性阶段，国家从审批、土地供给、环评、信贷支持等多个方面限制相关行业产能扩张，相关企业在国内继续扩张和发展的空间缩小，压力陡增。

表 4.2　2009 年中国主要工业产品产量及占全球比例情况

产　品	中国产量	占世界同期同类产品比重
基础工业产品：		
粗钢	5.678 亿吨	46.6%（世界第一）
钢材	6.96 亿吨	超过 50%（世界第一）
水泥	16.3 亿吨	超过 50%（世界第一）
电解铝	1 285 万吨	60%（世界第一）
精炼铜	413 万吨	25%
化肥	6 600 万吨	35%

续　表

产　品	中国产量	占世界同期同类产品比重
制造业产品：		
汽车	1 379 万辆	25%（世界第一）
造船完工量	4 243 万载重吨	34.8%
冰箱	5 930 万台	60%；（世界第一）
空调	8 078 万台	70%（世界第一）
洗衣机	4 935 万台	40%（世界第一）
微波炉	6 038 万台	70%（世界第一）
手机产量	6.19 亿部	50%（世界第一）
彩色电视机	9 966 万台	48%（世界第一）
节能灯	17.6 亿只	90%（世界第一）
轻工业产品：		
纱产量	2393.5 万吨	46%（世界第一）
布产量	740 亿米	
化纤产量	2 730 万吨	57%（世界第一）

资料来源：根据公开资料综合整理。

非洲地区人口众多，市场潜力巨大，而且处于国际产业分工的下游，从其目前经济和产业发展阶段看，我国需要转移的富余产能和边际产业有许多正是非洲需要并且有能力接纳的。

更重要的是，多数非洲国家产业结构单一，亟待实现工业化和产业结构升级的战略任务，发展相关制造业。而过去 30 多年中国走过的产业发展之路，正是非洲今后较长一段时间内实现工业化的必由之路。当前中国需要转移的各个产业，基本正是非洲国家希望大力发展的。中国和非洲之间在发展阶段上的这种先后承继特征，在产业结构上的这种高度互补关系，决定了中国和非洲在产业转移方面存在广阔的合作空间。因此，对非投资合作能够有效释放剩余产能，实现国际产业转移，并为国内产业升级准备必要的空间和条件。

三、有助于构建多样化能源和资源供给体系，逐步破局国际大宗商品市场寡占供给格局

改革开放以来中国经济的持续高速增长，对中国能源和资源供给体系的稳定性和持续性提出了很高的要求，来源相对集中的能源和资源供给体系，容易使中国经济受到单一国家或区域经济政治波动的冲击，油气、铁矿等的供给更是长期被西方国家及其企业集团"卡脖子"。"中国人买什么，什么就涨价"已经成为大宗商品市场的一个"国际惯例"，这令中国企业苦不堪言而又束手无策，长期付出惨重代价。

那么，为什么作为通常意义上应该在商品市场具备定价发言权的高比例需求方，甚至是第一大需求方反而束手无策，长期被迫接受国际市场价格呢？关键就在于大宗商品市场的结构化特征。经过长期的谋划和经营，西方国家及其跨国企业集团、国际投行等，已经为国际大宗商品市场集体搭建起了一个"寡占供给市场结构"，西方企业巨头充当供给寡头，集体控制供给，甚至在多个领域人为降低供给，制造全球性"资源饥渴"，进而控制价格，攫取暴利。

作为国际大宗商品市场的大规模需求方，虽然中国企业在消费结构中占比较高，但由于国际大宗商品的寡占供给市场结构特征，中国这个"国际大买家"在定价过程中反而没有发言权，长期以来我国在大宗商品供给中惨遭西方"扼喉"，在定价过程中陷入"集体失语"困境，长期受制于人。而国际大宗商品市场"破局"的关键就在于逐步突破寡占供给格局，而要打破寡占供给格局，就必须介入供给格局中，透过投资控制较大规模资源，并以此为基础逐步提升自身在国际大宗商品定价中的影响力和控制力。

以石油行业为例，根据中国海关总署的最新数据，2013 年，我国原油进口量为 2.82 亿吨，占世界原油贸易比重为 15%，与 2012 年比增长 4%，当年我国原油对外依存度高达 58%。[①] 2014 年 1—10 月，我国累计进口原油 2.53 亿吨，与 2013 年同期相比增长 9.2%。根据我国有关石油企业的预测，2015 年中国原油需求量可能达到 5.4 亿吨，进口规模将进一步上升。

伴随原油进口量的快速上升，中国原油进口依赖程度也在快速上升。自从 1993 年中国首度成为石油净进口国以来，其原油对外依存度由当年的 6% 一路攀升，到 2005 年突破 45%，其后每年均以 2 个百分点左右的速度向上

---

① 中国产业竞争情报网 2014 年 12 月 23 日专题报道《2014 年 1—10 月中国进口原油 2.53 亿吨：世界原油贸易重心转向亚太》。详见如下网址：http://www.chinacir.com.cn/2014 _ sjkx/463730. shtml。

攀升，2007 年为 49％，到 2008 年已突破 50％警戒线，仅仅用了 15 个年头，2010 年，中国原油对外依存度进一步达到 55％的历史高位，此后继续上升，2013 年中国原油对外依存度已经达到 58％的历史高位。

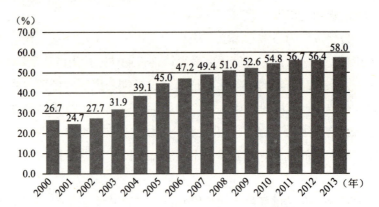

图 4.3　2000 年以来中国原油对外依存度情况

数据来源：国家海关总署，WIND 数据库。

　　原油对外依存度畸高，使我国的原油供给易受国际事件变化冲击。同时，我国缺乏对国际原油价格的话语权，长期被动接受美欧为首控制的国际价格。此外，我国对原油海运的多个关键节点同样缺乏控制，"油路"掌握在他人手中，在政治和外交上难免受制于人，说话办事经常"硬不起来"。

　　资源体系亟待多元化的另一个典型例子是铁矿石行业。中国是世界铁矿石第一大消费国，但国内富矿缺乏，铁矿石进口依赖程度很高。2000 年中国进口铁矿石 6 997 万吨，此后逐年上升，到了 2013 年中国进口铁矿石达到 8.19 亿吨的历史高位。13 年时间，中国的铁矿石进口量增长了将近 12 倍，平均年增长率达到了 21％。2012 年中国铁矿石对外依存度接近 70％，到 2013 年这一数据已经超过 70％。

　　今后一段时期，我国铁矿石对外依存度仍将呈现上升态势，但市场的钢材需求将难以保持高增长，受此影响钢铁行业将继续维持在较低的利润水平。据统计，近几年中国钢铁行业整体利润额仅为力拓、必和必拓和淡水河谷三大国际矿企巨头利润的 20％，国内钢铁企业利润长期被海外矿企"吃掉"。

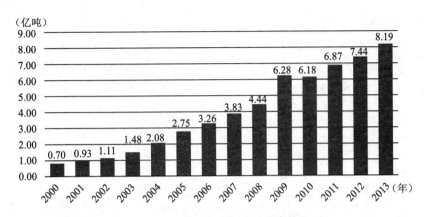

图 4.4 2000 年以来我国铁矿石进口情况

数据来源： Steel Statistical Yearbook 2013；中国海关总署，国家统计局。

我国能源和资源体系中与原油、铁矿石类似的情形可以说不胜枚举。由此可见，我国重要能矿资源的进口渠道仍然比较单一，容易受到国际政治经济局势的影响。为保证我国社会经济的持续健康发展，我国必须选择和实施面向全球的资源战略，充分利用海外资源。建立稳定而多元的能矿资源供应渠道是我国必须要着力解决的紧迫任务。具有丰富资源和潜在市场的非洲，是中国全球资源战略不可忽视的巨大空间。

非洲资源丰富，多种矿产储量居世界前列，且开发潜力大。就油气而言，非洲已成为我国第二大油气来源地，2013 年中国仅从安哥拉一国进口原油的规模就达到了 4 000 万吨，占当年中国原油进口的 14%，约占安石油出口的 40%，安哥拉已成为我国仅次于沙特的第二大石油来源国。[①] 同时，近年来东非油气勘探频现新突破，未来非洲在全球能源格局中地位大幅提升。

固体矿物方面，世界上已探明的 150 种地下综合资源，在非洲均有储藏。全球 50 种贵重稀有矿产在非洲储量较大，其中至少有 17 种，包括金、金刚石、铜、铀等矿产储量均居世界首位。[②] 且非洲的大多数矿床品位高，分布

---

① 安哥拉目前是非洲第二大产油国，产量仅次于尼日利亚。安已勘明石油储量 135 亿桶，且仍有大量潜力区域未进行勘探。2013 年安石油日产量 170 万桶，2014 年有望突破 200 万桶。

② 据统计，非洲蕴藏着全球铂族金属的 88%，锰矿石的 83%，金刚石的 60%，黄金的 50%，磷酸盐的 49%，钴矿石的 41%，镍、铅、锌、锑等矿石的储量也很可观。

连续，易于规模化开采。

但非洲优质资源多被西方掌握，非洲矿业外国投资中七成以上来自西方国家，美、英、法是非洲优质矿山的主要持有者。美国对非矿业投资存量约为我国 7 倍，历年美国对非投资中 60% 左右流向矿业（含油气）。

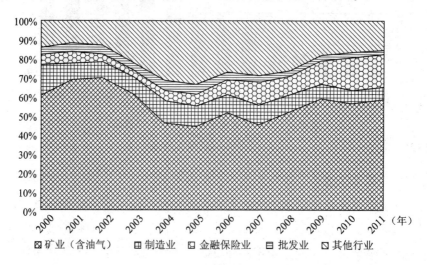

图 4.5　2000—2011 年矿业在美国对非直接投资存量中的比重

数据来源：美国经济分析局（Bureau of Economic Analysis，USA），中非发展基金研究部。

2008 年全球金融危机爆发后，非洲矿业资产价格下跌，西方国家在短暂观望后迅速抄底。2009 年美国对非矿业 FDI 随即增长 50%，成为非洲矿业投资第一大国。2010 年后，随着全球经济缓慢复苏，国际大宗商品价格开始回升，矿业领域的并购成本上升。因此，在经历 2009 年阶段性矿业投资高峰后，美国对非矿业投资规模开始回落。2010 年，美国对非矿业直接投资金额降至 44.76 亿美元，在其对非直接投资总额中的比例降至 48%。2011 年继续降至 42.41 亿美元，但由于当年美国整体对非投资下滑幅度更大，矿业所占比重反而升至 82%。从存量看，截至 2011 年底，美国对非矿业直接投资存量达到 333.47 亿美元，同比增长 10.31%，占当年美国对非 FDI 存量的 58.88%。

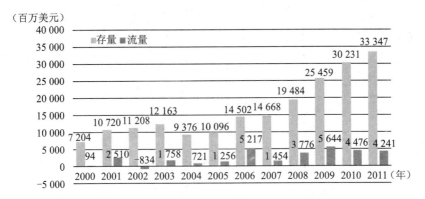

图 4.6　2000—2011 年美国对非矿业直接投资

数据来源： 美国经济分析局（Bureau of Economic Analysis，USA），中非发展基金研究部。

　　与此同时，英、法等非洲矿业投资大国也基本采取了类似策略。英国、法国 2009—2011 年对非矿业 FDI 年均增长分别达 80％和 170％。英国和法国的对非矿业 FDI 流量甚至远高于中国对非 FDI 总量。

　　从非洲主要矿山归属的企业层面数据看，已有大型矿山基本掌握在西方矿业巨头手中，少部分掌握在南非矿企手中，另有少数由巴西、俄罗斯、印度和中国等发展中国家的企业掌握。

　　为客观反映非洲主要矿山归属情况，笔者根据彭博资讯（Bloomberg）和澳大利亚矿业咨询公司 AME Group 的数据整理了非洲主要金矿、铜矿、铁矿和铝土矿 4 类矿山的归属情况。

　　金矿方面，目前非洲金矿中除南非和津巴布韦金矿部分掌握在南非矿企手里以外，其他主要金矿都把持在美国、加拿大、英国和澳大利亚等国的大型矿业巨头手中。例如，美国的 Gold Fields 公司、加拿大的 IAMGOLD Corporation 和 Barrick Gold Corporation 公司、英国背景的 Anglo American 公司、澳大利亚 Resolute Mining 公司等。

　　根据《AME Mining Economics》报告整理出的 74 个非洲主要金矿中，美国 Gold Fields 公司和英国 Anglo American 公司（透过旗下子公司 Angl-oGold Ashanti 持有和开发）持有或部分持有的金矿就有 28 个，占总数的 40％。除南非控股的 Harmony 公司和南非本土矿企 African Rainbow Minerals 在南非国内和其他几个产金国持有部分金矿外，非洲其余主要金矿基本上都掌握在美国、加拿大、澳大利亚、英国等国的跨国矿业巨头手中。可见目前欧美等国的矿业巨头在非洲金矿中占有绝对控制地位。

表 4.3　非洲主要金矿控制者

国　家	金矿主要控制者
南非	Harmony Gold Mining Company Ltd（南非） AngloGold Ashanti Limited（英国） Gold Fields Ltd（美国） DRDGOLD Limited（美国） African Rainbow Minerals（南非） Khumo Bathong Holdings Limited（南非） Petmin Limited（南非） Pamodzi Gold Limited（南非 50%、加拿大 50%） Barrick Gold Corporation（加拿大） Western Areas NL（澳大利亚）
加纳	AngloGold Ashanti Limited（美国） Newmont Mining Corporation（美国） Central African Gold PLC（津巴布韦） Anvil Mining Limited（澳大利亚，2012 年被中国五矿收购） Golden Star Resources Ltd（美国） Gold Fields Ltd（美国） IAMGOLD Corporation（加拿大） Resolute Mining Limited（澳大利亚） International Finance Corporation（世界银行子公司）
津巴布韦	RioZim Limited（津巴布韦） Barrick Gold Corporation（加拿大） Shaft Sinkers（Pty）Ltd.（南非） Mmakau Mining（南非） AngloGold Ashanti Limited（美国） Mwana Africa PLC（南非）
马里	Randgold Resources Limited（南非） AngloGold Ashanti Limited（美国） IAMGOLD Corporation（加拿大） International Finance Corporation（世界银行子公司）
坦桑尼亚	Barrick Gold Corporation（加拿大） AngloGold Ashanti Limited（英国） Resolute Mining Limited（澳大利亚）
几内亚	Crew Gold Corporation AngloGold Ashanti Limited（英国）

续　表

国　家	金矿主要控制者
博茨瓦纳	IAMGOLD Corporation（加拿大）
尼日尔	Etruscan Resources Inc.（加拿大）
毛里塔尼亚	Newmont Mining Corporation，（美国） Red Back Mining Inc.（加拿大）
纳米比亚	Anglo American plc（英国） AngloGold Ashanti Limited（美国） Inmet Mining Corporation（加拿大）

资料来源：AME Mining Economics，Bloomberg，中非发展基金研究部。

　　铜矿方面，从 20 世纪 90 年代初起，非洲主要产铜国赞比亚、刚果（金）等先后对铜矿实行私有化。到 2000 年左右，赞比亚大部分铜矿基本已经实现了私有化。刚果（金）私有化起步较晚，多数铜矿掌握在国家矿业公司 Gécamines 手中，但 Gécamines 在实际开发过程中往往大量引入外资。

　　目前非洲主要铜矿基本掌握在少数几家国际矿业巨头手中，主要包括加拿大的 First Quantum Minerals、瑞士的 Glencore International、南非的 Metorex 公司、英资背景的 Weatherly International 和 Anglo American 公司、澳大利亚 Rio Tinto 公司、印度的 Vedanta Resources Plc 和 Binani Group 等。此外，赞比亚国有企业联合铜矿投资控股公司（ZCCM-IH）等也持有部分矿山的股份。

表 4.4　非洲主要铜矿控制者

国　家	铜矿主要持有者
赞比亚	Anglo American Plc（英国财团） CDC Capital Partners（英国） Equinox Minerals Limited（加拿大，澳大利亚亦设有总部） First Quantum Minerals Ltd（加拿大） Glencore International AG（瑞士） Vedanta Resources PLC（印度） China Nonferrous Metal Mining（中国） International Finance Corporation（国际金融公司）
刚　果（金）	First Quantum Minerals Ltd（加拿大） Forrest Group（美国） Freeport-McMoRan Copper & Gold Inc（美国）

续　表

国　家	铜矿山主要持有者
刚　果（金）	Gecamines（刚果（金）） Industrial Development Corporation of South Africa（南非） Anvil Mining Limited（澳大利亚，2012 年被中国五矿收购） Lundin Mining Corporation（加拿大） Metorex Limited（南非） Societe de DeveloppementIndustriel et Minier du Congo（刚果（金）） International Finance Corporation（国际金融公司）
南　非	Anglo American Plc（南非） Metorex Limited（南非） Rio Tinto Group（英国，澳大利亚亦设有总部）
毛里塔尼亚	First Quantum Minerals Ltd（加拿大） GM Mines d'Akjoujt SA
纳米比亚	Gold Fields Ltd（美国） Weatherly International Plc（英国）

资料来源：AME Mining Economics，Bloomberg，中非发展基金研究部

铁矿方面，非洲铁矿石储量虽然在全球占比不高，但富铁矿较多，且勘探程度低，未来发现富矿的可能性较大，在全球铁矿资源格局中占据着举足轻重的地位。

当前全球许多大型跨国公司纷纷把目光转向非洲开采铁矿资源，西方矿业巨头中从事铁矿投资的企业多数在非洲国家比较活跃。非洲现有大型铁矿基本掌握在英国、美国、澳大利亚、俄罗斯等国的跨国矿业巨头手中。而非洲本土矿企在铁矿领域的能量有限，在持有非洲主要铁矿的企业中，真正能算得上非洲本土矿企的基本只有南非本土矿企非洲彩虹矿业公司（African Rainbow Minerals）。而且，近几年来，随着国际铁矿石价格的节节攀升，跨国矿业巨头纷纷加大对非洲铁矿的关注。

表 4.5　非洲主要铁矿控制者

国　家	铁矿主要持有者
南　非	Anglo American PLC（英国） African Rainbow Minerals Ltd（南非本土矿企） Aquila Resources Ltd（澳大利亚） Evraz Group SA（俄罗斯） Xstrata PLC（瑞士，英国）

国　　家	铁矿山主要持有者
毛里塔尼亚	Societe Nationale Industrielle et Miniere（毛里塔尼亚国有） Sphere Minerals Ltd（澳大利亚）
几内亚	Bellzone Mining PLC（美国） Rio Tinto PLC（英国，澳大利亚） BSG Resources Ltd（英国）
利比里亚	Engel invest Group Ltd（以色列） Severstal OAO（俄罗斯谢韦尔钢铁公司） Arcelor Mittal（卢森堡）
尼日利亚	AICO Ado Ibrahim Mining Co Ltd（尼日利亚）
塞拉利昂	African Minerals Ltd（非洲矿企，中国中铁物资占其 12.5% 的股份） London Mining PLC（英国）

资料来源：AME Mining Economics，Bloomberg，中非发展基金研究部。

铝土矿方面，当前国际铝业的一个重要特点是铝土矿资源不断向若干家大型铝企手中集聚，跨国铝业公司利用资本和技术优势，通过扩大海外投资，不断提高对优质铝土矿资源的控制度，资源国家对资源的控制和影响力逐步削弱。美国的美铝、恺撒等跨国公司掌握世界铝土矿产能的 1/4，控制全球 30% 以上的产量。同时，国际铝企不断兼并，行业集中度持续上升，目前全球 70% 的铝土矿和氧化铝生产由 10 家矿业公司所控制。

非洲铝土矿总体勘探工作程度较低，跨国矿业企业控制度也相对较低，但现有铝土矿基本掌握在西方国家的矿业巨头手中。美铝（Alcoa World Alumina）、联合俄铝（United Co RUSAL PLC）、力拓集团（Rio Tinto Group）和加铝（Alcan）等国际矿业企业长期在非洲经营铝土矿，基本囊括了现有的全部非洲优质铝土矿。

以几内亚铝土矿为例，目前其国内铝土矿生产和加工均掌握在西方投资者手中。目前几内亚国内持有和开发铝土矿的三家企业均控制在上述几家矿业巨头手中。几内亚最大铝土矿生产企业"几内亚铝矾土公司"（la Companie des Bauxites de Guinée，CBG）生产几内亚近 70% 的铝土矿。CBG 由几内亚政府和西方财团共同出资，其中几方占股 49%，西方财团 HALCO（美铝 Alcoa、加铝 Alcan 等财团组成）占 51%，2008 年，加铝在 CBG 的股权已全部转让给力拓。目前 CBG 的实际控制方为几内亚政府、美铝和力拓。

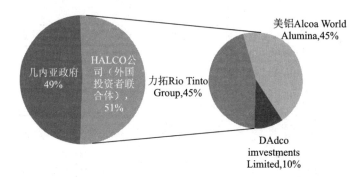

图 4.7 几内亚铝矾土公司（CBG）股权结构

注：加铝 Alcoa2008 年将其持有的 CBG 的股权全部转让给力拓集团。

资料来源：HALCO 公司网站，中非发展基金。

几内亚国内另外两家铝土矿持有企业金迪亚铝矾土公司（俄铝控股）和弗里亚氧化铝公司（俄铝控股 85%）也完全由俄铝控制，所生产的铝土矿直接运往俄铝位于乌克兰的氧化铝精炼厂。

表 4.6 非洲主要铝土矿及其控制者

国　家	矿山/地点	矿主/运营者	备　注
几内亚	Boke Bauxite Mine	Compagnie des Bauxites de Guinee（几内亚政府持股 49%，美铝和加铝等组成的 HALCO 国际财团持股 51%）	露天开采矿
	BidikoumBauxite Mine	Compagnie des Bauxites de Guinee（同上）	露天开采矿
	SilidaraBauxite Mine	Compagnie des Bauxites de Guinee（同上）	露天开采矿
	Fria Bauxite Mine	联合俄铝（俄罗斯）	露天开采矿
	Kindia Bauxite Mine	联合俄铝（俄罗斯）	露天开采矿
	Diandian	联合俄铝（俄罗斯）	露天开采矿
	Sangaredi Bauxite Deposit	必和必拓（澳大利亚）	露天开采矿
喀麦隆	Ngaoundal	喀麦隆政府（2010 年 1 月完成勘探）	露天开采矿
	Minim Martap	喀麦隆政府（2010 年 1 月完成勘探）	露天开采矿
塞拉利昂	SML Bauxite Mine	Vimetco NV（荷兰）	

续　表

国　家	矿山/地点	矿主/运营者	备　注
加　纳	Awaso Bauxite Mine	力拓（英国）	露天开采矿
摩洛哥	NiksicBauxite Mines	Basic Element（俄罗斯）	露天开采矿

资料来源：Bloomberg，中非发展基金研究部。

　　塞拉利昂、加纳等国的情况也基本类似，铝土矿掌握在西方发达国家矿业巨头手中。此外，美国矿业企业已经获得喀麦隆已探明的多个铝土矿的独家开采许可证。

　　近年来，随着非洲国家总体投资环境的改善，西方国家矿业巨头控制非洲铝土矿的趋势在加剧。跨国公司从自身长远可持续发展、加强垄断地位出发，加大了对非洲铝土矿的勘探投入，以期进一步控制优质资源。

　　与此形成鲜明对比的是，目前我国企业投资非洲资源市场起步晚，份额很小。但总体来看：一是非洲国家资源行业仍存在较大的勘探和开发潜力，未来发现新的优质资源的可能性较大；二是与世界其他资源富集区域相比，非洲因基础设施落后等多方面原因，竞争烈度相对较低。

　　未来非洲在全球资源供给市场中的地位将逐步上升，中国虽然面临经济增长减速，但仍将长期在国际资源市场上扮演"国际大买家"的角色。非洲有望成为我国破局国际大宗商品寡占供给市场结构的关键环节，中非之间加强资源领域的投资合作，将有助打破西方资源垄断、改变国际资源版图。

　　四、有利于中国企业真正实现国际化成长，并"借道"非洲打入欧美市场

　　当前，我国国际经济合作模式正由以引进外资为主向引进外资与对外投资并重的方向转变，在这一过程中，中国企业作为投资的主体，必将发挥最为重要的作用。

　　企业在对外投资过程中，受"心理距离"影响，往往遵循"先周边国家—发展中国家—发达国家"的渐进发展轨迹。亦即企业在国际化成长之处首先选择经济体制、商业文化和人文环境相近的国家和区域进行投资，此后随着经验、技术和势力的上升，不断向差异较大的其他发展中国家投资。随着工业化程度提高，发展中国家的企业可以从高科技领域获取先进复杂的制造业技术，向发达国家开展逆向投资。

中国企业目前正在经历这样一个过程。从 1993 年开始，我国鼓励中国企业积极"走出去"。在"走出去"初期，中国企业通常选择东南亚等商业环境、语言文化等方面均与中国相近的市场进行投资。根据商务部的统计数据，从投资流量看，2013 年中国 70.1％的对外直接投资流向亚洲，其次为 13.3％流向拉丁美洲。从存量上看，截至 2013 年末，中国在亚洲地区的投资存量 4474.1 亿美元，占比 67.7％。

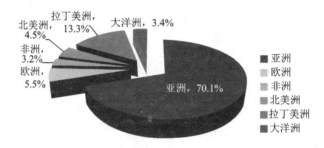

图 4.8　2013 年中国对外直接投资流量地区分布

数据来源：《2013 年度中国对外直接投资统计公报》。

中国企业对外投资同样正在经历上述"由近及远"的过程，中国企业在继续提升对亚洲国家投资规模的同时，也在不断关注非洲和拉丁美洲市场。中国企业通过在空间、文化、经济发展阶段相近的经济体中不断积累国际经营的核心资源和竞争力，正在走得更稳更远，并最终实现向发达国家的投资。

选择非洲作为未来中国企业国家化经营的"练兵场"，具有高度合理性。一是中国技术在非洲具备高度适用性和实用性，且成本优势明显。二是非洲市场上相当一部分国家在市场体制和法律体系方面继承了殖民地时期其前宗主国的体制和法律，并且在非洲市场上中国企业能直接与来自发达国家的跨国公司进行竞争。三是非洲市场竞争的激烈程度要低于发达国家本土市场。

中国对外投资起步晚，多数企业缺乏国际化管理人才和经验，也缺乏海外本土社会网络。国际化人才紧缺已成为制约中国快速"走出去"的主要瓶颈之一。因此，非洲市场是中国企业跨国经营的"练兵场"，不断扩大对非投资既是中国企业全面实现"走出去"的必由之路，中国企业的对非投资对中国企业逐步融入国际主流市场，实现真正意义上的国际化成长具有重要的战略意义。

此外，随着中国出口规模的持续上升，美、欧、日等发达国家市场对"中国制造"的抵制情绪上升，全球贸易保护主义明显抬头。近年来针对中国出口商品的反倾销等贸易纠纷层出不穷且不断升级，中国商品进入发达国家市场的门槛越来越高，发达国家对中国商品在环保、设计、价格、销售量等方面的要求让人眼花缭乱，部分国家甚至出现过针对中国商品集散地的敌意甚至恶性袭击事件。

未来通过对非投资设厂，可以变"中国制造"为"非洲制造"，一方面带动我资本品和高端商品对非出口，也有助解决部分非洲国家的高失业问题。这样，把一部分一般制造业转移到非洲，将设计、研发和高端加工留在国内，有助推动我经济结构升级。同时，利用欧美与非洲国家的优惠贸易安排，"借道"非洲，绕开西方发达国家针对"中国制造"设计的种种贸易壁垒，曲线进入发达国家市场。

五、有效促进外汇储备资产结构多元化和配置目的地多元化，助力中国逐步摆脱"美元霸权"

随着中国经济的高速增长，我国的外汇储备也在以更高的速度增长，在2006年2月，我国外汇储备首次超过日本，成为世界第一。根据国家外汇管理局的最新数据，截至2014年9月底，国家外汇储备余额为38877亿美元，与2013年同期相比增长6.1%。

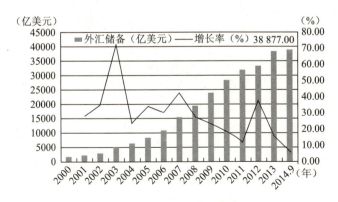

图4.9　我国外汇储备增长情况

数据来源：国家统计局。

目前我国外汇储备占全球三分之一，全球排名第二的日本同期外汇储备为 1.1 万亿美元左右，为中国外汇储备规模的 28％ 左右。中国巨额外汇储备具有重大的战略意义，是抵御国际金融风险的坚实物质基础，但同时也有着不菲的持有成本。因此，如何在保持外汇储备安全性及流动性的基础上提高外汇储备的收益性，以及如何提高我国巨额外汇储备的使用效率，是我国政府面临的迫切任务，也是外汇储备结构管理中亟待解决的问题。

我国外汇储备资产结构总体较为单一，从币种结构看美元资产占 54％ 左右，欧元和英镑约占 37％，日元约占 8.5％。从资产结构看，美国国债占比较高，截止到 2014 年 10 月底，中国持有美国国债高达 1.25 万亿美元，且其中绝大部分为中长期国债，流动性差。本轮金融危机爆发以后，以美国、欧盟和日本为主的发达国家经济体均实施量化宽松的货币政策，国际金融体系出现了全局性流动性过剩，美元等国际主流货币贬值压力较大。

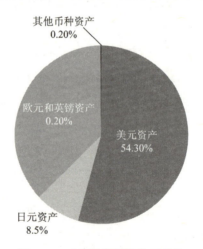

图 4.10　中国外汇储备比重结构

数据来源：王永忠（2013）。①

---

①　中国外汇储备的详细结构是高度保密的，但学者们根据公开信息进行了大量的研究和分析，本文关于外汇储备结构的数据引用了王永中《中国外汇储备的投资收益与多元化战略》[J]，《国际经济评论》，2013 年第 2 期的分析结论。

因我国的外汇储备大部分为美元资产，且 85％以上为中长期美国国债和机构债，美元标价，美元计息，虽然账面上每年有一定盈利，但实际上常年处于贬值和亏损状态。中国持有的巨额美元债券，在客观上成就了美国在全球打造的"美元霸权"，成为美元价值链上的重要一环。而美国通过各种理由对中国在技术、军备、重要公司股票等限制出售，使中国持有的大量美元只能通过购买债券的形式回流美国，给中国带来巨大的战略资源浪费。同时，巨额的外汇储备还在人民币贬值、央行通胀管理和宏观调控等方面给中国经济带来挑战。因此，当前中国进行外汇储备配置多元化可谓迫在眉睫。

一是追求资产形式多元化，可考虑以直接投资资产逐步替代美元债券等资产，提升实物资产、股权资产在外汇储备资产结构中的比例，将低收益、中长期的美国国债和机构债转变成油田、矿山、工厂、港口、金融机构等收益更高且能真正强化国家影响力的资产。同时，通过逐步减持美国国债等，降低对美元的依赖，助力弱化美元的全球影响力。

二是追求配置区域多元化，当前我国对外投资正处于快速发展和结构性升级阶段，非洲部分国家亟待投资的领域和产业众多，投资回报率等方面也具有较强的吸引力，资金需求量巨大。中国对非投资在多元化外汇储备资产配置和目标区域配置方面具有重要战略意义。同时，在对非投资过程中注重推进人民币国际化，加强金融机构布点，只有商业银行在非洲国家真正"落地"，人民币才能实现"落地"。在未来对非经贸合作中，可结合大宗商品贸易，工程项目承包，投资项目开展等推进人民币国际化，扩大人民币影响，联合非洲国家逐步反抗"美元霸权"。

4.2.2 对非投资对非洲经济发展的战略作用：有助跳出"三大陷阱"

一、有助于缓解非洲国家普遍面临的发展资金瓶颈，帮助其跳出"贫困陷阱"

落后国家的经济发展和社会建设普遍面临着巨额的资金需求，资金不足是阻碍多数非洲经济发展的重要因素。20 世纪 80 年代以来，非洲国家资金不足问题日益严重，据统计，非洲总投资额占 GDP 的比重从 1980—1985 年间平均 23％降至 1991—1999 年间的 19％。

导致非洲国家普遍资金缺乏的原因，一是作为主要资金来源的初级产品出口收入受到国际市场价格波动的影响而不稳定。二是受传统文化和西方消费习惯的影响，非洲国家民众储蓄倾向较低，国内资本积累不足。三是多数国家的贫富差距畸高，资金外流严重。因此，非洲国家依靠自身积累来发展经济，实现经济发展存在客观的困难，并且在当前科学技术快速发展、经济全球化不断深化的时代，甚至可能错过发展机遇。

因此，多数非洲国家长期深陷"贫困陷阱"之中。对于"贫困陷阱"现象的理论解释之一，就是一国由于收入水平低下，致使储蓄较少，投资不足，因而收入继续保持在较低水平，陷入恶性循环。由于内部资金不足，非洲国家的经济发展需要外部资金的支持，包括国外援助、贷款、直接投资和侨民汇款。但是，流入非洲的外部资本也缺乏稳定性。

2008 年全球金融危机爆发以后，流向非洲国家的官方援助和侨汇都有增速放缓甚至一度出现总体规模下降的势头。根据世界银行和非洲开发银行公布的最新数据，2010 年流向非洲国家的官方发展援助约 480 亿美元，同比增长 6.67%，增速有所下滑。2013 年流向非洲的官方发展援助预估为约 570 亿美元，与 2012 年的 560 亿美元相比仅上升 1.8%。

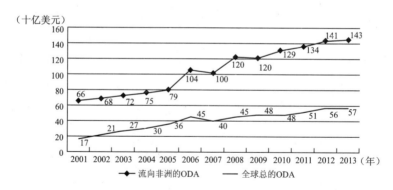

图 4.11　流向非洲的官方发展援助情况（单位：十亿美元）
数据来源：世界银行，非洲开发银行。

2012 年非洲国家的侨汇收入为 604 亿美元，与 2011 年的 569 亿美元相比增加了 6.15%。2013 年预估上升至 640 亿美元，同比 2012 年增长 6%。近年来撒哈拉以南非洲国家侨汇收入增速下滑趋势尤为明显。2008 年以来，撒南非洲国家侨汇收入增速明显下滑，部分年份侨汇收入甚至出现负增长。
2013 年，撒哈拉以南非洲国家侨汇收入预估为 332 亿美元，同比 2012 年的
314 亿美元上升 6%。

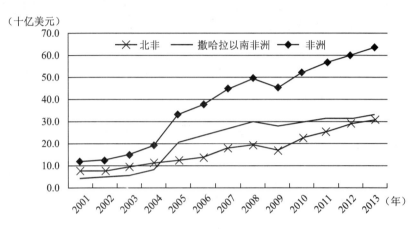

图 4.12　非洲国家侨汇收入规模走势

注：(e) Estimates，(p) Projections.

数据来源： World Bank 2012.

此外，一些国家由于政局动荡、战乱频仍，不仅外资流入受阻，而且导
致本国资金外逃。例如，据英国经济学家保罗·科利尔研究，1998 年尼日利
亚的军政府统治结束后，尼日利亚有大约 1 000 亿美元的资本流向国外。而
非洲国家的经济发展本身存在巨大的资金缺口。以非洲的基础设施建设为例，
据世界银行、非盟和非开行的最新测算，如果要达到其他新兴经济体的一般
水平，2010—2020 年间，撒哈拉以南非洲各国每年将需要在基础设施领域投
入 933 亿美元，其中约三分之二为建设和改造费用，约三分之一为运行和维
护费用。[1]

2012 年流向非洲的 FDI 约 497 亿美元，与 2011 年的 426.5 亿美元相比，
上升了 16.53%。2011 年开始，非洲接受 FDI 的规模开始从金融危机后的低
谷开始回升，但非洲国家的资金需求仍然远远未得到满足。2013 年流向非洲
的 FDI 预计为 566 亿美元，与 2012 年规模相比上升 13.88%。

---

[1]　World Bank：Africa's Infrastructure—A Time for Transformation（2010）

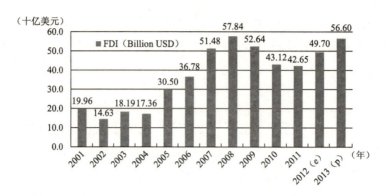

图 4.13 2001 年以来非洲吸收 FDI 流量情况

注：（e）Estimates，（p）Projections.

数据来源：世界银行、非洲开发银行。

中国对非投资方面，2000 年以来，中国对非投资开始快速上升。2003—2013 年，中国对非直接投资流量年均复合增长率高达 46.34％，高于同期中国对外直接投资整体流量增速（43.81％）。2013 年中国对非直接投资流量为 33.71 亿美元，同比增长 33.9％。截至 2013 年，在非投资的中国企业超过 2 500 家，对非直接投资存量达 261.86 亿美元，同比增长 20.5％。

根据李克强总理 2014 年 5 月访非期间提出的设想，未来，投资在中非经贸合作中的地位将显著提升，存量到 2020 年将达到 1000 亿美元水平。"461"框架、"三大网络"等中非合作的战略构想更是勾画出对非投资宏伟图景。

值得一提的是，2008 年金融危机爆发后，西方发达国家由于自身经济发展受到重大冲击，对非洲的投资规模出现了较大幅度的下降。在此背景下，中国领导人多次在国际会议或双边会晤中承诺鼓励中国企业加大对非洲国家的投资，与非洲国家共同应对危机的冲击。

中国的对非投资，给予了非洲国家重要的支持，有助于缓解非洲国家普遍面临的发展资金瓶颈，帮助非洲国家跳出"贫困陷阱"。

二、有助于非洲国家实现工业化和产业结构升级，助力非洲国家跳出"产业低端化陷阱"

大多数落后国家产业结构十分单一，工业体系长期落后甚至缺失，很多国家不具备基本的工业生产能力，连普通的日用工业品也需要大量依赖进口，深陷"产业低端化陷阱"之中。

非洲国家长期深陷"产业低端化陷阱"之中，既有非洲国家进入现代化进程较晚等历史原因，也有发达国家对非洲在国际经济格局中的定位原因。20世纪60年代，随着非洲国家相继独立，原宗主国对非洲国家的政治和军事统治结束，但西方随后在非洲以新的方式发挥其影响力，实现其控制力。西方影响力和控制力通过两项制度来实现：经济上的私有化和政治上的西式民主。

经济私有化的推广使多数非洲国家政府财力缺失，缺乏经济资源来改变国家命运。经过西方极力主张的私有化改造，非洲国家的优质矿产、土地、主要工农企业等均为私人所有，其中大部分落入外国企业手中。非洲多国政府不再掌握矿山、土地等优质资源，财力不足。外国企业通过各种手段大肆转移利润，非洲国家政府税收收入受限。例如，矿业是赞比亚的支柱产业，但2013年矿业企业缴纳的所得税仅占赞税收收入的1.9％。非洲国家因缺乏财力和经济资源，无力规划和投入发展国内经济，无法实现产业结构的升级，只能长期"守着金山当乞丐"，深陷"产业低端化陷阱"无法自拔。西方国家大力鼓吹和维护私有化，谁敢挑战私有化，就集体制裁谁，如津巴布韦等。

这一点，在非洲矿业投资领域表现得尤为突出。西方国家及其矿企在非洲长期经营，目前非洲已勘明的主要矿山中，除部分掌握在南非矿企手中外，其余绝大多数由美国、英国、澳大利亚、加拿大等国的矿业巨头掌握。

但是，西方矿业巨头出于垄断战略资源，控制供给总量，在全球范围内制造"资源饥渴"，或囤矿投机等的考虑，有时在控制资源后并不急于全力开发，而经常采取"圈而不采"的策略。这一策略的直接后果就是，西方企业对东道国基础设施发展、经济结构多元化和产业结构升级等持消极态度，且特定情况下维持东道国落后的基础设施状况，零散脆弱的产业结构甚至成为西方矿企延缓矿山开发的理由。这从动机上决定了西方企业的战略与非洲东道国发展当地经济、实现工业化和经济多元化的诉求存在内在的分歧。

总体而言，西方矿业巨头将非洲定位为全球初级矿业产品供应地，对于非洲东道国的经济社会发展、经济结构多样化和产业升级等基本持消极态度。西方矿业巨头在多个非洲国家从事矿业开发数十年甚至上百年，而很多非洲国家长期保持落后状态，经济社会发展严重滞后，基础设施残缺不全，产业结构持续单一甚至畸形，工业化进展甚微甚至没有进展。这种情况在非洲矿业富集国家比比皆是。几内亚拥有全球三分之一的铝土矿资源，西方矿业巨头在几内亚开采铝土矿已有数十年的历史，但迄今为止几内亚国内仍然没有完整的铝业产业链。2011 年几内亚铝土矿产量达 1 600 万吨，其中 90％用于直接出口，10％用于提炼氧化铝，提炼出来的氧化铝亦完全用于出口。[①] 而几内亚国内市场所需金属铝却基本依靠进口。同时，几内亚国内产业结构持续单一，过度依赖铝土矿产业，经济多样化、产业结构升级和国家工业化进展缓慢。

类似情况在尼日利亚，利比里亚等非洲国家亦普遍存在。根据统计，全球 9 家领先矿企在非洲共计拥有 120 处煤矿、216 处金属矿，但所拥有的提炼厂仅有 29 所、冶炼厂仅 11 所。而且国际矿业巨头的矿业深加工项目七成以上位于电力和交通基础设施较为完善的南非，另有部分深加工项目位于赞比亚铜矿附近，西方矿业巨头在非洲其他国家和矿业项目中很少配建加工项目，因此也难以对东道国的经济多样化和产业结构升级做出直接贡献。

虽然这种情况也存在体制和历史方面的原因，但也从侧面反映出西方国家及其矿企对非洲矿业国家经济社会发展的低贡献度。造成这种局面的原因，一方面是西方矿企的供给和开发战略所致，另一方面也与西方矿企的谈判力和产权特征有直接关系。

---

① 几内亚国内目前有三家公司参与铝土矿开采：几内亚铝矾土公司（la Companie des Bauxites de Guine，CBG）、金迪亚铝矾土公司（la Companie des Bauxites de Kindia）和几内亚氧化铝公司（Alumina Company of Guinea）。几内亚铝矾土公司是当地最大的铝土矿合资企业，CBG 拥有全球最好的 Sangaredi 铝土矿，平均含铝 60％，露天开采，年产量约 1 200 万吨，占几内亚铝土矿产量的 70％左右。铝土矿通过火车运至 140 公里外的卡萨姆港专用码头，然后装船运往西欧和美国等地的氧化铝精炼厂。金迪亚铝矾土公司是前苏联援建的几内亚第二大铝土矿企业，目前由俄罗斯联合铝业公司（United Co RUSAL PLC）控股（占 85％），产品通过铁路运至科纳克里港，主要出口乌克兰。年产量大约 170 万吨。几内亚氧化铝公司由俄罗斯联合铝业公司控股，几内亚政府持有 15％的股份，产品通过铁路经科纳克里港出口，年产量约 70 万吨，另外还生产铝矾土 230 万吨/年。

西方矿企在非洲根基深厚，握有大量优质资源，使其在与东道国政府谈判中具有有力筹码，有能力拒绝东道国政府关于基础设施建设和配套产业发展的诉求。同时，发达国家经济体制为成熟的私营经济体系、私营企业在对非投资中与政府援助等进行合作的空间本身不大，这也是西方矿企不愿涉及可能惠及东道国经济的配套基础设施项目的原因之一。

中国既是非洲投资市场的新进入者，也是当前西方对非洲在国际经济体系中低端定位的挑战者，这使得中国对非投资企业无论在合作战略还是策略上，均与西方企业的做法截然不同。

仍以矿业领域为例，中国投资企业在矿山配套基础设施建设、矿业冶炼和后续加工企业的投建方面的态度明显比西方企业积极。这是因为，中国企业，尤其是中国冶金企业总体上是西方企业集体维持的"资源饥渴"状态的受害者，中国企业无论是出于国家需要、自身生存和发展所迫，还是追求矿业利润走向非洲，均倾向于打破西方矿业巨头在全球矿业领域的寡头垄断，尽快增加国内市场矿业供给。这就从根本上决定，中国投资企业的开发策略与非洲东道国加快经济社会发展诉求一致：为尽快获取权益矿，企业希望加快矿产资源开发，多数项目均在东道国配建精选、提炼或冶炼厂等资源深加工项目，对电、路、港口等交通设施的配套建设也持相对积极的态度。

同时，国家也支持中国对非投资企业承担相关社会责任，促进东道国经济社会发展。早在 2006 年年初中国政府发布的《中国对非洲政策文件》中就明确提到，中非资源合作是本着"互惠互利、共同发展的原则，采取多样的合作方式与非洲共同开发合理利用资源、帮助非洲国家合理利用资源、帮助非洲国家将资源优势转化为竞争优势，促进非洲国家和地区实现可持续发展"。

以中国有色集团投资的铜矿和工业园区为例，1998 年中国有色在赞比亚收购谦比希铜矿，此后持续关注赞比亚国内铜产业链的完善和延伸。目前中国有色在赞比亚已建有 4 个年产 32 万吨粗铜、阴极铜的企业，仅用 2 年时间建成现代化的谦比稀铜冶炼厂（为中国在境外设立规模最大的铜冶炼项目）

利用尾矿等废弃资源成功运营谦比希湿法冶炼厂。①

同时，中国有色集团在赞比亚创立赞比亚中国经济贸易合作区，已经在全世界范围内吸引到 19 家企业，募集到 12 亿美元的投资。作为一个多功能经济区，中国有色赞比亚经贸合作区开创了中外友好合作的新模式，寄托了延伸产业链、实现优势互补的希望。入区企业上下游相互依托，将打造采、选、冶、加完整的产业链。

中国有色还积极参与赞比亚当地市政建设、文化卫生建设，修建中赞友谊医院、购置医疗设备，建设相关道路、公共体育设施，为学校捐赠文具、援助妇女就业、参加防治艾滋病和疟疾计划等。

中国有色在赞比亚 14 年的投资经营，为赞比亚铜产业链的完善、产业升级、经济多样化和基础设施建设做出了重要贡献，这也是中国企业在投资非洲矿业的同时带动非洲东道国经济社会发展的一个缩影。正是因为中国企业的对非矿业投资在根本动机上与非洲东道国经济社会发展诉求存在内在一致性，中国企业的对非投资规模虽然不大，但在促进东道国经济社会发展方面正承担较多的责任。

同时，由于中国对非矿业投资企业多数为大型国有企业，这使企业投资与政府援助资金、行政资源存在较大的协调空间。中国在基础设施建设领域的成本优势也增强了中国企业在配建基础设施规模方面的承受能力。并且，对于大型项目，由于中国企业在投资经营中处于相对弱势，为获得东道国政府更多支持，中国投资企业对配建基础设施和上下游产业方面持积极态度。

而非洲的"产业低端化陷阱"不仅体现在矿业领域，在几乎所有领域和所有国家，这个问题都系统性的存在。2000 年开始，非洲虽然进入了经济增长的"黄金十年"，但非洲大陆在整体上并未进入工业化、产业结构升级的"黄金年代"。例如，南非是非洲制造业相对发达的国家，但目前其制造业产值也仅占国内生产总值的不到 20％。尼日利亚是西非地区制造业相对发达的国家，但其制造业产值近年来不到国内生产总值的 5％，且制造业门类主要

---

① 2012 年 6 月，中国有色在赞比亚投资的谦比希铜矿、卢安夏铜矿、谦比希冶炼公司和谦比希湿法公司组成中国有色矿业有限公司在香港成功上市，上市当天募集到 19.4 亿港币。

是纺织、饮料、烟草、洗涤用品和水泥等小型制造与加工业。肯尼亚是东非地区工业最发达的国家，其制造业产值目前也仅占国内生产总值的13%，主要是面粉加工、饮料、烟草、纺织、电器、制糖和造纸等小型制造业。由于设备老化、生产工艺落后等问题，一些国家的工业企业存在严重开工不足的问题。

单一的产业结构一方面给落后国家的经济体系带来了巨大的风险，经济体系经受内外冲击的能力差。另一方面，长期通过出口资源进口制成品和消费品的模式并不能从根本上帮助最不发达国家摆脱贫困和落后。目前非洲国家普遍认识到发展制造业是摆脱贫困、促进经济发展的必由之路，因而多把这些部门作为国民经济发展的重要产业，对于引进适用的制造业技术、管理经验有着迫切的需求。

发达国家经济发展的经验表明，一国劳动生产率的增长和经济的发展势必带来劳动成本的增长和国际分工中相对优势的转移。因此，产业结构调整、升级与产业转移是一国经济发展到一定阶段的必由之路。经过30多年的改革开发，中国的工业基础已经较为雄厚，基础制造业的发展比较全面，部分产业产能甚至出现了明显的富余。当前中国目前正面临着不可回避的产业升级和产能转移问题，一方面要向外转移不再适宜中国国情的相对低端的制造业，另一方面必须抓紧技术升级和创新，发展高端制造业和服务业。而这和当前非洲多数国家发展基础工业的诉求高度契合。

中国的对非投资，不仅为非洲国家带来了发展资金，而且为非洲国家带来了新的发展模式、技术和管理经验。通过对非投资，中国可以将富余产能转移到急需这些生产能力的非洲国家，有利于实现国内产业升级和可持续性发展。对于非洲国家，制造业的发展可以满足工业化的内在要求，有助于非洲国家构建更为完善的国内产业结构，加强自主发展的能力。

三、推动非洲落后国家经济增长，有助其跳出"重债陷阱"

非洲是联合国最不发达国家分布最集中的大陆，在全球48个最不发达国家中，非洲国家就有33个，占最不发达国家总数的三分之二强。非洲的最不发达国家普遍缺乏发展资金，且国家负债率畸高，多数属于"重债穷国"。非洲国家的负债率普遍较高，2000年非洲国家整体负债率高达54.5%，超过

50％的危险线。进入新千年后，随着国际社会针对非洲国家的减债计划不断推进，非洲国家负债率出现了明显下降，2006 年开始，非洲国家平均负债率基本稳定在 25％左右。2014 年，非洲国家平均负债率预估在 24.2％左右。

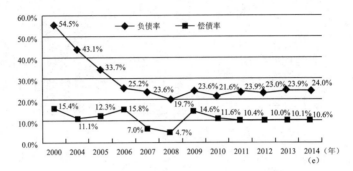

图 4.14　2000—2014 年非洲国家平均负债率及偿债率

数据来源： AFDB，OECD.

根据非洲开发银行和 OECD 组织 2013 年的测算，截至 2011 年底，非洲仍有约一半的国家负债率超过 30％的安全线，其中 13 个国家负债率超过 50％的危险线。

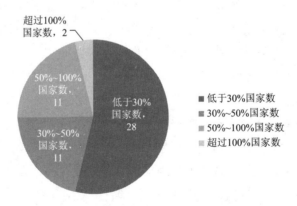

图 4.15　2011 年非洲国家负债率分布

数据来源： African Economic Outlook 2013.

津巴布韦、毛里塔尼亚负债率分别高达 114.3％和 101.9％，外债负担沉重。而阿尔及利亚、喀麦隆、赤道几内亚、利比亚、尼日利亚等国债务负担则较轻，负债率在 10％以内。

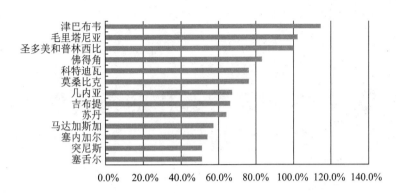

图 4.16　2011 年非洲负债率超过 50％的国家

数据来源：African Economic Outlook 2013.

　　尽管近年来非洲国家的债务负担有所减轻，但外债仍是困扰非洲经济发展的重要因素之一。目前，非洲国家每年仍需要将财政收入的四分之一用于还债。由于偿还到期债务，非洲国家用于本国经济发展和社会事业的资金必然减少，因而严重制约了非洲经济和社会发展战略的实施。而且，近年来，非洲偿还的债务额远远超出西方国家和主要国际经济、金融组织所提供的援助。不论从历史的角度，还是从目前的国际经济环境看，非洲债务的形成具有不合理的因素，而且偿债能力较弱。

　　在未来的发展过程中，这些非洲重债国家如果继续高度依赖世界银行和国际货币基金组织的援助和贷款来发展经济，将导致债务负担的进一步上升，甚至陷入"高负债——贷款——更高负债"的"重债陷阱"，影响这些经济体财政体系的稳定性和经济发展的可持续性。

　　中国对非洲国家的投资，采取商业化的方式运作投资项目，自负盈亏。与传统的援助和优惠贷款等合作方式不同，这种商业化的运作模式不仅不会进一步加重非洲重债国家的债务负担，而且能有效提高这些国家的自主发展能力。通过发展当地经济和增加外汇收入，中国对非投资有助于提高非洲最不发达国家的偿债能力，促进东道国经济的可持续发展。

第5章 》》 中非经贸合作的新机遇和新挑战

随着世界经济发展进入新阶段，以及经济全球化的进一步深化，中非经贸合作正面临着一系列的新机遇和新挑战。

5.1 中非经贸合作面临的新机遇

在当前全球经济格局大变革、大调整的背景下，中国等发展中经济体在国际经济格局中的地位上升，且未来还将继续渐进式上升的进程。在这个渐进式的演进过程中，中非双方在经济发展阶段、产业结构、发展诉求方面不断出现新的契合点，这就决定在未来若干年内，中非经贸合作将出现一些阶段性的战略时间窗口。

5.1.1 中国经济进入对外投资大发展阶段，中国对非投资有望实现跨越式发展

2008 年前后，中国对外投资进入高速增长期，对外投资流量和存量均大幅提升，中国企业"走出去"明显提速。根据中国商务部、国家统计局和外汇管理局共同披露的数据，2013 年中国对外投资流量达 1 078.4 亿美元，同比增长 22.8%，首次突破千亿美元大关。2013 年中国对外直接投资流量仅居美、日之后，位列全球第三大对外投资国。[①] 截至 2013 年年底，中国对外投资存量达 6 605 亿美元，全球排名从 2011 年的第 17 位上升至

---

① 商务部、国家统计局、国家外汇管理局于 2014 年 9 月联合发布的《2013 年度中国对外直接投资统计公报》。

2013 年的第 11 位。①

图 5.1　中国对外 FDI 流量和存量情况

资料来源：联合国贸易和发展会议（United Nations Conference on Trade and Development；UNCTAD）。

进入 2014 年后，中国对外投资继续提速，中国企业对外大型并购项目不断出现。根据国家统计局的数据，2014 年 1—10 月，中国企业共对全球 154个国家（地区）的近 5 000 家企业开展了直接投资，累计投资 818.8 亿美元，与 2013 年同期相比增长了 17.8%，预计 2014 年中国对外投资规模有望首次超过利用外资规模。

中国对外投资规模的大幅上升，首先是由中国经济发展阶段决定的，2012 年美国和英国对外投资存量分别为 5.2 万亿美元和 1.8 万亿美元，分别为同期中国对外投资存量的 10 倍和 4 倍，海外投资资产的不足，无疑正成为中国国际竞争力的一个短板。而随着国内劳动力、环境和资源成本的上升，以及近年来国际贸易保护主义的抬头，中国作为"世界工厂"，长期向国外出口大量中低端产品的发展模式必然要改变，这促使中国企业加速"走出去"。随着企业资金实力的不断加强，国内投资市场竞争烈度不断上升，企业在利益驱动和国内市场压力的双重刺激下开始成批量地走出去。

与此同时，国家也开始从顶层设计的角度开始激励中国企业对外投资，

---

①　资料来源：《中国改革报》2014 年 6 月 26 日评论文章《我国对外投资全球排名 2013 年升至第三位》。详见如下网址：http://www.crd.net.cn/2014—06/26/content_11736117.htm。

频频出台政策，强化中国在国际经济体系中的影响力。

一是在政策层面放松对企业开展境外投资活动的监管。

近年来，中国国家领导人在多个重要场合频频表态将提升中国的对外投资规模。

2013年9月，国务院总理李克强在大连夏季达沃斯论坛开幕式上提出，"预计未来5年中国进口将达10万亿美元，对外投资将超过5 000亿美元，出境旅游人数将超过4亿人次。"[①] 2014年5月5日，李克强总理访非期间在非盟发表演说时再次提出，"力争实现到2020年中非贸易规模达到4 000亿美元左右，中方对非直接投资存量要向1 000亿美元迈进。"

2014年11月，在APEC工商领导人峰会开幕式主旨演讲中，中国国家主席习近平强调，"预计未来10年中国对外投资将达1.25万亿美元。今后5年，中国进口商品累计将超过10万亿美元，出境旅游等人数将超过5亿人次。"[②]

这些都表明，中国的对外投资正进入战略机遇期。在此背景下，从2014年年初开始，国务院、国家发改委、商务部、外汇管理局、证监会等部门相继出台了境外投资管理的新办法，较大程度上简化了企业境外投资的审批程序。

例如，根据2014年初国家发改委和商务部颁布的境外投资相关政策，10亿美元以下对外投资项目（如未涉及敏感国家或敏感行业）仅需在各级发改委和商务部门备案；超过10亿美元的投资项目仍需发改委核准。

但国务院2014年11月份出台的《政府核准的投资项目目录（2014年版）》中进一步取消了项目核准的金额标准，照此目录，只有涉及敏感国家、地区及行业的对外投资项目才需要国家发改委进行核准。

二是在金融层面上不断新设对外投资支持机构，对外投资的"国家队"大幅扩容。

---

① 李克强总理2013年5月23日在《新苏黎世报》上发表的署名文章。详见如下网址：http://forex.hexun.com/2013－05－24/154473419.html。

② 国家主席习近平在APEC工商领导人峰会开幕式上发表主旨演讲。详见如下网址：http://www.rmzxb.com.cn/sy/ttxg/2014/11/09/404608_1.shtml。

2013 年以来，中国先后宣布和倡导了一系列支持中国企业对外投资的金融机构，包括非洲共同增长基金、金砖国家开发银行、亚洲基础设施投资银行、丝路基金等，这些机构资金规模大，覆盖区域广。随着这些机构未来逐步投入运营，将无疑在金融层面上给中国企业"走出去"提供巨大动力。

表 5.1　近年来中国主导成立的支持对外投资金融机构情况

序号	设立机构	宗旨	资金规模	出资方	时间
1	非洲共同增长基金	人民银行与非开行签署的融资协议，为非开行推荐的项目提供融资	20 亿美元	中国	2014 年 5 月签约
2	金砖国家开发银行	深化金砖国家间合作，作为全球发展领域的多边和区域性金融机构的补充	启动资金 500 亿美元	5 个成员国均摊	2014 年 7 月成立
3	亚洲基础设施投资银行	满足发挥亚太地区有关国家在基础设施投融资方面的需求	1000 亿美元	中国出资 500 亿美元	2014 年 10 月 21 国签约
4	丝路基金	利用我国资金实力直接支持"一带一路"建设	400 亿美元	中国出资	2014 年 11 月
5	上合组织发展基金、上合组织开发银行	为成员国投资合作项目提供融资	待定	待定	研究推进中

2014 年 12 月 24 日，国务院总理李克强主持召开国务院常务会议，讨论提升金融对企业"走出去"支持力度问题，进一步确定了一些重大的改革政策，有望对企业的对外投资活动起到重要支持作用。会议决定，一是将企业境外投资外汇管理由事前登记，改为在汇兑资金时由银行办理；取消中国企业、相关商业银行到境外发行人民币债券的地域限制；简化企业赴境外上市、并购、设立银行分支机构等的相关核准手续。二是拓宽企业融资渠道，对大型成套设备在出口融资方面做到"应保尽保"，支持商业银行加大对重大装备

设计、制造、安装等的金融支持。三是进一步推进国家外汇储备多元化运用，加强政策性银行等相关金融机构作用，吸引社会资本参与，采取债权、基金等多种形式，为对外投资企业提供资金支持。四是进一步健全对外投资政策，包括完善人民币的跨境支付和清算系统等。

中国企业大规模"走出去"离不开金融机构和金融资金的支持。随着国家政策重心逐渐由重"引进来"向重"走出去"倾斜，未来中国企业开展对外投资有望获得更多的资金和政策支持。从目前来看，非洲共同增长基金直接针对非洲市场，金砖国家开发银行和丝路基金均可以覆盖部分非洲国家。因此，在当前中国正进入对外投资大发展阶段的大背景下，中国对非洲的投资有望实现跨越式发展。

5.1.2 中国产业结构调整进入攻坚期，中非产业战略对接进入阶段性时间窗口

经过30余年的粗放式增长，中国经济取得了重大成绩，成为"世界工厂"，但也给中国带来了严重的资源环境问题。近年来，雾霾、水污染、土壤污染、垃圾围城等等报道不绝于耳，资源和环境问题的压力已可见一斑。与此同时，由于缺乏规划，地方政府在政绩压力下，各地产业结构雷同，同质竞争严重，钢铁、水泥等多个中低端行业产能分散且高度富余。根据2013年10月国务院发布的数据，截止2012年底，中国钢铁、水泥、电解铝、平板玻璃、船舶产能利用率分别仅为72％、73.7％、71.9％、73.1％和75％，明显低于国际通常水平。

目前，中国的产业结构调整进入"阵痛期"，工业部门产能富余，粗放式增长带来环境污染、重复建设等问题，到了必须解决的阶段。富余产能问题如不能及时化解，将严重加剧国内市场的恶性竞争，导致相关行业亏损扩大、职工失业、银行系统不良资产大幅上升、能源和资源问题更为严峻、生态环境恶化等一系列问题，直接危及中国经济的可持续性，阻碍相关产业良性发展和升级，到矛盾积累到一定程度时甚至可能影响社会稳定。

2013年10月，国务院发布《关于化解产能严重过剩矛盾的指导意见》（下称《意见》），重拳出击，多措并举，推动富余产能消化和转移。《意见》明确提出，"2015年底前再淘汰炼铁1 500万吨、炼钢1 500万吨、水泥（熟

料及粉磨能力）1 亿吨、平板玻璃 2 000 万重量箱；2015 年年底前淘汰 16 万安培以下预焙槽。"这标志着富余产能化解已进入"倒计时"。

　　同时，为了保障富余产能的化解在地方政府层面得到落实，中央已将化解富余产能作为地方政府政绩考核指标之一。作为对国家化解产能政策的落实和推进，2014 年 11 月，河北省政府发布《关于印发河北省钢铁水泥玻璃等优势产业过剩产能境外转移工作推进方案的通知》，明确提出河北省在化解富余产能方面的目标和措施，河北省计划到 2017 年，实现全省转移境外钢铁产能 500 万吨，水泥产能 500 万吨，玻璃产能 300 万重量箱。到 2023 年，力争实现全省转移境外钢铁产能 2 000 万吨，水泥产能 3000 万吨，玻璃产能 1 000 万重量箱。[①]在河北省的计划中，明确将非洲定位为省内钢铁、水泥、玻璃等产业对外转移的重点区域。与此同时，国内其他省份及地方政府也在采取行动，推进富余产能的"消化一批、转移一批、整合一批、淘汰一批"。

　　反观非洲方面，非洲大多数落后国家产业结构十分单一，工业体系长期落后甚至缺失，很多国家不具备基本的工业生产能力，连普通的日用工业品也需要大量依赖进口，深陷"产业低端化陷阱"之中。西方国家长期将非洲定位为廉价资源来源地，拒绝推动非洲国家的工业化。经过私有化改造后，非洲国家政府不再持有相关矿山、土地和企业，税收等收入不足以进行工业化的规划和推动。

　　前已述及，中非经贸合作快速发展的决定性因素就是中非经济结构上的互补性，经济发展阶段上的承继性，中国在过去 30 多年里所走的经济发展之路，是非洲未来若干年内经济发展的必由之路。而随着中国产业结构调整进入实质性阶段和"阵痛期"，中非在产业对接方面的契合度空前提高，可以说，当前很多行业正进入中国对非投资和中非产业战略对接的重要时间窗口。

　　并且，《意见》还从财政、税收、政府服务等多方面出台了政策督促，鼓励企业"走出去"，对外转移富余产能。

　　一是提升财政支持。中央财政利用淘汰落后产能奖励资金等现有资金渠

_____

　　① 《关于印发河北省钢铁水泥玻璃等优势产业过剩产能境外转移工作推进方案的通知》，详见如下网址：http://www.jinfuzi.com/wz/id-3474424.html。

道，适当扩大资金规模，支持产能严重富余行业转移产能。各地财政结合实际安排专项资金予以支持。

二是出台税收优惠政策。对向境外转移富余产能的企业，其出口设备及产品可按现行规定享受出口退税政策。完善促进企业兼并重组的税收政策。

三是提升政府服务力度。推动设立境外经贸合作区，吸引国内企业入园；政府将加强宏观统筹规划，发布对外投资合作五年规划，加强"走出去"战略布局研究，编制和落实对外投资合作重点国别和重点行业规划，为企业提供宏观指导。

四是针对我国部分行业发展方式粗放，创新能力不强，产业集中度低，没有形成由优强企业主导的产业发展格局，行业无序竞争问题严重等现象，推进相关行业内企业兼并重组，提升对外投资企业实力。未来国内多个产业重组有望提速，将打造一批优质企业，中国企业在非洲恶性竞争，无谓内耗的问题也有望得到改善。

当前中非产业战略对接正进入重要时间窗口，投资项目的增加将带动中非贸易规模的上升，对非工程承包项目机会也将面临上升。中非经贸合作不仅在规模上将面临快速增长，在经贸合作结构上也将面临升级，投资在中非经贸合作中的地位将进一步提升，其对中非经贸合作的引领作用将逐渐得到体现。通过中国对非投资的发展，中国在非洲的影响力也将得到进一步加强，有助形成你中有我、我中有你的利益深度交织的"中非命运共同体"。

5.1.3 美国对全球进行流动性回抽，非洲对中国资金的渴求度上升

前已述及，2013 年下半年以来，发达经济体开始复苏，预计美国经济2014 年将增长 2.8％，欧元区可实现 1.1％的增长。在美国及全球经济企稳复苏背景下，美国正退出其实行了 5 年多的量化宽松货币政策。2014 年 10月 29 日，美联储正式宣布结束其债券购买计划。至此，美联储第三轮量化宽松政策①在实施超过 2 年后宣告结束。实行了 5 年多的量化宽松政策达到了美联储的预期目的，美国经济明显企稳回暖，美元再次回归强势。但是，新

---

① 美联储第三轮量化宽松政策（QE3）推出于美国"财政悬崖"期。美联储自 2012 年 12 月起，每月购买 450 亿美元国债，加上每月 400 亿美元的 MBS，美联储每月资产购买额达到 850 亿美元。

兴市场却因此面临严峻的考验。

在美国实施量化宽松的过程中，国际资本在美元贬值预期下大量进入发展中国家尤其是新兴经济体中，给这些经济体带来了明显的资产价格上涨，经济过热，国内通胀普遍上升，本币出现升值压力并进而影响出口。而当美国结束量化宽松时，国际资本大潮从发展中国家退去，正如巴菲特所说，"只有当大潮退去时，才真正知道是谁在裸泳"。发展中国家经济再次遭受考验。

美国退出量化宽松政策，反映美国这一全球"经济龙头"经济形势的好转，在中长期内有助稳定全球经济。但同时也必须看到，在美国量化宽松退出的背景下，美元升值预期升温，国际资本已经开始从包括非洲国家在内的发展中国家撤离，追逐美元，发展中国家美元供给普遍趋紧。本币贬值、资本市场行情疲软甚至暴跌几乎成为 2013 年以来全球发展中国家的一个常见现象。同时，国际大宗商品的"超级周期"结束，资源价格开始下降，非洲国家资源收入下降，流向资源相关行业的国际投资也将随之下降。

美国退出量化宽松政策，正给发展中国家带来重要冲击。资金趋紧将成为未来几年非洲国家经济的一个普遍特征。一是美元升值、本币贬值背景下资本外流的不利影响将逐渐显现。二是国际大宗商品的"超级周期"结束，资源价格开始下降，非洲国家资源收入下降，流向资源相关行业的国际投资也将随之下降。三是本币的大幅贬值，成为非洲多国难于规避的一个系统性投资风险，非洲多国投资环境出现恶化，投资者避险情绪可能上升。

这对于中非经贸合作而言，既是挑战，更是机遇。当前我国外汇储备充足，金融体系较为稳定，美国 QE 退出对中国产生剧烈冲击的可能性很小。而此阶段正逢非洲国家资金趋紧，对我经贸合作诉求上升。中国则正处于对外投资的快速发展阶段，中非经贸合作面临新的战略机遇期。

5.1.4 多国与非洲签订贸易优惠协定，"非洲制造" 对国际投资的吸引力上升

20 世纪 90 年代中期以来，美国、英国、法国、德国、日本等西方发达国家，以及俄罗斯、韩国、印度等新兴国家趁非洲国家政治经济形势好转之机，为巩固重要战略资源供应、扩大其非洲市场份额，纷纷调整对非贸易政策，试图通过给予某些非洲国家特定产品的贸易优惠，同某些非洲国家建立

自由贸易区，拓展其在非洲市场的份额。这在客观上优化了非洲国家的贸易环境，未来有望通过对非投资，将一部分适合非洲发展阶段的中低端产业由"中国制造"转变为"非洲制造"，并借道非洲通向发达国家市场。

一、美国《非洲增长与机遇法案》（AGOA）将"无缝续签"，给予非洲国家贸易优惠待遇

《非洲增长与机遇法案》（Africa Growth and Opportunity Act；AGOA）是美国对非经贸战略的基石，是继普惠制（Generalized System of Preferences）原则后，美国提出的又一项规范与非洲国家经贸合作协议的规定。该法案于 1999 年 7 月通过众议院审议，11 月通过参议院审议。2000 年 5 月 18 日，美国总统克林顿签署了《非洲增长与机遇法案》。该法案的主要目标是：为美国和 AGOA 合格非洲之间的贸易和投资提供牢固的、意义深远的、重要的途径，以促进美国和 AGOA 非洲国家之间的贸易增长与经济合作，为非洲国家提供实际的鼓励政策，并且帮助它们继续开放经济并建立自由市场。

AGOA 法案的主要内容包括如下几个方面。一是在普惠制基础上为撒南非洲国家的特定输美产品提供免税和免配额待遇，特别增加撒南非洲国家纺织品及服装进入美国市场的机会。二是根据美国的普惠制安排，美国总统确定的不具有进口敏感性的来自撒哈拉以南非洲国家的 4 600 多种商品享有免关税待遇。三是在普惠制基础上，AGOA 又规定了 1 800 多种产品享有免税待遇。四是 AGOA 特别允许撒哈拉以南非洲国家原产的符合条件的纺织品和服装以免税、免配额的待遇进入美国市场。对于这些优惠待遇，美国总统有权决定受益国范围，通过受惠国适格条件限制附加各种经济体制和民主政治体制改革的条件。

根据 AGOA 的有关规定，40 个撒哈拉以南非洲国家为 AGOA 受惠国，受惠产品范围广泛。在 AGOA 的推动下，美非进出口贸易额较快增长。2003 年开始，美国从非洲进口开始出现快速增长，到金融危机爆发的 2008 年，美国从非洲进口达到 1 048 亿美元的历史高点。金融危机背景下，由于美国从非洲进口的主要产品原油、矿产资源等价格大幅下跌，美国从非洲进口的金额出现了明显下降。此后美国从非洲进口金额再度快速攀升回暖。

图 5.2　美国与非洲贸易情况

资料来源：联合国贸易和发展会议（United Nations Conference on Trade and Development；UNCTAD）。

尽管国际社会对于 AGOA 存在各种批评的声音[1]，但客观上确实有助于推动部分非洲国家传统大宗出口产业，尤其是纺织与服装业的发展，对部分非洲国家的外贸结构、经济和市场体制、投资环境改善等均有积极影响。此外，为利用 AGOA 的关税和配额优惠通过非洲曲线进入美国市场，更多企业开始考虑或增加对非洲国家农业、制造业等的投资，加强了非洲对外资的吸引力。

2012 年 6 月，美国总统奥巴马将 AGOA 有效期进一步延长至 2015 年。2014 年 8 月，美国召开史上规模最大的美非峰会，邀请了 54 个非洲国家中的 50 个参会，[2] 会议期间，非洲多国呼吁延长 AGOA 有效期。美国国务卿克里表示，美国将努力实现 AGOA 的"无缝续约"，美国国会最晚于 2015 年年初开始完成续约，目前续约工作组建议至少续约 15—20 年。预计 AGOA 法案将持续为非洲相关产品的出口带来有利机会。

---

①　国际社会对 AGOA 的批评主要集中在如下几个方面：一是 AGOA 相关条款充满立法技巧，字面上规定了 6400 多种免关税产品，但其中绝大多数产品是非洲不可能出口或在美国市场上完全没有竞争力的产品；二是通过适格国家条件等附加条件使"普惠制"变为"互惠制"，为美国产品和服务打开了非洲市场；三是导致产油国和资源国家对美出口大幅增长，美国自撒哈拉以南非洲进口中 90％以上都是石油和矿产品，纺织品与服装对美出口国家个别集中，小国贸易发展缓慢或停止倒退，实际贸易增长效果并不理想；四是受惠国出口商品结构过于集中，实际受惠国基本是尼日利亚、安哥拉、南非等资源国家；五是成为受惠国条件苛刻，施行多党民主政治、开放经济、进行私有化改造；六是纺织品与服装条款要求苛刻，如原产地要求进口产品尽可能使用美国的原材料。

②　2014 年未在美非峰会邀请范围之内的非洲国家仅 4 个：津巴布韦、苏丹、中非共和国和厄立特里亚。

二、欧盟推进与非洲国家签署《经济伙伴协定》，进一步强化欧非经贸联系

欧盟的对非经济贸易政策源于 1975 年签署的《洛美协定》。《洛美协定》是欧盟与非加太国家集团（ACP）[①] 之间关系的基础，而这一关系是世界上历史最长、范围最广、内容也最为复杂的一对南北关系。虽然旧的殖民体制遗留的印迹仍清晰可辨，但是，随着国际格局的调整和全球治理理念的发展，欧盟与非加太集团关系的内涵亦不断更新。为此，"以贸易促发展"作为欧盟发展与非加太集团关系一贯的指导思想，其实施方式在过去 20 年里已经发生了质的变化。

众所周知，《洛美协定》的本质是欧共体对非加太集团的"单向特惠"贸易关系。然而，世界贸易组织的建立及要求贯彻普惠制的背景下，欧盟对 ACP 国家的原单向特惠制面临合法性危机。欧盟显然无意将其给予非加太集团的特惠普遍适用于发展中国家，而是坚持于 2007 年底前与非加太集团达成互惠性的经济伙伴协定。

2000 年 6 月签署的取代洛美体制的《科托努协定》（有效期 20 年）就是在这样的背景下出台的。《科托努协定》在维持原有的单向贸易优惠的同时，提出要建立一种更具平等性和互惠性的"新贸易安排"，亦即如今的《经济伙伴协定》（Economic Partnership Agreement，EPA）。经济伙伴协定要求非加太集团以自身的开放换取欧盟原有的市场准入优惠。欧盟所要求的经济伙伴协定不仅仅涉及货物贸易，而且覆盖服务贸易、投资、竞争、知识产权等诸多方面，本身包含着诸多的不合理因素，以及存在在非洲国家间制造分裂的可能，导致该协定的签订过程既缓慢又充满争议。

从 2002 年起，欧盟与非加太国家又启动了《经济伙伴协议》谈判，以取代已于 2007 年底到期的《科托努协定》。欧盟通过分地区谈判、逐一击破的策略，与一些非洲国家（如博茨瓦纳、莱索托、斯威士兰、喀麦隆等国）签署了临时协议。2008 年欧盟又与科特迪瓦、赞比亚等个别国家签署中期经济伙伴协定。2010 年 3 月，西部非洲经济共同体与欧盟就"经济伙伴关系"进

[①] 非加太国家集团是非洲、加勒比和太平洋地区发展中国家的国际经济组织的简称。1975 年 6 月 6 日，非洲、加勒比和太平洋地区 46 个发展中国家通过《乔治敦协议》，决定成立该组织，至 1989 年有 68 个成员。

行了谈判，取得一定进展，但 2011 年，由于欧盟方面市场准入等相关问题，该谈判再一次搁浅。2012 年 5 月，欧盟委员会宣布其与非洲签署的第一个"经济伙伴关系协定"正式生效，与欧盟签署该协定的非洲国家包括：津巴布韦、塞舌尔、马达加斯加和毛里求斯。协议规定这 4 个非洲国家产品可以免税进入欧盟市场，并同时逐渐对欧盟放开本国国内市场。

到目前为止，非洲的南非、尼日利亚、加蓬、刚果共和国等重要的成员迄今尚未与欧盟签署任何经济伙伴协定，从而面临欧盟市场准入条件倒退的境地。谈判的前景难以预料，但是欧盟的贯彻意愿没有变化。

虽然"经济伙伴关系"整体尚待进一步推进，但欧盟与非洲的贸易关系实际上已经十分密切了。数据表明，北非国家六成以上的出口创汇来源于与欧盟贸易，而南部非洲国家的制造业也同样严重依赖欧洲市场。从目前贸易规模看，2012 年欧盟从非洲进口规模达到 2 296 亿美元的历史高位，2013 年欧盟从非洲进口稍有下降但仍高达 2 136 亿美元。

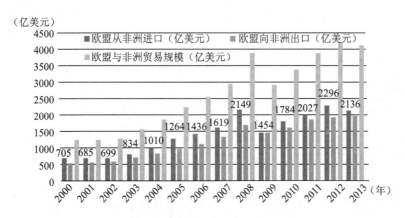

图 5.3　欧盟与非洲贸易情况

资料来源：联合国贸易和发展会议（United Nations Conference on Trade and Development；UNCTAD）。

未来欧盟将继续采取"分地区谈判、逐一击破"的策略，并通过各种渠道施压使非洲国家逐渐与其签署《经济伙伴关系协定》，非洲国家产品通向欧盟市场也将享受更多优惠政策。

三、俄罗斯、印度、韩国向非洲穷国提供减免关税优惠

进入 21 世纪后，特别是近年来借助国际经济发展和国际能源价格的上

涨，俄罗斯经济实现连续 7 年的快速增长，因此又有了重振大国雄风的动力和本钱。2006 年 9 月，普京总统访问南非和摩洛哥，意在试图恢复俄罗斯与非洲的经贸关系，增加俄罗斯在非洲大陆的影响力，拓展俄罗斯在国际上的战略空间。为了促进非洲国家对俄出口，对于大部分非洲欠发达国家，俄罗斯政府都给予关税减免的优惠政策①。2007 年 10 月，俄罗斯出台面向最不发达国家的进口关税减免政策，这一政策将使得满足条件的非洲国家获得更多的对俄出口机会。②

印度与非洲国家的经贸关系始于 20 世纪 60 年代。冷战期间，由于印度奉行较为封闭的经济政策及国力所限，印非贸易并不密切。然而，20 世纪 90 年代以来，印度出台诸多贸易措施，加强与非洲的经贸关系。1992 年印度进出口银行与东南非优惠贸易区（PTA）签署协议，向 PTA 的 21 个成员国提供 600 万美元的信贷额度，用于进口印度的商品。自 1995 年起，印度开始在非洲市场上推出"印度制造展"，展示印度的产品、服务、咨询、技术和设备。

2002—2007 年，印度政府启动"聚焦非洲"计划，以市场发展援助的方式，向印度贸易推广组织、出口推广委员会和商会提供资金援助，力争扩大印非贸易。2008 年 4 月，印度召开"印度—非洲论坛峰会"，宣布了《对最不发达国家的免关税优惠计划》，为此，非洲 34 个最不发达国家的棉花、铝矿、铜矿、腰果、甘蔗、成品服装、去骨鱼片、非工业钻石等从中受益。为鼓励非洲国家从印度进口，印度向非洲债务国提供不同条件的贷款，但贷款的 85% 以下的份额用于从印进口商品与服务。

2009 年 8 月 27 日，印度又提出应对金融危机冲击的新贸易政策——"重点市场计划"（Focus Market Scheme）。包括促进出口相关产业的基础建设，降低交易成本，提供出口商间接税完全退款等。计划将采用补偿部分运输费用等方式，鼓励印度出口商出口到非洲、拉丁美洲及独联体国家等重点

---

① Ministry of Foreign Affairs of the Russian Federation, Russia and Issues Related to Aid to Africa in the Activities of the G8, undated, from http://www.thailand.mid.ru/g8/01.html.

② Kester Kenn Klomegah. Russia Opens Market to Poorest Countries. October 31, 2007, from http://ipsnews.net/news.asp? idnews=39865.

市场。例如，针对出口至重点市场的船上交货条件（Free on Board，FOB）商品价格，由原先提供 3% 无须银行结算证明的免税优惠措施（duty credit scrip）提高至 3.5%。为鼓励技术利用并增加效率，该政策也允许部分制造出口商，如电子、制药、成衣等企业进口资本品零关税①。

非洲曾是韩国外交的边缘地带。但 20 世纪 90 年代中期特别是进入 21 世纪以来，由于非洲的资源和战略价值日益显现，世界各大国都加强了对非洲的资源投入，唤醒了韩国在非洲的竞争意识，于是，韩国采取措施积极应对。在贸易方面，韩国历来奉行"贸易立国"、"出口第一"的外向型经济发展战略，因而，韩国在非洲的主要贸易对象要么是地区经济强国、市场容量巨大、向周边国家辐射的功能较强，要么是油气等资源富饶的国家。韩国与这些国家加强贸易联系，为促进韩国出口、拉动经济增长、保证能源供应、实现可持续发展发挥着日益重要的作用。

2006 年 3 月，韩国总统卢武铉访问非洲时发表"韩国政府关于促进非洲发展的动议"，其中一项措施就是向非洲的最不发达国家实行免税、免配额。此外，为谋求韩非经济关系的稳步、深入发展，韩国拟计划以自由贸易区的方式加强与南非、阿尔及利亚、尼日利亚等特定国家经济关系。

5.2 中非经贸合作面临的新挑战

在当前新形势下，中非经贸合作既面临重大机遇，也面临多方面新的风险。

5.2.1 非洲多国已沦为西方的"制度殖民地"，脱离国际经济格局"垫底地位"难度大

非洲国家独立之后，前宗主国对非洲国家的军事占领和政治统治结束，但欧美在政治上对非洲仍然有着巨大影响力，在经济上长期将非洲国家置于国际经济格局的底层。那么，欧美是以何种手段实现这种影响力的呢？在这个过程中有两项制度起到了决定性的作用。

---

① http：//www. wtocenter. org. tw/SmartKMS/do/www/readDoc？document＿id＝101597.

这两项制度就是西方从 20 世纪 80 年代热衷在全球推广的经济私有化和西式民主。

一、经济私有化的推广使多数非洲国家政府财力缺失，缺乏经济资源来改变国家命运

经过西方极力主张的私有化改造，非洲国家的优质矿产、土地、主要工农企业等均为私人所有，其中大部分落入外国企业手中。非洲多国政府不再掌握矿山、土地等优质资源，财力不足。外国企业通过各种手段大肆转移利润，非洲国家政府税收收入受限。例如，矿业是赞比亚的支柱产业，但 2013 年矿业企业缴纳的所得税仅占赞税收收入的 1.9%。非洲国家因缺乏财力和经济资源，无力规划和投入发展国内经济，只能长期"守着金山当乞丐"。西方国家大力鼓吹和维护私有化，谁敢挑战私有化，就集体制裁谁，如津巴布韦等。

二、西式民主是西方悬在非洲国家头上的"政治核弹"，执政党难以挑战西方权威

非洲国家独立后，西方站在道德高点上成功推销西式民主。实行西式民主后，多数非洲国家执政党变得弱势。在国内，"一个党在干，两个党在看，三个党在捣乱"的现象屡见不鲜。执政党干得多，就错的多，不得不谨小慎微。国际上，西方国家在与非洲国家执政党积极交往的同时，也与各在野党保持紧密联系，一方面震慑执政党，使其不敢挑战西方权威，另一方面培植备选代理人，需要时随时可以扶持其上位，在西方有驻军的非洲国家，变换领导人更是容易。这一点，在非洲法语区表现得尤为明显，法国在非洲法语区多国拥有军事基地，具有很强的打击力和震慑作用。法国领导人到访法语区国家时，既与执政党会谈，也与各主要在野党接触。

私有化在经济上架空了非洲政府，西式民主在政治上架空了执政党。这就使西方国家在经济、政治层面成功控制非洲国家，长期将非洲国家置于西方企业的"低端原料基地"地位，同时，也使非洲国家不具备通过自身努力实现工业化、产业升级的能力和资源。多数非洲国家，尤其是固矿富集国，未来面临的很可能是资源耗竭，实现国家发展和富强的难度很大。可以说，通过这两项制度的设计和推广，非洲多国从西方的政治殖民地变成了制度殖民地，从单一宗主国殖民转变为西方国家集体殖民。

2000 年以来，中国虽然大力推进与非洲之间的经贸合作，合作方式也与西方的对非合作方式明显不同。但总的说来，中国仍然是非洲市场上的新进入者，短期内难以改变西方国家二战以来对国际经济格局的安排。

5.2.2 西方在非合谋围堵中国初现苗头，中非经贸合作持续发展阻力面临上升

虽然美国等西方国家对中国遏制的核心区域在中国的亚太传统舞台，但美、欧、日为首的西方世界近年来已经意识到中国进入非洲对其利益的可能冲击，开始在非洲围堵中国，意图将中非合作扼杀在摇篮之中。

在这方面，美日联盟的动作最为明显。2014 年 4 月底 5 月初，美国国务卿克里先后出访非洲国家埃塞俄比亚、南苏丹、刚果（金）和安哥拉。表面上，美官方声称此访旨在改善非洲国家的安全与和平状况，推进民主事业的发展，提升人权尊重，促进美国与非洲国家贸易、投资等合作云云。但实际上，克里此访的真正目的直接针对中国国务院总理李克强 5 月 4 日至 5 月 11 日的访问埃塞俄比亚、尼日利亚、安哥拉、肯尼亚之行。为提前给埃塞俄比亚，尤其是非洲产油大国安哥拉政府"打预防针"，克里将行程"恰恰"安排在中国总理出访的前一周。克里与安哥拉等国政府在援助、经贸等领域进行多项承诺，以防中国总理李克强在访问过程中"触及美国利益"。

同时，近年来美国与日本在非洲相互为对方站台，围堵中国。2014 年 5 月，美国和日本联合发布《美日全球及区域合作声明》。该声明声称美日将"共同合作促进非洲和平、稳定和经济发展"。声明的内容则表明美国和日本已经在非洲进行了大量合作：美国已加入日方主导的培训非洲政府官员和企业人士的"横滨项目"；日本则正支持美于 2014 年夏天开展的旨在培训非洲国家女企业家的计划。同时，美国国际开发署[①]

---

① 美国国际开发署（United States Agency for International Development，USAID）是美国联邦政府的对外非军事援助机构，在全球 67 个国家有分支机构，与约 100 个国家有合作项目。其主要职责是承担美对外非军事性的援助工作，如开发贷款、技术援助等。其合作的重点区域为撒哈拉以南非洲、亚洲和近东、拉美等，是美国对外"利益输送"机构，在美国外交中具有举足轻重的地位。USAID 曾因干涉内政而受到多国批评。

（United States Agency for International Development，USAID）联合日本外务省，正在塞内加尔、加纳、坦桑尼亚、莫桑比克和卢旺达等非洲国家开展援助活动。日本政府明确表态，欢迎美国 2014 年 8 月主办第一届美非领导人峰会。

由此可见，非洲已正式成为美日同盟的一个新战略合作点。可以说，美国和日本正在非洲发动一轮加深对非合作的新攻势。美日的这一系列行动"凑巧"在中国总理李克强访非之旅前后展开，其用意不言而喻。

因此，美日同盟已经开始认识到非洲的重要性，只是目前仍将遏制中国的战略重心放在传统亚太地区，但其在非洲合谋围堵中国的苗头一旦出现，未来中非经贸合作的可持续发展将面临新的阻力。这首先就表现在西方国家及其盟友对非洲资源和市场的竞争上。

非洲油气开发领域，全面竞争的格局已基本形成，以埃克森—美孚、壳牌、BP、道达尔、雪佛龙等为代表的西方国际大石油公司继续保持其传统的竞争优势；印度、马来西亚、日本、韩国等亚洲国家的石油公司迅速成长；阿尔及利亚、南非等非洲本土的石油公司也凭借地域优势逐渐成长壮大。

矿业开采领域，既有英国、法国、葡萄牙、比利时等前宗主国的老牌矿业公司，更有美国、加拿大、澳大利亚、南非等国的矿业巨头，还有俄罗斯、日本和韩国等国家的新兴矿业公司。非洲国家发给外国矿业公司或勘查公司勘查许可证的数目估计已有上万个，大部分品位高、条件好的矿产区域已被瓜分和占据。发达国家的跨国公司具有丰富的矿业、商业运营和国际资本运作经验，在资金、技术、信息、管理等多方面都具有较大优势。

同时，各国对非洲市场的争夺日益激烈。由于历史和地缘因素，发达国家的产品在非洲长期占据重要地位。根据联合国贸发会议的数据，1995 年，非洲进口额中有 70％来自于欧洲、美国、日本等国。近年来随着非洲国家进口来源地的多元化，这一比例有所下降，但发达国家仍然占据了非洲将近一半的进口份额。其中，欧洲所占比重最大。2004 年，欧盟与南非签订了《贸易、发展与合作协议》，根据这一协议，南非与欧盟将在 12 年内相互开放市场，这意味着届时将有超过 86％的欧盟出口商品免税进入南非市场。与欧盟相比，美国在非洲市场的市场份额较小，加大对非洲的贸易力度成为近年来美国政府对非策略的重要目标。通过《非洲增长与机遇法案》（AGOA），美国在向非洲国家敞开大门时，也为自己的产品打开非洲市场提供了方便。在AGOA项下，最近两年美国对非洲出口保持了15％的增长速度。

此外，值得注意的是，近年来西方阵营的重要盟友——印度的对非合作可谓在无声无息中快速发展，在投资、资源等方面获得了重要进展，但从未被西方及其媒体指责批评过。

从历史和地缘角度，印度与非洲有着天然的亲近感。印度洋的天然水路通道为印非经贸往来提供了得天独厚的地理优势。而在与非洲的长期交往中，大量的印度侨民来到非洲，目前在东非国家有大约280万印度裔居民，其中，毛里求斯86万，肯尼亚10万，坦桑尼亚9万，莫桑比克41万，赞比亚、乌干达、津巴布韦等国均超过1万。此外，由于同许多非洲国家一样，印度也有着被英国统治的殖民史，双方在语言、政治制度以及法律法规领域也有着天然的亲近感。因此，印度一直把非洲看作自家的"后院"，是印度对外交往中的重要一环。

根据联合国贸发会议的统计，印度与非洲的双边贸易额从2005年开始出现高速增长；印非贸易总规模从2004年的82亿美元上升到2013年的664亿美元，9年间上涨了8倍。其中，2013年，印度从非洲进口341亿美元，印度向非洲出口324亿美元。

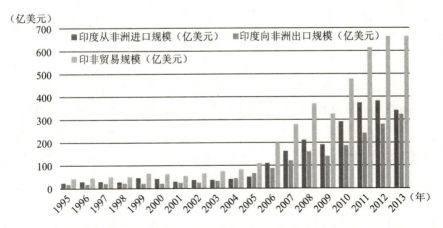

图 5.4　近年来印度与非洲贸易快速发展

资料来源：联合国贸易和发展会议（United Nations Conference on Trade and Development；UNCTAD）。

目前，至少有 250 家印度公司在非洲投资，主要集中在通信、医药和矿产行业。印度在通讯技术、人才培训、农业花卉种植方面具有优势。印度的对非投资动作明显，是新兴国家在非投资增长最快的国家。2003 年至今，印度对非洲国家的直接投资位列全球第四位，仅仅排在美国、法国、英国之后，增速明显快于中国对非投资增速。①

在此基础上，印度更是加强了与非洲的经贸联系。2008 年，首届印非峰会在印度首都新德里召开，印度宣布为印非双边经贸往来提供 54 亿美元的信用贷款、免除 34 个非洲国家的贸易关税等一系列举措。此后，印度不断增加对非洲提供经贸方面的援助，同时也加大了对非洲能力建设、技术培训等方面的支持。印度政府还积极与非洲地区几大区域性组织接触，与西非经济共同体、东南非共同市场、东非共同体等签订了合作备忘录，并计划与南部非洲关税同盟签署特惠贸易协定。

2011 年 5 月 24 日，第二届印度—非洲论坛峰会在埃塞俄比亚首都亚的斯亚贝巴召开，印度宣布，将在未来 3 年内向非洲提供总额为 50 亿美元的信贷援助。同时将采取在非洲发展食品加工、纺织工业群、建立印非商会、开通更多印非间航线等措施促进印非经贸合作。在教育领域，印度将额外提供 7 亿美元，在非洲各国建立高校、职业培训中心，并通过远程教育、加大奖学金范围等手段，帮助非洲开展实用英语、信息技术、企业管理等职业培训。印度总理辛格表示，印度非常重视非洲，希望与非洲一同努力发挥双方在经济领域的潜能。

对于印度与中国在非洲的竞争，印度官方和学者并不避讳。2011 年 5 月 18 日，就在第二届印非峰会召开前夕，《印度教徒报》以《非洲进入印度时间》为题称，此次峰会将成为印度与"母亲大陆"交往过程中"令人难忘的里程碑"。5 月 19 日的《印度经济时报》甚至声称，印度加强与非洲的经贸合作，尤其是投资合作，目的是为了"抗衡中国在非洲日益提升的影响力"，该报道还转引印商务部有关官员言论，指责中国对非洲的援助存在"帝国主义性质"。

2012 年 5 月，印度总统帕蒂尔对南非进行了为期 5 天的国事访问，此访的核心在于促进印度和南非之间的经贸合作，表明印度加强与非洲大国发展

---

① 《人民日报》2012 年 5 月 8 日报道《聚焦非洲，印度要展示大国形象》。

经贸关系的决心。在双方发表的声明中，印度政府承诺，"到 2014 年，争取印度与南非贸易规模超过 140 亿美元，印度对非洲投资居全球新兴市场国家第一位"。

能源合作是印度与非洲经贸往来所关注的重点。印度人口超过 12 亿，是世界第三大能源消费国，但自身石油储量较低。国际能源署预计，到 2025 年，印度 90％的石油资源将依靠进口。非洲开发银行的统计表明，非洲石油在印度石油进口总规模中约占五分之一；印度与尼日利亚、安哥拉、赤道几内亚、苏丹、加纳和科特迪瓦等非洲产油国关系十分密切。首届印非峰会后发布的《印度—非洲合作框架协议》将能源列为双方在今后一段时期内合作的重点领域。印度先后与尼日利亚、安哥拉签署了石油、天然气开发合作协议，并在苏丹、利比亚、埃及、加蓬等国进行油气投资。印度相关企业在非洲积极扩大商业行为，获取自然资源，抢占商品市场。

5.2.3 中非经贸合作舆论风险明显上升，西方将政治对抗思维向经贸合作领域扩张

中非经贸关系的强劲发展，对国际经济格局带来了冲击，引起了国际社会的广泛关注。一些西方发达国家，将非洲视为其传统势力范围，不满中国与非洲扩大经贸合作，对中国加强对非经贸合作的动机加以歪曲和诋毁，冠以"新殖民主义"、"掠夺资源"、"倾销商品"等罪名，指责中国在非洲进行资源开发、销售制成品不利于非洲的长远发展。在非洲，也有少数政治家、学者出于某种目的，对这些论调进行附和，将中非合作关系中出现的困难和摩擦进行夸张、渲染，将正常的经贸摩擦政治化。

2011 年美国国务卿希拉里在赞比亚访问时，告诫非洲在接受中国投资时警惕中国的"新殖民主义"。2013 年 6 月 29 日，美国总统奥巴马在访非期间再次攻击中非经贸合作，声称"中国的主要目的是获取非洲自然资源，为中国的制造业提供原材料。这使非洲只能成为原材料出口国，而无法获取更多产品附加值，导致非洲国家民众丧失了大量工作机会，也失去长期发展基础"。[①] 事实

---

① 张建波、倪涛：《奥巴马称中国等在非贸易和投资对美不是威胁》，载于人民网，2013 年 6 月 30 日。详见如下网址：http：//news．xinhuanet．com/world/2013—06/30/c＿116340299．htm。

上，奥巴马对"中国角色"的误解恰恰是以美国为首的西方发达国家过去数百年来对非洲的所作所为。2013 年 7 月 1 日，中国外交部通过有关渠道援引前期委托中非发展基金研究的重点课题《中西方对非矿业投资比较研究及政策建议》数据和结论对奥巴马的污蔑言论进行了有力回击。

从目前来看，西方对中非经贸合作的指责多发领域为资源开发和农业合作两大领域。

在能源和资源领域，西方在非洲长期占据垄断地位，对非洲市场上的新进入者一直采取集体对抗和围堵。近年来，随着中非经贸关系的不断密切，西方社会指责中国对非投资的不和谐音时有发声，"新殖民主义"、"资源掠夺说"等舆论噪音不绝于耳，给中国企业投资非洲尤其是矿业领域带来了舆论压力和困扰。

2006 年 3 月，时任英国外交大臣斯特劳声称"中国今天在非洲所做的，多数是 150 年前我们在非洲做的"，指责中国在非洲实行所谓"新殖民主义"。同年 6 月，时任国务院总理温家宝以事实为依据回应了这一言论，温总理指出："谁都知道，中国同非洲几个国家有石油贸易，这是公开的、透明的，也是正常的和互利的，我可以说，这点贸易额不及某些大国的三分之一。"

而实际上，根据对美、英、法、澳大利亚、加拿大和中国等 6 个国家及其企业在非洲持有固矿资源（不含油气）类矿山和资产的客观统计来看，这些不实言论在很大程度上是相关利益方为维护垄断地位和利益格局，阻止潜在竞争者进入非洲市场的策略之一。

西方国家及其跨国矿企长期在非洲矿产资源勘探和开采领域占据统治地位。其中，美国、英国、法国、澳大利亚、加拿大 5 个国家的企业在非洲矿业投资最多，5 国对非矿业直接投资占到非洲矿业部门吸收外国直接投资的70% 左右，控制了非洲大多数优质矿业资源。全球金融危机后，西方矿企抓住阶段性投资机遇，普遍加大了对非矿业投资力度，对非洲矿业资源的控制力进一步提升。

截至 2011 年年底，中国对非洲矿业（含油气）直接投资存量为 49.74 亿美元，仅相当于同期美国对非矿业（含油气）FDI 存量的 15%。而从对非矿业投资流量看，以美国为例，其 2011 年对非矿业投资流量为 42.41 亿美元，占当年美国对非 FDI 的 82.72％；比当年中国对非 FDI 流量总额 31.7 亿美元还要高。同样，非洲矿业投资大国英国和法国的对非矿业 FDI 流量也远高于中国对非 FDI 总量。

目前非洲已勘明的主要矿山中，除部分掌握在南非矿企手中外，其余绝大多数由美国、英国、澳大利亚、加拿大等国的矿业巨头掌握。与西方矿业巨头比，中国企业整体在非洲投资的矿山仅属于零星项目。因此，在资源领域，西方国家及其企业、媒体等对中非经贸合作的指责并无现实依据，在很大程度上是为维护其在非洲乃至全球资源市场上的垄断地位和利益格局，阻止潜在竞争者进入非洲市场的策略之一。

西方国家批评中国的另一重点领域是农业领域。从 2008 年年初至 2012 年年底，国际粮价先后经历了 3 次大幅上涨，国际玉米、小麦和水稻等粮食价格涨幅基本都超过了 100％，全球出现了新的"粮食危机"。世界主要国家再一次深刻认识到粮食安全的重要性，跨国公司们则再次嗅到了农业领域的巨大商机。而农业土地是发展农业不可或缺的资源，这一资源在世界主要发达国家和新兴经济体国家正变得稀缺。非洲农业条件优越，可耕地 8 亿公顷，实际只利用了约 1/4。在此背景下，世界主要国家及其企业开始将目光投向非洲，纷纷到非洲国家购买或租赁农业用地。

在此背景下，西方针对中国农业投资的指责再一次甚嚣尘上，"新殖民主义"、"圈地占田说"不绝于耳。其中具有代表性的是德国政府人权特使古恩特·诺克 2011 年 7 月 28 日在《法兰克福评论报》鼓吹"中国对非洲之角发生的饥荒负有责任，因为中国在非洲收购大量土地用于生产出口农作物，尤其向中国回运农作物，以保障中国粮食安全；从而使相关非洲国家农户的土地被部分剥夺，中国的这一'人为因素'是导致饥荒的原因之一"。[1] 古恩特·诺克的论调顿时在国际社会"一石激起千层浪"，再次将中国对非洲的投资活动推到了国际舆论的风口浪尖上。

而事实真相却是，在对非农业投资过程中，全球租购土地面积最大的 8

---

① http：//finance. huanqiu. com/roll/2011-07/1857681. html.

个国家依次是：美国、英国、印度、沙特阿拉伯、巴西、日本、法国、韩国。截止到 2013 年底，非洲以外的国家租购非洲农业土地面积共计 3315.67 万公顷。其中，美国租购非洲农业土地面积达 626.1 万公顷，占比 19%；英国租购非洲土地 439.4 万公顷，占 13%；印度租购非洲土地 288.68 万公顷，占 9%；沙特阿拉伯租购非洲土地 205.41 万公顷，占 6%。美国、英国、印度和沙特阿拉伯 4 国共租购非洲农业土地达 1 560 万公顷，前 4 位国家合计占比达 47%，接近一半。

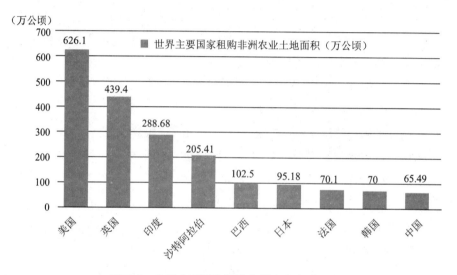

图 5.5　世界主要国家租购非洲农业土地面积

注：1. 上图统计了非洲国家独立后世界各国租购非洲农业土地规模；殖民时期英、法等宗主国居民或企业占有的土地不在此统计之内，因宗主国移民已获得非洲国家国籍，其投资项目不属于国际投资项目，相关数据无法挖掘和统计。2. 此处统计口径为世界各国对非洲农业投资项目已披露的"项目计划用地面积"之和。

数据来源：联合国粮农组织（FAO）、全球独立土地监测机构"土地矩阵"（Land Matrix）和美国研究机构奥克兰研究中心（Oakland Institute）、中非发展基金研究发展部等。

而中国租购非洲农业土地 65.49 万公顷，占比仅约 2%，该比率与中非之间巨大的经贸合作规模显然并不匹配，可见中国企业并未将租购非洲土地作为投资非洲的重要目标。

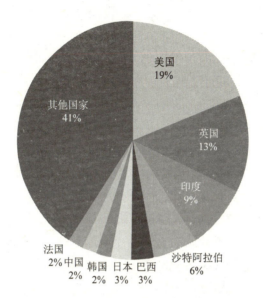

图 5.6　各国租购非洲农业土地面积份额情况

数据来源：联合国粮农组织（FAO）、全球独立土地监测机构"土地矩阵"（Land Matrix）和美国研究机构奥克兰研究中心（Oakland Institute）、中非发展基金研究发展部等。

　　非洲农业土地主要投资国不仅拿地总量规模大，而且单个项目用地规模大，而中国对非农业投资项目以小型项目为主，单个项目用地规模小，尚未形成气候。

　　截至 2013 年年底，非洲农业土地主要投资国中，项目平均用地规模最大的是韩国，项目平均用地规模达 35 万公顷，巴西对非农业投资项目平均拿地规模达 20.50 万公顷，排在第三位和第四位的美国和日本，项目平均用地规模也达到 13.6 万公顷左右。项目平均用地规模大，不仅说明这些国家及其企业在对非农业投资过程中目标明确，针对大型地块，同时，也从侧面反映出这些国家在非洲的拿地主体实力雄厚，竞争力强。而中国对非农业投资项目平均用地规模为 3.12 万公顷，仅略高于法国的 3.05 万公顷。

　　综上所述，不论是在矿业领域还是在农业领域，针对中非经贸合作的种种不利舆论的本质是商业竞争向国际政治领域蔓延：某些在非洲市场占统治地位的西方企业担心新进入者冲击其长期经营和维系的寡头垄断格局，通过其利益代言人、相关非政府组织和媒体发声，延缓中国企业进入非洲矿业市场的步伐。

当然，当前国际社会和非洲国家对中非合作的正面评价仍占主流。尽管国际舆论中出现了一些批评的声音，但令人欣慰的是，主流舆论对于中非合作持肯定和赞赏态度。中非经贸关系是独立国家之间的正常经济交往，完全不同于殖民时代的剥削与被剥削、控制和被控制的关系；中非经贸合作建立在平等、互利、共赢的基础上，不以掠夺资源、损人利己为目的，这些已获得国际社会的认同。以前面提到的希拉里访问赞比亚为例，当希拉里指责中国在非洲的作用时，赞比亚总统则当场指出赞比亚与中国的友好关系，而且正是中国帮助赞比亚快速地摆脱金融危机。

近年来，许多西方学者站在客观的立场，也对中非经贸关系做出了公正的评价。美国学者德博拉·布劳提冈（Deborah Brautigam）撰写的《龙的礼物：中国在非洲的真实故事》（The Dragon's Gift：The Real Story of China in Africa），在对中非经贸关系进行长期调研的基础上，以大量事实和深入分析，对西方国家散布的一些不实言论进行了有力批驳。例如，书中指出，过去 5 年里，中国对非洲制造业的投资超过了对矿业的投资，反驳了"资源掠夺"说。

2010 年非洲经济年会上，世行专家发布的一篇文章对中非贸易和投资格局进行了分析，文章指出，中国从非洲主要进口能矿产品，主要出口制成品，投资集中在资源丰富的国家，这种贸易和投资格局并非中国所独有，世界其他国家同非洲的经贸往来也呈现相似的格局，这是由非洲的发展阶段和外贸结构现状所决定的。

荷兰学者 Belligoli 在最近的一篇研究论文中指出，西方国家指责中国对非洲的援助多数与受援国相关，但早在上世纪 80、90 年代，世界银行和 IMF 对非洲的结构调整项目实际上迫使很多非洲国家将一些国有资源类企业私有化，向外国开放市场。这些私有化进程的结果往往是导致西方的跨国公司通过收购这些非洲国家的资源类企业，进入乃至控制这些国家的资源开发，获取利润。针对中国对非出口阻止非洲产业结构升级的指责，文章指出，导致非洲制造业目前落后的主要原因是非洲营商环境欠佳以及缺乏必要的基础设施，中国对非洲基础设施的投资和援助项目正在帮助非洲国家改善这些困难。

在 2011 年 5 月 4—6 日在南非举行的第 21 届世界经济论坛非洲会议上，非洲各国领导人和各界代表也一致肯定了中国与非洲经济合作对非洲的贡献。南非总统祖马评价说，非洲已经从与中国的合作中获得巨大效益，非洲国家与中国建立合作伙伴关系有利于自身经济的快速健康发展。南非财长普拉温·戈尔丹也表示，中国实施的"走出去"战略极大推动了中国企业对非洲的投资，同时，中国政府鼓励和引导企业以成熟的成套技术及管理经验与非洲国家开展工程项目合作，帮助非洲国家提高经济建设的自主发展能力。

博茨瓦纳银行行长利纳·莫霍霍认为，中国对非洲国家提供的经济援助是无私的，不附加任何政治条件；中国能以更快的速度、更低的成本建造水坝、公路和桥梁，能提供更适合非洲民众消费能力的产品；中国的制造业和建筑业在非洲催生了众多中小企业，成为在当地创造就业机会的主渠道。

5.2.4 非洲国家对中国认同感下降，对华诉求差异性上升

近些年非洲国家内部政治生态发生变化，与中国在意识形态、政治制度等方面差异拉大。新一代非洲政治精英多利字当头，在东西方之间周旋捞取实惠，与我传统政治互信有所消耗，传统友谊对双方政治经济合作的支持力度下降，这同样可能给中非经贸合作的良性发展带来阻力。这至少表现在 3个方面。

一是非洲国家对中国的认同感有所下降。冷战结束以来，良政、民主、人权等西方理念逐渐成为很多非洲国家的主流意识形态，并通过非政府组织的渗透不断增强，对非洲的政治体制、经济发展和外交政策产生了重大影响。一些非洲国家经历民主化后在意识形态、发展道路和政治制度取向上同中国的差异拉大，在政治上对中国的需求发生变化同时，对中国友好的非洲老一代领导人逐渐退出政治舞台，新生代政治精英深受西方影响，对中非传统友好的认同感下降。其次，民主政治框架下的多党制、言论自由使非洲国家内部的社会集团及其利益表达趋于多元化，也使得中非关系快速发展中出现的正常经贸摩擦被放大，部分非洲国家政界、学界、民众在媒体的影响下产生模糊认识，对中国形象提出质疑。例如，某些国家的在野党也开始把中国作为目标，批评中国的对非援助与经济合作，作为攻击执政党的理由。此外，在经济全球化背景下，非洲国家为摆脱贫困化和边缘化，纷纷把经济利益放

在第一位，既想从中国快速发展中获益，又担心自身利益受冲击，存在戒备心理。

二是非洲国家对中国的期望值上升。随着中国综合国力和国际地位的提升。非洲各国对中非经贸合作的期望值也在增加。从合作领域上看，非洲多数国家希望我国扩大对其农业、粮食安全、基础设施建设等传统领域的合作，加强农业技术推广、良种培育等。近年来，非洲国家越来越注重环境保护和应对气候变化，也期待中国帮助其建立环保产业基础、发展绿色和可再生能源。从合作方式来看，非洲国家普遍希望我国帮助非洲提升自主发展能力，加大科研和人才培养合作的力度，加快技术转让。此外，随着非洲国家联合自强的意愿不断加强，非洲国家还要求中国加强对非洲一体化建设、跨国、跨地区项目的支持。期望值的加大体现了中国在非洲影响力的提升，但某些方面可能在现阶段超出我国经贸合作的能力。

三是非洲各国诉求的差异性增强。非洲各国国情差别大，经济社会发展不平衡，对中非经贸合作的诉求也存在较大差异。例如，南非、埃及等发展水平较高的国家，期待中国能对其放宽市场准入，同时扩大对其直接投资。加纳、乌干达、刚果（金）等发展潜力大，但基础设施落后的国家期待中国在交通、通信等基础设施领域扩大与其合作。其他一些收入水平较低的国家则更加关注在对非债务减免和提供无偿援助等方面的合作。如何把握尺度，在我方能力所及的范围内，适应非洲国家不断增长的合作期望，统筹兼顾多样化的合作诉求，对我国对非合作主体提出了更高的要求。

5.2.5 部分地区政治和安全风险多发，区域内部多重矛盾交织下非洲难改"敏感体质"

非洲的投资回报率虽然较高，但投资风险也较大，可以说，非洲是世界上投资风险最高的地区之一。随着中国与非洲经贸合作规模和领域的不断扩大，各类风险也随之升高。

首先，虽然非洲地区近年来总体政治形势趋于稳定，但局部地区的政局不确定性仍然存在。2009年初，马达加斯加发生政变，引起大规模骚乱，造成数百人伤亡，通过政变上台的过渡政府总统拉乔利纳至今仍未获得国际社会的承认。2010年11月，时任总统巴博和反对派领导人瓦塔拉均宣布获胜并分别宣誓就任总统，双方阵营最终爆发武力冲突，直至 2011 年 4 月，巴博被捕，科政治僵局才宣告结束。2011 年年初，始于突尼斯等国的政治动荡，席卷了几乎整个中东北非地区。突尼斯、埃及、利比亚等国长达数十年的威权政体迅速倒台。此后，利比亚并未进入和平进程，而是陷入派别冲突、武装割据和暴力恐怖活动蔓延的泥潭。① 利比亚的内乱和冲突严重影响其经济重建进程。同样，埃及总统塞西上台后，局势总体企稳，但国内恐怖组织和武装势力远未肃清，安全风险突出。北非地区此前被认为是非洲政治环境相对稳定的地区，此次政局变化表明，非洲局部地区的政治安全隐患仍然存在。

此外，第二次世界大战后，非洲国家虽然纷纷独立，但殖民统治给非洲留下了领土和资源矛盾、地区矛盾、宗教矛盾等深深嵌入在非洲版图和相关国家政治经济体系内部，再加上非洲国家内部的种族矛盾和贫富矛盾，而西方国家甚至对这种固有矛盾"善加利用"，这都给非洲国家的政治稳定性带来了重要隐患，各种矛盾的交织重叠造就了部分非洲国家的"敏感体质"。而这种敏感性在非洲国家大选时往往暴露无遗，多数非洲国家"逢选必乱"，只是乱的程度不同而已。当前国际格局正处于大变革、大调整阶段，在此形势下大国介入非洲的力度存在上升的趋势，尤其在一些资源性国家，大国力量的介入导致国内乃至区内的政治风险发生几率上升。

目前，各界对非洲总体局势判断仍然较为乐观，北非乱局不会向撒哈拉以南非洲地区蔓延，非洲国家注重经济发展、扩大对外开放的总体大趋势不会逆转。中国也将坚持对非合作的战略方向，继续推进在非洲的投资。但受此次政局动荡的警醒，国内政府和企业更加意识到，需加强对投资风险的评估，制定应对政治风险的相应对策。

除政局动荡外，非洲一些国家的宗教、部族、地区矛盾复杂，边界冲突不断，社会治安秩序较不稳定，绑架和抢劫事件时有发生，威胁企业人员安全。同时，当前非洲国家的法律法规尚不健全，法律法规缺乏连续性，外国公司面临的法律风险较高。此外，非洲多数国家的基础设施落后、水电供应

---

① 卡扎菲政权垮台后，利比亚本应进入后卡扎菲时代的政治和社会转型时期，主要包括建立过渡政府、选举国民议会和制定新宪法 3 个阶段。3 年来，利比亚的转型名义上已完成第二阶段，但实际上并未实现平稳过渡。

不稳定，成为外国投资者必须应对的常规性风险。

5.2.6 中非经贸合作模式"四轻四重"，合作主体间行为的战略协调性亟待提升

虽然近年来中非经贸及主要合作形式在规模上均出现了明显的增长，但中国与非洲之间的经贸合作存在"四轻四重"的问题，这些问题不解决，将直接影响中非经贸合作的效益和可持续行。

一是重贸易，轻投资。我国对外经济合作体系长期重视贸易，尤其是出口，对外经济合作政策体系基本以"促贸易"为核心建立。虽然此后我国对投资合作的重视程度也逐步上升，但政策中心仍然是"重引进来，轻走出去"。

当前中非经贸合作的主体仍是贸易，中国对非投资仅为贸易规模的约2%。贸易本身能为参与方创造的价值有限，且贸易规模的快速上升已招致保护主义和贸易摩擦，部分非洲国家质疑中国商品输出挤压当地产业，挤占工作机会。

随着中国对非洲出口数额的不断增大，对非洲各国的产业造成的冲击会不断增大，中国对非出口有可能遭遇更多的贸易摩擦。目前中非贸易摩擦仍集中在南非和埃及等少数国家，规模不大。但除了几个石油出口国外，大部分非洲国家在与中国的贸易中保持巨大逆差，这些国家也有可能采取贸易保护主义措施，挑起贸易摩擦。

对非出口的商品结构有待改善。随着近年来中国对非出口商品种类的增加，目前，中国对非出口覆盖了各个层次的商品。机电产品逐渐成为对非出口中比重最大的产品类别，占到30%以上。但总体来看，我国对非出口产品仍以劳动密集型、低附加值的产品为主，即使是机电类产品，也以金属制品、日用小商品为主，缺少以技术、资金密集型的机械设备。进一步优化出口商品结构，提高产品的技术含量和附加值，是进一步拓展非洲市场的必要条件。此外，近年来，一些外贸公司为牟取利润，向非洲市场输出价格较低、质量不佳的产品，使得中国出口商品整体形象受到一定损害。

对非投资的合作层次和效益本身明显高于贸易，可支持并放大贸易的效益，提升贸易的可持续性。

二是重眼前，轻长远。虽然我国对非投资逐年增加，截至 2013 年年底，

中国对非直接投资存量超过 250 亿美元，2013 年对非投资流量上升至 33.69 亿美元。我国对非投资的企业已超过 2000 家，投资企业类型各异，既有国有大中型企业，也有各类民营和个体企业，企业诉求也各自不同。但是，从目前情况看，对非投资企业中，无论是国有企业还是民营企业，基本上均更看重眼前利益，企业内部缺乏长远规划，企业之间缺乏协调配合。而且，企业间的恶性竞争时有发生，有时甚至出现较为严重的内耗现象。部分中国在非经营企业的经营行为还不够规范，没有扎根非洲、长期经营的长远眼光。从长远看，中国对非投资企业存在的这些问题，既影响企业的对非投资效益，也影响中国企业的总体形象和未来中非合作空间。

三是重硬件，轻软件。我对非投资的金融、传媒、法律、会计等服务体系很不健全。目前我国与企业"走出去"有关的中介企业和服务体系相对落后，为企业提供服务支持和智力支持的律师事务所、会计事务所、评估机构、咨询机构、投资银行、公关公司的发展跟不上我国企业对外投资蓬勃发展的势头。具体到非洲市场和涉非投资项目而言，相关的服务体系尤其缺乏，各类中介企业对非投资服务能力明显不够，绝大多数中介企业在非洲国家没有分支机构，涉非投资服务经验也十分缺乏。中介企业和服务体系的缺乏与中国企业对非投资热情及非洲广阔的投资前景不匹配，中国企业到非洲投资得不到必要的配套服务和支持。服务体系的缺位使中国企业对非投资的信息不畅、成本和风险上升。

中资银行机构在非布局缓慢，企业在融资、结算、汇率风险对冲等方面普遍力不从心。企业开展对非投资，离不开银行等金融机构的金融服务和信贷支持。目前我国银行、保险公司等金融机构在非洲设立分支机构或代表处进展较慢，资金问题正成为制约中国企业在非洲发展和成长的一个瓶颈。同时，因非洲多数国家没有中资银行，在非中企在经营过程中不得不依赖西方国家银行及其网络，不仅需付出较高成本，而且不可避免地泄露了中企的经营信息。

另外，传媒领域，非洲主要媒体基本都有西方背景，换句话说，西方控制了非洲的主要媒体，也就控制了非洲的话语权。而中国主导控制的媒体渠道极为缺乏，不能合理地发出"中国声音"。这对于树立中国企业和国家形象极为不利，相关媒体一旦"带着有色眼镜"进行报道，往往片面夸大中国企业的不利影响，而忽略中国企业对非洲经济社会作出的大量贡献。这就是为什么近年来中国企业在非洲频频遭到指责、受到攻击的一个重要渠道原因。而中国因缺乏媒体和渠道，即使有贡献，也"有口难辨"。

四是重"输血"，轻互动。我国长期给予非洲国家较大规模的资金和技术援助，中非论坛成立后，更是在每次峰会期间出台"系列政策"支持非洲发展，但对非援助多为单向"输血"，非洲国家被动接受，主动性、积极性和参与性未被全部调动起来，难以促进其与中国形成利益交织的命运共同体。

更重要的是，目前对非援助和投资等经贸合作形式未形成合力，我国虽然不断加大了对非洲农业、卫生、教育等民生领域的援助力度，但尚未充分考虑将这些援助项目与中国企业的对非投资项目结合起来，为企业分担投资成本。另一方面，对非优惠贷款的规模近年来也在不断上升，但其不仅未对商业贷款产生支撑、配套作用，反而出现了替代、竞争，有的非洲国家甚至出现收益低甚至无收益的优惠贷款项目给中国，优质商业贷款项目给西方的怪相。

中非经贸合作模式存在的上述四方面问题，从各个层面上反映出我国目前在中非经贸合作及主要合作方式之间缺乏战略指导，在政府、金融机构、对非合作企业等各个层面上缺乏合作战略的协调，更深层次则是在全局上缺乏一个协调、有效的对非合作战略。只有在战略高度上统筹规划中非经贸合作及各种合作方式，使中非经贸合作的各种方式之间协调发展，相互支持，才能真正提升中非经贸合作的层次和效益，从根本上提升中国在非洲的影响力，打造利益深度交织的"中非命运共同体"。

5.3 中非经贸合作的战略转型方向

如前所述，中非经贸合作在结构上存在较为严重的失衡问题，中非贸易、工程承包和对非投资三种主要合作方式本身也存在内部升级和转型的问题。在当前新形势下，中非经贸合作正进入战略时间窗口，面临新的机遇和挑战，应从如下三个方面进行战略转型。

5.3.1中非贸易：进一步发挥基础性作用，增量提质，深耕非洲市场，为中非经贸合作结构升级"铺路"

一、继续发挥中非贸易的长期基础性作用，进一步提升中国在非洲的市场占有率

近年来，中非贸易快速增长。2013 年，中非贸易额突破 2 000 亿美元大关，达到 2 100.3 亿美元的新高点；其中中国从非洲进口 1 174.5 亿美元，中国向非洲出口 925.8 亿美元。

目前从国别水平上来看，中国已经连续 5 年成为非洲最大的贸易伙伴国。在 2013 年非洲进口来源地区域结构中，中国以 14.50％的份额成为非洲第一大进口来源国，与 2000 年的 3.43％相比，中国在非洲进口市场中的市场占有率上升超过了 10 个百分点。

但与此同时，我们也应该看到，作为整体，欧盟仍然是非洲进出口的重点区域，在非洲进口总额中占比 31.64％，欧洲产品市场占有率高。印度、巴西以及在地理位置上与非洲比邻的西亚地区，在非洲市场上的份额也正在奋起直追，是中国产品强有力的竞争者。因此，总体来看，未来中国产品向非洲出口，无论是绝对规模，还是市场占有率，均有望进一步提高，但同时也将面临日益激烈的市场竞争。

作为流通领域的一种国际合作方式，贸易的优势是机动性强，反应快，可以较快的进入并占领市场，同时也能根据市场情况的变化进行灵活的调整。

对非贸易将在中非经贸合作过程中起到长期的基础性作用，借助贸易及其规模的扩大，将中国产品和技术不断向非洲市场的深处"渗透"，使中国产品形象不断融入非洲生产生活体系当中，成为不可或缺的一个部分，为更高层次的对非投资合作打下良好的市场基础。

根据雁行发展理论，中国作为国际经济格局中的后发国家，承接了发达国家成熟的制造技术，形成了较为完善的制造业体系。经过长期的技术引进、技术改良、标准化控制，一些行业已经实现了规模效益，形成了产业优势。

首先，在某些发展时间较长的劳动密集型产业，如小批量制造技术、多功能机电设备等领域，技术和相应产品已趋于标准化。在纺织、服装、玩具等大宗贸易产品领域，大型跨国公司垄断性不强，形成了一批具备竞争力的小规模企业。目前，我国纺织服装、家电、医药、电子等 10 个制造行业的数十种产品生产规模已位居世界前列。

其次，通过先进技术引进，并结合自身研发，在机械制造、仪器仪表、金属冶炼、电器、轻工纺织等行业中已形成了技术优势。这些成熟技术及其产品都是与中国发展水平相当或更低的国家所急需引进的。

二、结合非洲"三网一化"、"互联互通"等历史性任务，引导中非贸易产品结构向高端化演进，提升中非贸易"含金量"

中国对非洲出口的商品主要是制造业产品，包括中低端的材料制成品（2013 年在中国对非出口中占比 31％）、化工制成品（2013 年在中国对非出口中占比 6％）和各种小商品（2013 年在中国对非出口中占比 24％）等，中低端基础制成品在中国对非出口中合计占比已超过六成。

在 2013 年中国对非出口商品结构中，中高端的"机电产品和汽车"项下商品占比 35％，该比例在 2000 年为 26％，近年来已经出现了较为明显的上升。但是，如果我们进一步细分会发现，该项下占据高端地位的大型成套设备、高端精密设备、列车、飞机等占比较低。这一方面与非洲国家的经济发展阶段和产业特征有关，另一方面也反映出中国在非洲高端进口市场中占比远不如欧美国家，存在很大的上升空间。

2014 年 5 月，国务院总理李克强访问非洲期间，明确提出将积极参与和支持非洲国家建设"高速公路、高铁及区域航空等三网"，同时，"中方将积极参与非洲工业化进程，加强同非洲的产业合作，促进纺织服装、轻工家电等劳动密集型产业和制造业发展，推动能源资源产业转型升级"。[①] 李克强总理还在多个场合明确提出中国将积极支持非洲国家实现"互联互通"。可以说，非洲国家的"三网一化"，既是非洲国家实现发展的历史任务和必由之路，也是中非贸易产品结构升级的战略机遇。

非洲国家高速公路、高铁及区域航空等"三网"发展落后，历史欠账巨大。而中国有高度适用非洲的产品、设备、技术和服务能力，在资金、人力、

---

①　转引自国务院总理李克强 2014 年 5 月访非期间在非盟发表的主题演讲《开创中非合作更加美好的未来》。

技术等方面具备竞争优势。因此，中非之间在该领域具有广阔的合作空间，有望实现优势互补和互利双赢。

非洲国家主要城市之间 90％的交通依赖地面道路，且区域之间缺乏主干道，广大内陆地区缺乏道路交通基础设施，交通设施建设和发展空间巨大。非洲面积占全球的 23％，但铁路里程只占全球的 7％，其中有 13 国尚未开通铁路。公路相对面积密度只为国际平均水平的 25％。区域内部航空线路缺乏，相邻国家间航空来往甚至要绕道洲外航空枢纽（如欧洲、中东等区域中心）。

严重落后的交通基础设施状况，给发展带来很大阻力。从物流成本上看，非洲平均交通成本占出口额的 14％，非洲内陆国家该数据多在 30％以上，而发展中国家平均交通成本仅占出口额的 8.6％。

图 5.7　非洲铁路发展现状

The boundaries, colours. denominations and other information shown on this map do not part of the European Commission , any judgment on the legal status of any temitory, or any endorsement or such boundaries.

2015 年，非洲"三网一化"战略规划有望落地，中非贸易的结构性升级也正面临战略性机遇。通过结合非洲"三网一化"和"互联互通"的历史性机遇，可以带动中国高铁、民用飞机、特高压电网、核电设施、4G 网络通信设施等具有竞争优势的产业加快"走向非洲"，同时有效推动中国高端装备、标准、技术、后续服务的"走出去"，有助于从根本上优化中非贸易的结构，并未来的发展埋下"战略性伏笔"。

事实上，这方面，中非合作正在取得重要进展。李克强总理在访非期间，大力"推销"中国铁路和航空产品，积极拓展非洲市场。在 2014 年 5 月李克强总理访非期间，中非签署了两项突破性的协议。

一是中国与肯尼亚将合作开拓非洲区域航空。2014 年 5 月 10 日，中非基金、中国海航集团与肯尼亚 Astral 航空公司、肯尼亚联合银行在肯尼亚首都内罗毕共同签署《关于在肯尼亚及泛东非区域开展航空产业合作的谅解备忘录》。[①] 中非基金和中国海航将入股肯尼亚 Astral 公司，中国海航向其提供航空技术支持和飞机租赁，由 Astral 公司进行运营和配套支持。成立的新航空公司将以内罗毕为中心，航线主要覆盖肯尼亚和周边东部非洲地区国家的区域内民用航空支线。[②]

第二个突破则是中国将和非洲共同开发东部非洲次区域的铁路线。2014 年 5 月 11 日，中国和肯尼亚签署了蒙巴萨—内罗毕铁路相关合作协议。蒙巴萨—内罗毕铁路连接肯尼亚海港城市蒙巴萨和肯首都内罗毕，线路长约 400 多千米。蒙内铁路是东非铁路网的首期工程，未来东非此区域铁路线规划从蒙巴萨经内罗毕进入乌干达。再从乌干达分为南北两线，北线通往南苏丹，南线从乌干达首都坎帕拉通往卢旺达，经布隆迪最终到达坦桑尼亚。该铁路线规划全长达到 2 700 公里，总预算 250 亿美元。中国积极参与东非次区域铁路线建设，将有助把中国的铁路运输和通信装备、技术、标准等引入非洲，为将来的后续服务输出打下坚实基础。

---

① 这是中非基金和中国海航继投资加纳 AWA 航空（Africa World Airlines）后在非洲投资的第二家支线客运航空公司。

② 新华网 2014 年 5 月 10 日的专题报道《中肯加强航空领域合作》，原文详见如下网址：http://news. xinhuanet. com/world/2014—05/10/c _ 1110629018. htm。

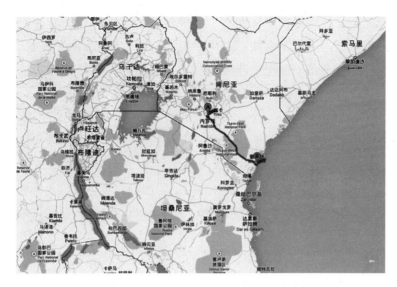

图 5.8 东非铁路一期蒙巴萨—内罗毕铁路规划线路示意图
资料来源：根据互联网公开资料整理。

三、不断提升对非出口商品质量，在非洲打响中国品牌为对非投资"铺路"

随着中国对非贸易规模的上升，中国出口商品良莠不齐的问题逐渐出现，这已经引起了中国政府有关部门的重视。[①] 近年来，中国对非出口商品质量已经得到逐步提高。但与此同时，中国对非出口商品仍然存在一些涉嫌假冒伪劣和侵犯知识产权的案件。

目前个别非洲国家对中国产品质量的认可度还比较低。这一方面是因为对非出口的监管体系有待进一步强化，另一方面也存在个别企业，尤其是中小企业和个体贸易商，分散经营，为追求短期利益，采取低价竞销手段，降低产品质量，影响了中国产品和企业的整体形象。一些外贸公司为了争取客户，在用样品报价时故意压低报价，到交货时以次充好，到货与样品不一致。还有一些外贸公司将粗制滥造的产品冒用其他公司的名牌产品，牟取暴利。在售后服务方面，中国企业大多不重视完善对非出口商品

---

① 中国新闻网 2011 年 2 月 17 日评论性文章《中国加强出口产品质量，打击时冒伪劣商品出口》，详见如下网址：http：//www.chinenews.com/ci/2011/02—17/2051520.shtn.

尤其是机电产品的零配件供应及售后服务体系，很多出口到非洲的机电产品只是随整机发运一批零配件，之后的零配件供应及售后服务则很少顾及。在今后的对非贸易中，应进一步完善"中国制造"的质量标准，进一步提高对非出口产品的质量，严格治理对非出口"假冒伪劣"商品的违法行为。

此外，中国企业和中国产品的另一个问题是，企业品牌国际化意识薄弱我国相当数量的制造业企业已经形成了自主品牌，但总体来看，在海外投资的品牌国际化难度仍然较大，企业自身的品牌国际化意识也较为薄弱。部分企业满足于为国际知名品牌进行贴牌生产（OEM），甚至将其作为其海外主营业务，未来发展层次受限。

中国商品要真正走向非洲，提升市场占有率和品牌影响力，深耕非洲市场，必须依靠树立自主品牌，并不断提升自主品牌知名度和市场影响力。

在未来对非合作过程中，应使用灵活的财税政策支持中国企业在非洲重点国家和潜在市场国家逐步建立售后服务网络，提升品牌知名度，特别是支持扩大自主品牌影响，并通过各种论坛、展会等渠道，加强对我技术、标准、品牌的宣介，提高中国企业的知名度和影响力。

一是要支持中国制造业企业参加各种国际展会，根据展会的级别和实际效果为参展企业承担一定比例的参展经费，鼓励中国企业积极参展，扩大自主品牌知名度和影响力。

二是要资助制造业企业在重点国家或潜在目标市场的广告投入，具体如为企业负担一定比例的国际广告投入，或以广告方案招标或评比奖励方式等进行。

三是要支持制造业企业在重点非洲国家构建售后服务网络，提升自主品牌影响力。

四是财税体系要支持制造业的自主品牌销售，根据制造业企业的自主品牌的销售额按一定比例实行税收抵免等鼓励措施。

今后继续发挥贸易这一相对灵活的国际合作方式的基础性作用，一是要提升非洲国家和民众对"中国制造"和中国制造的认知度，进一步提升中国产品在非洲的市场占有率，提高中非贸易自身的规模和质量。二是要通过中非贸易深耕非洲市场，为对非投资这一层次更高、影响力更大的中非经贸合作方式"铺好路"，为中非经贸合作结构的良性升级"打好底子"。

四、进一步提高从非洲进口商品规模，多角度、多层次规避贸易纠纷

前文已提到，根据商务部的数据，截至 2013 年年底，中国已连续 18 年成为遭遇反倾销调查最多的国家，连续 8 年成为遭遇反补贴调查最多的国家。除了发达经济体对中国贸易纠纷立案增幅继续大幅度上升以外，新兴工业国家和发展中国家立案也呈增长趋势。

近年来，中国在非洲地区遭受的反倾销诉讼呈现明显的上升趋势。部分非洲国家已经开始批评中国企业和中国商品占领当地市场，挤占当地人工作机会等。

从目前来看，中非贸易总体呈现出顺差逆差交替出现的局面。未来我国在继续推进中国对非出口，提升中国产品在非洲的市场份额的同时，也应注重提升中国从非洲进口规模，保持进出口贸易的均衡、良性发展，避免未来中非贸易纠纷升级。

5.3.2 工程承包：业务由低端向高端延伸，合作模式由单纯 EPC 向 PPP 升级，企业角色由"国际施工员"向"全球投资者"转型

近年来中国企业在非洲工程承包市场取得了重要成绩，非洲已连续 4 年成为中国第二大海外工程承包市场，2012 年中国企业在非洲完成承包工程营业额 408.3 亿美元，是非洲工程市场上最大的国际承包商。但中国企业目前多数采用"打一枪换一个地方"的合作模式，不少企业干的是西方企业不愿干的"脏活累活"，未来亟待从如下几个方面升级转型。

一、工程承包业务由低端向高端延伸，不断提高设计、咨询、监理等高端业务的占比。

工程承包业务本身应向高端升级，由利润率较低的施工总承包等低端市场，向设计、咨询、监理等高端市场升级。简而言之，就是在行业的内部由低端向高端逐步演进，在占领利润率较低的施工总承包市场之后，积累经验和资源，逐步向高端演进，不仅占领利润率更高的设计、咨询、监

理等高端领域，同时也进一步提升自身在非洲乃至全球工程承包领域的地位和影响力。

二、合作模式从单纯 EPC 向 PPP 等高端合作模式①升级，提升合作效益

工程承包模式应由"打一枪换一个地方"模式向项目前期投融资、后续运营管理升级，也就是从单纯 EPC 向并重 PPP 等合作模式升级，不断将我国工程承包企业的技术和管理优势与投资和项目运营有机结合起来，大幅提升合作效益。

中国支持非洲基础设施建设，传统的援建模式后续影响有限，以贷款为主的资金支持模式风险大，工程承包的短期行为和"打一枪换一个地方"模式也开始引发东道国反感，投资模式将是未来主流方向。

从目前来看，私营部门参与基础设施项目的主要盈利来源有 EPC 建设总包利润、项目经营利润和投资收益三大部分。真正持续获得较高收益的不是工程建设，而是处于价值链两端的投融资及运营维护。基础设施领域 PPP 模式的高附加值来自于整合项目投融资、建设、运营维护等全寿命成本绩效管理能力。

在目前非洲基础设施投资中，按资金来源性质分，最主要的资金来源是政府财政支出，约占总投入的 65.8%，其次为援助和开发性资金，占 20.75%，另有私营部分投资占 13.5%。而在除政府投入以外的基础设施资金中，中国投入占比达 28%，已成为非洲第一大非财政基础设施资金来源，其次为多边开发性金融机构资金，占比 19%。此外，私营部门资金（占比 17%）、阿拉伯基金（占比 11%）、欧洲（占比 11%）和日本（占比 5%）也都是重要资金来源。

---

① PPP（Public Private Partnerships，公私协作）是在公共部门和私营机构之间针对特定的公共（基础设施）项目所建立的长期性合作伙伴关系，在基础设施项目产业链中，从设计咨询和施工等传统承包业务，分别向上游（投融资）和下游（运营管理）延伸，从而为公共部门提供整合的基础设施项目全寿命服务。如果能够实现合同规定的服务标准和效果，私营公司将会得到一个收入来源，收入可能来源于政府预算支出或用户付费，也可能是二者的混合。当然，在让渡收益的同时，公共部门也向私营部门转移了风险，比如需求风险、运营风险等。

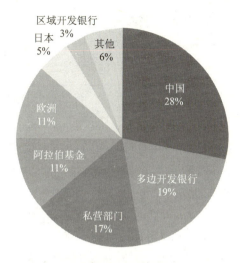

图 5.9　非洲基础设施外部资金来源构成

资料来源：非洲开发银行。

　　为吸引私营部门资金积极参与基础设施项目，非洲各国在税收、资金补贴等方面出台优惠政策。比如南非，对于在本国投资关键性基础设施项目的企业，政府将给予项目所在地或投资者最多相当于建设成本 50% 的补贴。在坦桑尼亚，投资额在 30 万美元以上的外国独资或合资企业，可向坦投资中心申请"投资优惠证书"，并可享受投资非商业风险保护、税收减征或免征、进口关税优惠等一系列鼓励措施，而包括道路、桥梁、铁路、机场、电厂建设、通信业、水利、采矿业等在内的基础设施领域就属于优先享受上述待遇的行业。[1]

　　根据世界银行 PPI 项目数据库（Private Participation in Infrastructure Project Database）[2] 的统计，在 1990—2012 年间，有 52 个非洲国家累计在基础设施领域实施了 553 个私营资本投资项目，投资金额总计 2 020.41 亿美元。其中，撒哈拉以南非洲有 475 个项目分布在 48 个国家，总投资额 1344.94 亿美元；北非有 78 个项目分布在 4 个国家，总投资 675.47 亿美元。统计表明，占总投资额 96.94% 的绝大多数项目运行良好，只有占总投资额

---

① http://memo.cfisnet.com/2013/0329/1295023.html
② 世界银行 PPI 项目数据库详见网址：http://ppi.worldbank.org/

3.06％的 50 个小型项目最终被取消或面临亏损。

私营资本投资项目大部分为新建类型，占全部项目的 62.39％和总投资额的 70.39％。行业分布来看，电信项目最多，有 212 个，占总项目数量的 38.35％，吸收了总私人投资额的 71.42％。实施私人投资基础设施项目最多国家为南非和尼日利亚，两国实施的项目数量占全部非洲国家的 18.9％。

结合考虑非洲国家发展情况、行业特征和工程企业业务特点等，非洲部分行业和部分国家工程企业由 EPC 模式向 PPP 模式升级的可行性更高，值得重点关注。

从行业来看，电信、电力、部分交通项目等基础设施可经营性较强，在这些行业长期开展承包的企业可考虑适时向项目的运营管理者转型。

根据世行的统计，截至目前，从非洲国家已实施的 PPP 项目来看，电信是 PPP 项目应用最多的领域，在 48 个国家实施了 173 个项目，全部是新建项目，吸收了近 64.92％的 PPP 投资额，达 1 036.43 亿美元。

其次是电力能源行业，150 个项目分布在 32 个国家，投资额总计 353.75 亿美元。其中又以电厂项目为主，共 136 个；总装机容量超过 1 5662.2MW，总投资额 285.47 亿美元。5 个项目有关电网输送和集成设备，总投资额 0.96 亿美元。11 个天然气输送和配送项目，总投资额 67.33 亿美元。

再次是交通运输行业，吸收了 11.05％的地区 PPP 项目投资，达 176.39 亿美元。主要是港口项目，58 个海港项目，投资金额为 87.13 亿美元。其余为 16 个铁路项目、15 个机场项目、9 个公路项目，总计投资 89.26 亿美元。

从国别来看，尼日利亚、南非等国市场容量较大，在摩洛哥、埃及等经济实力较强国家经营的工程企业，可关注 PPP 项目参与机会。

截至 2012 年年底，实施 PPP 项目最多的国家是尼日利亚和南非，两国 PPP 项目数约占全部非洲的五分之一，投资总额占撒哈拉以南非洲的 52.7％。吸收 PPP 投资较多的国家还有摩洛哥（吸收 PPP 投资金额 174.63 亿美元，16 个项目）、埃及（PPP 投资金额 168.57 亿美元，20 个项目）、阿尔及利亚（140.24 亿美元，21 个项目）、肯尼亚（68.4 亿美元，17 个项目）、加纳（45.12 亿美元，15 个项目）、坦桑尼亚（43.39 亿美元，21 个项目）、乌干达（41.22 亿美元，24 个项目）等。

三、工程承包企业角色由"国际施工员"向"全球投资者"转型，逐步开展合作升级

工程企业在非洲长期经营，了解非洲投资环境，社会关系较为全面，部分工程企业在东道国握有土地资源。未来应结合自身优势向相关领域开展投资，如上游的矿业、建材行业，下游的房地产开发行业等。

工程企业由"国际施工员"向"全球投资者"转型的第一种可选模式为工程承包、对非投资、信贷、资源开发等相结合的"一揽子合作"模式。

非洲资源丰富，素有"世界原料库"之称，多种矿产储量全球居首（铬铁矿石的91%、铂族金属的88%、锰矿石的83%、金刚石的60%、黄金的50%），油气勘探频现重大突破，可耕地面积8亿公顷，超过我国5倍。非洲资源开发商机与潜力巨大，既能助其将资源优势转化为发展优势，也是我打破西方资源垄断、改变国际资源版图的战略基础。

近年来中国企业在非拿矿热情较高，但大多数企业重视争取矿权，但缺乏后续开发规划和能力，运输配套方面资金不足，受非洲铁路、港口等配套基础设施制约显著，所控制的资源量无法形成可供国内切实利用的资源量，综合产能效率低下。这也是其他国际投资者面临的共同问题，例如印度铁矿石巨头 Sesa Goa2014 年 4 月宣布计划削减在利比里亚西部矿脉 80% 的产能，原因就是其配套基础设施计划迟迟没有获得利比里亚政府批准，产能与运力严重不匹配。[①]

因此，将基础设施建设，与资源开发结合起来开展，客观上在非洲多国存在较大空间，在这方面，一些工程企业已经开始尝试"项目换资源"的合作模式。

近年来，中非经贸合作中"资源、信贷、项目"的一揽子合作方式逐渐成熟。这种合作形式，即在大型基础设施和资源勘探等项目中，由中方出资和开发，合作方以某种资源和投资权利作为担保，如果贷款人无法偿还贷款，则将资源或项目的一部分投资收益直接用于偿还贷款。一般由中方银行提供信贷资金，中方企业承包工程，进行包括资源、公路、桥梁、港口、医疗、

---

① 资料来源：中国驻利比里亚经商参处，2014—04—11。

学校等基础设施项目的开发和建设，开采出来的资源可以作为偿还资金的来源之一。

"资源、信贷、项目"相结合的一揽子合作模式基于非洲国家具有资源优势却无力实施大型工程的困境，在政府优惠贷款有限的情况下，力求为非洲国家提供更多的发展资金，满足其现实需求。另一方面，中方投资者能实现以"贷款换资源、贷款换市场"，降低了在非洲的投资风险。因此，这种合作方式真正实现了中非双方的互利共赢，受到非洲国家政府和人民的欢迎。安哥拉模式是"一揽子合作"方式的典型案例。

案例：

安哥拉模式

2002 年，安哥拉结束了长达 14 年的民族解放战争和 27 年的内战，处于重建国内经济的关键时期。发达国家的官方援助附加了很多政治条件，跨国公司则出于回报率的考虑，不愿在安哥拉投资，导致安哥拉重建资金极度缺乏。在这种情况下，中国承诺给安哥拉提供贷款，以此启动了安哥拉战后重建。截至 2008 年 9 月，安哥拉政府已分三次从中国融资共 40 亿美元。具体投资模式如下：

首先由中国石油化工集团公司（以下简称中石化）购买安哥拉的石油，将购油款项汇入安哥拉财政部在中国进出口银行开设的托管账户。中国的公司向安哥拉出口商品或到安哥拉承包工程，由中国进出口银行提供出口买方信贷予以支持，解决安哥拉缺乏建设资金的问题。安哥拉政府对贷款向中国进出口银行提供主权担保，并以安哥拉财政部在托管账户的资金作为偿还贷款的保证措施。同时，中国的工程承包企业全方位参与到安哥拉的基础设施建设项目中，推进了对安哥拉的农业、饮用水、渔业、电网、电信、公路、铁路、医院、学校等基础设施的建设。

通过"安哥拉"模式，中安双方实现了互利共赢。一方面，中国石油企业在安哥拉成功获得了数个油区的开采权，中国的"能源战略"获得有效推进。根据中国海关的统计，2006 年，安哥拉向中国日输出原油超过 46.6 万桶，达到中国原油进口总量的 15％，超过沙特成为中国第一大供油国，标志着中国全球石油战略获得重大突破，石油来源进入多样化格局。另一方面，安哥拉财政部获得经济建设所急需的资金，各项公共基础设施建设在中国企业的参与下得以快速、高效地推进。其中，中国公司在安哥拉承建的最大项目——中铁安哥拉马罗铁路于 2008 年 8 月正式通车。

中国企业的投资打破了西方国家在安哥拉市场的垄断，给安哥拉经济带来了竞争与活力。中国企业产品和服务价格低廉，建设工期短，质量好，也为安哥拉人带来了就业机会。安哥拉驻华大使若奥·贝尔纳多表示，中国开发安哥拉的资源，同时为安哥拉带来了发展，使安哥拉人民有条件享用自己丰富的自然资源，这种合作是互利的。目前，安哥拉已经是中国在非洲最大的贸易伙伴，这与"安哥拉模式"的实施密切相关。

"安哥拉模式"已经成为中国与非洲经贸合作的一个范本。在苏丹，中国复制了另一个"安哥拉模式"。1995 年以来，中国在苏丹石油项目投资已达150 亿美元，涉及苏丹多个区块及喀土穆炼油厂项目和聚丙烯厂项目等，形成了原油勘探开发、输油管线、炼油、石化等上下游一体的石油工业体系。石油项目合作中的工程技术服务加快了苏丹资源勘探开发，为其培养了石油专业人才，也改变了苏丹出口原油、进口成品油的不利国际分工地位。中国石油企业在苏丹还积极推动社会公益事业，参与建设道路、桥梁、医院等基础设施，真正实现了与产油国的互利共赢，促进了苏丹经济社会全面进步，在非洲赢得了良好的国际声誉。"安哥拉模式"还被复制到埃塞俄比亚、刚果（金）、赤道几内亚等国。在非洲经营数年的中国钢铁集团非洲项目负责人表示，中钢集团在南非、津巴布韦、加蓬和喀麦隆 4 国的项目，都模仿了"安哥拉"模式，目前运转良好，极大地促进了当地经济的发展。

风险和问题

（1）东道国政治风险

安哥拉拥有丰富的石油、钻石、铁矿石等资源，但政府没有能力开采，又急需资金进行基础设施建设，这从客观上促成了中国和安哥拉政府之间的合作。对于参与施工承包的中国企业来说，这类合作项目风险较小，因为这些大都是短期的 EPC（设计、采购、施工总承包）项目，且资金由中国政府控制，工程款的回收有充分的保障。但对于中国政府来说，这种项目在中长期存在一定的风险。虽然目前安哥拉政局比较稳定，本届政府力图加大基础设施建设的投入，但未来更长时间内安哥拉政局能否保持稳定很难预测。因此，中国政府对安哥拉的援助贷款存在一定的偿还风险。

（2）汇率波动风险

目前在安哥拉的工程项目基本都是美元合同，汇率风险对项目的实施影响比较大，由于安哥拉工业几乎是空白，施工所需建筑材料、机电设备，甚至生活物资都需要从中国运来，国内采购用的货币是人民币，在安哥拉境内的当地人工费及其他费用却是当地货币（宽扎），而近两年人民币和宽扎同时都处于升值趋势，造成工程成本上升，施工企业的汇率损失较大。

（3）国际舆论干扰

欧美大国出于争夺非洲石油的目的，以及对中国在非洲不断增长的影响力的担忧，对中国在非洲产油国家开展"资源换贷款"式的合作怀有敌意。如前所述，中国对苏丹的投资在复制另一个"安哥拉"模式，西方国家借苏丹达尔富尔问题指责中国，企图挤压中国在苏丹的石油利益空间。与西方国家在非洲的利益冲突导致经贸问题的政治化，也是"安哥拉模式"面临的一大风险。

（4）中国企业无序竞争

安哥拉从 2003 年开始启动全面建设，2008 年已经进入高峰期，全国各地的公路、铁路、机场、学校、医院及市政项目纷纷上马，目前进入安哥拉的中国企业主要是十几家的大型国企，还有一部份民营企业。随着大量中国企业的涌入，风险也随之而来。一方面，有限的工程项目势必造成中国企业之间互相竞争，各企业之间为了各自利益，会陷入无序的恶性竞争中，挤压工程承包市场利润，最终造成中国企业利益受损。另一方面，进入市场的企业良莠不齐，分包、转包的做法较为普遍，如果少数中国企业片面追求经济效益而忽视工程质量以及社会效益，一旦出现工程质量事故，损害的将是中国企业的品牌形象。这些风险对于中国在非洲拓展工程承包市场有较大影响。

工程企业由"国际施工员"向"全球投资者"转型的第二种可选模式为

在部分基础设施工程承包项目中引入对配套商业的开发，延长利润链。

一般来看，机场、轻轨、港口的配套商业附加值较高，可能存在开发价值。对于此类工程承包项目，工程企业可评估配套服务的盈利能力，如具备盈利前景和开发价值，可考虑结合施工项目谈判争取相关地块权属和开发权。在 PPP 模式下，这种合作方式的可行性更高。即使投资者因投资期限的要求需要提前退出，不能充分获得经营期内配套商业收益，也可以在股权转让或证券化出售的时候将此预期收益折现成股权溢价。

表 5.2　不同基础设施行业的配套商业机会和收入潜力

行业	配套商业机会	收入潜力（占总收入比）
机场	商品零售，餐饮，银行/外汇交易，广告，燃料，地勤，飞机维护与维修，其他活动	20%～50%
城市轨道	餐饮，商店，联运（如自行车、汽车租赁），办公、居住和商业房地产开发	10%～40%
港口	船只维护与维修，集装箱租赁，拖船，联运，进出口服务，仓储，包装，经济区	10%～20%
高速公路	加油站，餐馆，商店，电子收费卡，货运中心，停车，近市区道路清洁	0%～10%
电力	天然气交叉销售，节能方案，分布式发电，需求响应管理，二氧化碳证书管理，智能房屋，智能电表，电动交通	0%～10%
教育	学生住宿，食堂与咖啡厅，停车，商店，幼儿园，体育设施	0%～15%
医院	餐馆，商店，非处方药，医疗中心，老年护理	0%～15%

资料来源：WEF，中非发展基金研究发展部。

总而言之，中国企业如果能突破之前的单纯建筑承包商、设备供应商的角色，向工程建设的高端领域升级，参与项目的投融资和运营管理，或者向投资者转型，就有望获得更高的分工价值链中高附加值部分，进而完成自身业务的升级。

在上述后两个方面，个别中国企业已经开始在尝试，但总体上还有很长的路要走。根据中国国际扶贫中心（IPRCC）与经合组织发展援助委员会（OECD－DAC）研究结果，中国对非基础设施的资金合作以提供融资便利为主，无息、优惠和商业贷款以及出口信贷是主要方式，直接投资所占比例极低，不足总额的 5%。①

近年来，中资工程企业在非洲往往需要带资承包或进行资源换项目交易模式，但这都不是投资行为。前者是在非洲国家支付能力有限条件下垫付工程款项的一种方式，而后者则是以非货币化方式支付工程款项的替代方案，均不是以获取基础设施运营收益而投入工程建设费用的投资行为。

非洲基础设施领域的中国建设大军中鲜见投资者身影，世界银行私人投资基础设施项目数据库（PPI Database）中，遍布 52 个非洲国家的 553 个私人投资主导项目中只有 4 个有中资企业参与。中方主导的更是只有两个，分别是深圳能源集团和中非发展基金在加纳联合主导投资的安所固电厂（Sunon－Asogli Power Plant）项目，以及中兴通讯（ZTE）与利比亚阿拉伯投资公司（Libyan Arab African Investment Corporation）在尼日尔联合投资的 Sonitel 电信项目，但这两个均为私有化项目，并不算是 PPP 投资。

调研结果显示，招商局国际和中非发展基金联合投资的尼日利亚 TICT 港口算是中国企业在非仅有的 PPP 项目，但中方投资者（招商局国际和中非发展基金）不是大股东。PPP 投资对于中资企业来说仍是待开发的领域。

5.3.3 对非投资：发挥投资的引领作用，推动中非经贸合作实现均衡化升级，助力打造利益深度交织的"中非命运共同体"

一、发挥投资在中非经贸合作中的引领作用，打造"中非命运共同体"，助力中国突破重围

如前所述，当前中非经贸合作尚未摆脱以贸易、工程承包为主，投资起步晚、存量小、影响力不够的失衡格局。对非投资是中非经贸合作的重要"短板"，也是当前中国在非洲影响力较低的关键原因。

近年来非洲国家内部政经生态发生了明显变化，与中国在意识形态、政治制度等多方面差异不断拉大。新一代非洲政治精英多数"利字当头"，在东西方之间周旋捞取实惠。在此背景下，中国在中非关系中的传统优势逐渐消

---

① IPRCC，OECD DAC：Infrastructure－The Foundation for Growth and Poverty Reduction

耗，而以经济合作为核心的新优势尚未建立。换言之，因为种种原因，中非之间的兄弟感情淡了，但以共同经济利益为基础的"中非命运共同体"还有待建立。

国际投资是层次最高、效率最高的国际经济合作形式，其合作层次和效益明显高于贸易和工程承包。投资者通过掌握资产的运营权和控制权，实际上掌握了经济生活中的"发言权"。

当前在非洲掌握"发言权"的仍然是欧美等非洲传统合作伙伴，关键就在于其掌握了资本，掌握了非洲多国的经济命脉。当前中非经贸合作已经具备较好的基础，未来如能提升在对非投资方面的投入，尽快弥补"短板"，投资将成为提升我对非贡献度、深化中非传统友好和政治互信的关键手段。

在国家战略层面上，提升对非投资力度，有助于我国在国际格局大变革、大调整中对外"突围"，通过投资合作与非洲国家及社会各界真正形成"你中有我，我中有你"的利益交织的"命运共同体"，使我国在非洲的影响力异军突起，使非洲舞台与我亚太传统舞台遥相呼应，对美国为首的西方世界形成重要牵制。

第一，中国对非投资企业通过投资活动不断实现企业的本土化经营，提高中非之间在企业和资本层面上的合作和互信，为提升中国与非洲国家间多方位和多层次的经贸关系提供了良好的微观基础。

第二，通过以对非投资企业为主体，对非投资活动为桥梁，有利于中国企业与非洲东道国政府部门、当地企业和金融机构以及有关公民社团建立起良好的联系，给中非贸易、工程承包带来更多的合作信息和合作机会。同时，对非投资本身将派生对中国成套设备等的需求，也为工程承包企业提供更多项目机会，不仅可以从规模上促进中非贸易和工程承包合作的上升，更重要的是，对非投资的引领作用将不断扩大中非贸易、工程承包的合作效益。

第三，对非投资通过资本运作和资产的控制和增值，在促进东道国经济社会发展的同时，在长期内将企业发展内生于国家经济发展进程之中，共享东道国经济发展成果和经济增长红利。

二、借力"一带一路"等国家级对外合作战略,打造"丝路经济合作战略区",融合亚欧非大市场

为拓展中国战略发展空间,加强与战略通道相关国家的合作,提升中国在国际事务中的发言权,2013年中国国家主席习近平先后提出"丝绸之路经济带"战略和"21世纪海上丝绸之路"战略,简称"一带一路"战略。

其中,"丝绸之路经济带"战略,在古丝绸之路的大致范围之上,途径中亚、西亚,将亚太经济圈与欧洲经济圈联系起来。

"21世纪海上丝绸之路"将东盟、南亚、西亚、北非、欧洲等次区域经济板块联系起来,发展面向南海、太平洋和印度洋在内的战略合作经济带,以亚欧非经济贸易一体化为发展的长期目标。

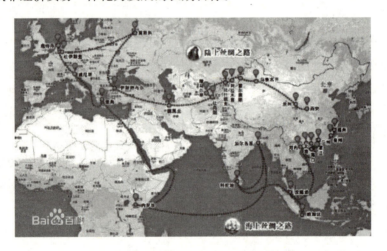

图5.10 "一带一路"战略示意图

在地图上看,"一带一路"就像两柄利剑,从西北和西南方向突破美国在中国周边编织的重重包围。"一带一路"战略的提出和实施,有助于为中国的大国崛起构筑国土安全发展屏障,打通战略通道,疏通能源资源供给"咽喉",将帮助中国逐步摆脱"依附型大国"的地位,改善地缘政治局面。

"一带一路"战略中的"21世纪海上丝绸之路"战略,在较大范围内,将中国、东盟国家、印度、巴基斯坦、孟加拉国、斯里兰卡等国家联系起来,再到沙特、伊朗、埃及,最后经由苏伊士运河到达地中海,与希腊、意大利、

西班牙和法国等欧洲国家联系贯通。这一战略将中国和东南亚国家的重点港口城市连接起来，通过海上互联互通和海洋经济合作等模式，发展我国的海上对外开放和发展战略。

"21世纪海上丝绸之路"战略将北非纳入了战略合作范畴之内，但"一带"和"一路"的最终交汇点在欧洲，目前非洲在该战略中的涵盖范围和重视程度都有待进一步提高。

作为一种合作发展战略和理念，"一带一路"战略的重心在于打通中国战略通道，连接亚太和欧洲市场。未来应该依托"一带一路"战略将亚太和欧洲市场紧密联系起来，利用中非经贸合作将中非资源、市场和产业进行战略对接。而欧非之间本身具有高度的政治经济联系，欧非之间存在大量的自由贸易协定和投资优惠政策，非洲可以成为强化亚太和欧洲经济联系的一个"战略支点"，有望在亚太、非洲和欧洲之间打造一个"丝路价值循环"。

因此，我们建议搭建"丝路战略经济合作大区"①，在现有"一带一路"国家战略的基础上，强化中非经贸合作和资金、资源、产业的战略对接，借助欧非之间紧密的经贸联系和已有自由贸易协定，融合亚欧非大市场，在亚欧非之间形成"丝路价值循环"，让区内资金、资源、要素在其中循环起来并得以实现。"丝路战略经济合作大区"的经济体量将有效对抗美国倡导的TPP和TTIP，冲破美国在经贸领域对中国采取的新围堵和新封锁战略。

搭建"丝路战略经济合作大区"，重点就是在"一带一路"战略的基础上，强化中非经贸合作，尤其是通过提升对非投资的规模和质量，在中非间实现利益深度交织的"中非命运共同体"。

一是要加强对非洲重要基础设施的投资。非洲多数国家基础设施欠账严重，铁路网、公路网和航空网络发展滞后。未来中国应积极参与非洲互联互通的"战略咽喉"项目投资和运营。

一方面，通过投资非洲的基础设施行业，完善非洲重点区域的基础设施，"筑巢引凤"，改善非洲国家的投资硬件环境，为吸引中国企业成规模投资非

---

① 根据笔者测算，"丝路战略经济合作大区"将涵盖了约53亿人口，经济总量达23万亿美元，分别占世界总量的76％和32％。

洲提供前提条件，降低中国企业投资非洲的不确定性和前期开发成本。另一方面，可以提前落实中国企业对非投资的战略通道。过去 10 多年中国企业对非投资的经历，取得了重要成绩，也有一些必须反思改进的地方。例如，有的项目资源拿到手了，发现港口和物流通道控制在西方企业手里，运不出去；有的项目工厂建起来了，电力却握在西方企业手里，开不了工。在这些失败案例中，都是由于事关中国战略利益的通道和命脉落入"旁人"之手，难免不被西方企业"卡脖子"、"敲竹杠"。

未来如能联合政府、金融机构和投资企业等的力量，提前落实相关战略通道，优化投资战略布局，将有望大大提高中国企业投资非洲项目的成功率。

二是加速推进中国优势产业和富余产能向非洲转移。前已述及，目前中国的产业结构调整已进入"阵痛期"，工业部门产能富余，粗放式增长带来环境污染、重复建设等问题，到了必须解决的阶段。而非洲大多数落后国家产业结构十分单一，工业体系长期落后甚至缺失，很多国家不具备基本的工业生产能力，连普通的日用工业品也需要大量依赖进口，深陷"产业低端化陷阱"之中。中国在过去 30 多年里所走的工业化之路，是非洲未来若干年内经济发展的必由之路。而随着中国产业结构调整进入实质性阶段和"阵痛期"，中非在产业对接方面的契合度空前提高。

"一带一路"战略的适时提出，如能辅之以中非经贸合作规模和层次的提升，将为中国打开对外开放格局提供历史机遇。随着人力成本、土地成本、环境成本等持续上升，中国作为"世界工厂"的成本优势正在流失，中低端制造业的利润越来越薄，多个产业已经到了必须转移的边缘。而非洲劳动力人口丰富，很多国家失业率超过 20%，工资水平仅为中国的五分之一左右，同时，土地成本也远低于中国，政策上也欢迎中国企业前往投资。因此，提升中非经贸合作的规模和层次，实现中非产业战略对接，在加强基础设施建设的同时，考虑推进经贸合作园区、中非工业园区等的合作，整体推动中国企业走向非洲，做大做强对非投资。

三、强化对对非投资在战略层面上的指导和协调、提升经贸合作的效益和战略协调性

未来在大幅提升中非经贸合作及各种模式的规模的同时，还必须改变现在企业走向非洲过程中缺乏协调，各自为战的局面。目前中非经贸合作 3 种主要合作方式之间客观上存在相互挤占空间的现象，在非中国企业之间存在内部恶性竞争的问题，严重影响中非经贸的发展空间，也不利于在非洲树立良好的"中国形象"。未来应至少从如下几个方面入手，强化战略指导和协调。

一是加强中非经贸合作 3 种主要合作方式之间的协调，避免相互竞争，协力提升对非投资的战略空间。中非贸易、对非工程承包、对非投资这 3 种主要合作方式，应该在对非投资的引领下，相互支持，共同提升中非经贸合作的层次、效益和影响力。贸易应不断起到为投资"铺路"的作用，提升对非出口商品的质量，通过贸易树立"中国制造"的良好形象和口碑，培养消费者群体，为将来快速将"中国制造"转变为"非洲制造"打好市场基础。对非工程承包企业在自身向项目投资者、运营者转型的同时，从策略上避免中国低成本技术为西方企业所用，挤占中国企业的投资空间。

二是协调不同行业企业"抱团出海"，开展集群式投资。未来国家应从战略层面上，引导投资企业"抱团出海"，实现产业集聚和配套对接，或共享基础设施，或彼此补充供应链，降低前期开发投入成本，提高对非投资的效益。

三是协调行业内不同企业之间的竞争行为，避免无谓内耗。改变当前部分中国企业之间内部竞争，打价格战的低级竞争模式，尽量协调企业之间避免内耗，在可能的情况下变竞争为合作，发挥各家所长，共同投资非洲市场。事实上，这方面具备巨大的合作空间，也已经出现了成功的案例。2012 年 12 月，中非发展基金与中非华晨投资有限公司、一汽非洲投资有限公司、中国北方车辆有限公司、奇瑞海外实业投资有限公司等 4 家中国企业共同签署战略合作框架协议，变竞争为合作，投资非洲市场。[①] 通过中非发展基金这一国家级平台的协调，4 家中国汽车企业整体合作，以资本为纽带，助力中国汽车业"抱团"开拓非洲市场。在其他制造业领域，这方面的协调合作空间还很大。

---

① 曹华：《中非基金助力中国汽车业"抱团"开拓非洲市场》，载于《人民网》2012 年 12 月 12 日。详见如下网址：http://finance.people.com.cn/bank/n/2012/1212/c202331—19877629.html。

第6章 >>> 中非经贸合作战略谋划和政策建议

6.1 中非经贸合作的战略谋划

当前，我们建议从如下 5 个大的方面做出对中非经贸合作的战略谋划。

6.1.1 丝路循环，战略支点

依托"一带一路"国家级战略将亚太和欧洲市场紧密联系起来。与此同时，利用中非经贸合作将中非资源、市场和产业进行战略对接。而欧非之间本身具有高度的政治经济联系，欧非之间存在大量的自由贸易协定和投资优惠政策，可以将非洲打造成为强化亚太和欧洲经济联系的一个"战略支点"。

全面搭建"丝路战略经济合作大区"，在现有"一带一路"国家战略的基础上，强化中非合作，借助欧非之间紧密的经贸联系和已有自由贸易协定，融合亚欧非大市场，在亚欧非之间形成"丝路价值循环"，让区内资金、资源、要素在其中循环起来并最终实现。"丝路战略经济合作大区"的经济体量将有效对抗美国倡导的 TPP 和 TTIP，冲破美国在地缘政治、经贸等领域对中国采取的新围堵和新封锁战略。

6.1.2 经贸核心，助力突围

在新形势下，中国与非洲不再是国际政治舞台上的"难兄难弟"，而更多是国际经济合作的伙伴，中非关系的内涵和核心已经发生了显著变化。未来应明确确立以"国家经济利益"为核心和导向的中非关系观，通过深化经贸合作建立中非利益交织的命运共同体，提升我在非影响力，进而促进中非政治和全面战略合作。中非之间形成完整的价值链循环，可以从市场、资源等多个方面为中国突破西方在亚太布下的重围提供经济"底气"。国家在政治、外交层面上的对非合作应进一步提升对中企在非利益的保护和服务力度。当然，随着经贸合作的深化并最终形成"中非命运共同体"，将为政治和外交层面的合作提供巨大的助力，甚至促使非洲国家在各种场合主动维护中国利益。

6.1.3 投资引领，全面对接

当前中非经贸合作尚未摆脱以贸易、工程承包为主，投资起步晚、存量小、影响力不够的失衡格局。对非投资是中非经贸合作的重要"短板"，也是当前中国在非洲影响力较低的关键原因。因此，通过深化经贸合作建立利益交织的"中非命运共同体"，其关键就在于对中非经贸合作进行结构性升级，尤其是要提升"对非投资"这一层次和效益均明显较高的经济合作方式的规模和质量，充分发挥投资对中非经贸合作的引领作用。

通过对非投资规模和质量的提升，实现中非经济在 3 个方面的战略对接。一是产业的战略对接，将中国的富余产业部分向非洲转移，帮助非洲国家完成基础工业化进程，为后续投资合作提供更好基础。二是资源的战略对接，将中国和非洲的优势资源，有机的结合起来，在发达国家之外，形成完整的国际价值链循环，为我突破重围提供基础。三是市场的战略对接，将中非两个世界大市场对接起来，满足双方产业发展的市场需求。

6.1.4 优化布局，政策升级

国家层面上制定对非投资合作规划，平衡长短期利益，优化中国在非利益的布局，可有效提升中非经贸合作的效益，在长期内拓展和维护中非合作的空间。全盘统筹中非经贸合作 3 种方式之间的关系，促使其在投资引领下有机结合，彼此促进，相互支撑而非竞争。统筹协调政府部门、金融机构、企业之间的合作，形成合力。引导投资企业"抱团出海"，实现产业集聚和配套对接。

改变单纯"保贸易"的国际经济合作政策基调，做到"保贸易"与"促投资"并重，对我国国际经济合作政策进行系统升级，强化对对外投资的促进和海外利益的保护。

6.1.5 软硬并重，固化成果

调整长期以来我国在对非合作中"重硬投入，轻软输出"的做法，做到

"软硬并重"。从长远来看，中国在经贸合作方面的"硬投入"必须得到非洲对我文化、价值观、传媒、人民币等方面的深度认可的支撑。未来必须加强我在文化、价值观方面与非洲各界的交流互动，增进深度了解，提升吸引力。支持传媒企业融入非洲，增强日常情感联系，宣传中国贡献，改善舆论环境。加速推进人民币"非洲化"。

6.2 中非经贸合作的政策建议

结合中非双方的经济发展特征和当前中非经贸合作中存在的问题，未来要促进中非经贸合作的持续快速发展，应该从如下几个方面全面升级我对非经济合作政策系统。

6.2.1 优化对外投资监管体制，提升政府服务水平

一、成立"一站式"对外投资管理机构，统一管理和协调对外投资业务

目前，我国企业对外投项目的审批或核准，由发改委、商务部、外交部、外管局等多家机构共同管理。各部委相关职能既有重合的地方，也有缺失的领域。这种相对分散的管理模式客观上制约了政府部门的管理和服务效果。

有必要营造一个高效有力的对外投资监管体系，成立"一站式"对外投资管理机构，统一管理和协调对外投资业务，提高对外投资管理效率和服务水平。美国 1969 年设立的"海外私人投资公司"、韩国 1977 年在动力资源部下设的"海外投资审议委员会"都是具有类似职能的管理部门。

借鉴国外经验，可考虑由相关部委共同派员组建一个统一的专门管理对外投资的常设机构，赋予其对外投资审批权、调查权、处罚权及相应的管理职能，负责对外投资企业的审批和管理，监督投资额较大的对外投资项目，协调各部委的相关工作，由此简化审批程序，提高投资效率，鼓励优秀企业对外投资，加大对不良企业的监管与限制，促进中国企业海外形象建设。

二、着眼战略机遇，规划对非合作

同时，由这一"一站式"对外投资管理机构牵头，组织对非投资主体及科研机构，整合资源，深入调研，统一制定具有前瞻性和全局性的对非投资方针政策及战略规划，平衡长短期利益，优化利益布局，并建立非洲国家宏

观环境评估机制和风险预警机制，在未来投资合作中把握更大的主动权。

加强中非经贸合作 3 种主要合作方式之间的协调，避免相互竞争，协力提升对非投资的战略空间。中非贸易、对非工程承包、对非投资这 3 种主要合作方式，应该在对非投资的引领下，相互支持，共同提升中非经贸合作的层次、效益和影响力。贸易应不断起到为投资"铺路"的作用，提升对非出口商品的质量，通过贸易树立"中国制造"的良好形象和口碑，培养消费者群体，为将来快速将"中国制造"转变为"非洲制造"打好市场基础。对非工程承包企业在自身向项目投资者、运营者转型的同时，从策略上避免中国低成本技术为西方企业所用，挤占中国企业的投资空间。

6.2.2 "非对称"提升非洲在我对外开发格局中的地位，抢抓中非合作战略机遇

一、大幅提升对非洲战略重要性的重视程度，"非对称"提升对中非经贸合作的投入

到目前为止，美国仍未将非洲视为其战略核心利益区域，在战略层面暂时还"看不上"非洲，近年来虽然对非洲的重视程度有所上升，但投入仍然远低于其在亚太等地区的投入。

中国方面，非洲在我对外开放格局中占比较低，客观上讲对非洲的战略地位并未充分认识和体现。未来应"非对称"地大幅提高非洲在我对外开发格局中的地位，对非洲的战略重视程度和投入，既要远远高于美国，也要大幅提升中非贸易、对非投资在中国对外经济合作中的占比。这样才可能撬动中非经贸合作快速发展、升级。

二、将中非经贸合作与"一带一路"战略有机结合起来，打造"丝路经济战略合作区"

目前我国"一带一路"战略仅把埃及这一个非洲国家纳入规划范围，建议考虑尽快出台"丝路经济战略合作区"规划，在现有"一带一路"国家战略的基础上，强化中非合作，借助欧非之间紧密的经贸联系和已有自由贸易协定，融合亚欧非大市场，在亚欧非之间形成"丝路价值循环"。"丝路经济战略合作区"既能有效制衡美国在地缘政治、经贸等领域对中国采取的新围堵和新封锁战略，也有助于分化西方阵营。未来一是依托"一带一路"战略和"丝路经济

战略合作区"规划，加强对非洲重要基础设施的投资，为非洲国家"筑巢引凤"，改善中国投资非洲的产业环境。二是要联合政府、金融机构和投资企业等的力量，提前落实相关战略通道，优化投资战略布局。三是要依托相关战略和规划加速推进中非产业战略对接，享受政策层面上的各种优惠。

三、抢抓中非经济阶段性互补战略机遇期，明确对非投资产业导向

当前中国和非洲多数国家在资源禀赋、发展阶段方面存在较强的互补性，各自产业结构调整升级也具有良好的梯次承继关系。并且，这种互补性和梯次承继特征是"阶段性"的：如果其中一方完成产业结构升级，双方的互补性可能会弱化。

因此，当前及未来若干年是中国对非投资的重要"时间窗口"，应抓住这一战略机遇期，明确对非投资产业导向，引导企业和资金优先投向中非最能实现合作双赢的产业领域，即：既符合中国对外投资的实际需求、比较优势和产业升级方向，又能够帮助非洲实现经济多样化、增强自主发展能力、变潜力为实力，并在中长期有利于拓展中非合作空间。

四、加强与非洲在紧缺物质和战略性资源开发方面的合作，为解决中国未来经济可持续性发展中可能遇到的瓶颈问题做准备

中国与非洲国家之间在能矿领域有着广阔的合作空间，但目前加强中非能矿合作开发还有许多的工作要做。

一是建议加强中非能矿合作开发规划。引导国内企业形成合力，搭建平台，合作开发。

二是培养国内大型矿业企业集团。为矿业企业的海外勘探工作提供资金和政策支持，增强矿业集团实力，并鼓励矿业企业优先将产品销往国内市场。

三是积极鼓励和引导矿业企业对非投资。对能源和资源开发类企业海外投资实行"投资亏损准备金制度"，完善企业海外投资保险制度，降低企业面临的风险，采取投资税收减免、再投资所得税抵免等优惠政策，鼓励能矿企业对非投资。

6.2.3 完善对外投资管理立法和国际协议体系，在制度层面促进和规范对非投资

一、加速出台《海外投资促进法》《反海外腐败法》，促进并规范企业在非投资行为

目前我国对外投资尚处于较为初级的阶段，应加快启动相关立法程序，出

台和完善我国对外投资促进和管理方面的法律体系，如加速出台《海外投资促进法》《反海外腐败法》[①] 等专门性法律，确保对非投资规模和质量都实现稳步上升。对于政府而言，对外投资促进方面的法律可以统一和规范国内各类企业进行境外投资的鼓励措施、审批程序和管理办法，规范政府相关权力的行使。对于对外投资的企业而言，对外投资管理方面的办法可以明确企业在对外投资过程中权利、义务和必须承担的责任，规范企业的境外投资行为。

二、推进中非双边投资合作框架协议，完善海外投资法律体系

签订《避免双重征税协定》可避免母国和东道国对投资企业进行重复征税，减轻对非投资企业的税收负担，同时也能明确并规范企业纳税行为。《双边投资保护协定》可明确与资产安全、优惠政策相关的重大事项，改善企业在缔约国另一方的投资环境，促进双方企业投资意愿。到目前为止，中国已经与 31 个非洲国家签订了双边投资保护协定，并与 13 个非洲国家签订了避免双重征税协定。为保证稳定规范的对非投资环境，应继续推动与非洲国家商签或落实投资促进及保护相关的双边协议。

表 6.1　与中国签订双边投资保护协定和避免双重征税协定的非洲国家

双边投资保护协定签约国（31 国）	避免双重征税协定签约国（13 国）
肯尼亚、埃塞俄比亚、坦桑尼亚、吉布提、塞舌尔、乌干达、尼日利亚、加纳、塞拉利昂、科特迪瓦、佛得角、几内亚、马里、贝宁、赤道几内亚、加蓬、喀麦隆、乍得、赞比亚、刚果（金）、南非、莫桑比克、津巴布韦、博茨瓦纳、毛里求斯、纳米比亚、苏丹、突尼斯、埃及、阿尔及利亚、摩洛哥	塞舌尔、乌干达、尼日利亚、赞比亚、南非、马达加斯加、博茨瓦纳、毛里求斯、苏丹、突尼斯、埃及、阿尔及利亚、摩洛哥

资料来源：商务部。

6.2.4 创新中非经贸合作模式，提升我在非利益层次

一、创新对非投资多元化合作模式，灵活掌握投贷援结合

从发达国家实践来看，对外援助不仅是实现一国对外政治战略的手段，而且正在成为实现一国对外经济战略的重要方式。重视援助资金与投资的结合，将对外援助与对外投资充分协同配合，既能体现政策意图，又能促进经

---

① 2002 年，英国出台并实施《反腐败法》，有效制止了投资者向东道国官员行贿的违法行为。

济合作双赢，对于创新经济外交有重要意义。

选择国家级或跨区域的大型项目，进行投贷援结合试点。可选取某些非洲国家国内大型基础设施项目或跨区域项目进行试点，如电力供应系统和交通网络建设。这些项目往往资金需求规模大，投资周期长，仅靠投、贷、援中的任何一种都难以满足资金需求，但项目本身经济效益和社会效益较好，具有良好投资前景。

利用援助和优惠贷款，为项目争取便利的政策环境并分担风险。一方面，援助和优惠贷款能为投资项目争取便利的政策环境和优惠条件，促使受援国政府为项目建设和投资做出相应承诺，为企业投资提供良好条件，并可通过政府沟通的层面，将项目建设与受援国发展规划结合起来。另一方面，援助和优惠贷款还可以起到为商业投资和商业贷款分担风险的作用。商业投资和商业贷款的参与则可以在很大程度上放大资金规模，更重要的是可以同时引入市场化的运营和管理机制，提高项目的运营效率和可持续性。

中非合作论坛 2006 年北京峰会、2009 年第四届部长级会议、2012 年第五届部长级会议，以及 2014 年李克强总理访非期间推出的一些对非合作举措表明，中国政府重点加大了农业、卫生、教育等民生领域的援助力度。对于民生领域的援助，可考虑与中国企业相应领域的投资结合起来，将援助转变为对中国企业的补贴，或受援国政府在项目中的股权。这样一方面可以在不增加援助规模的情况下快速推广援助项目，另一方面也可提高援助项目经营的可持续性，扩大中国在东道国的影响。

探索对非援助与 PPP 投资在项目层面的具体结合方式。探讨以既定的援助项目为基础，将后续管理运营纳入其中，形成一个混合 PPP 项目，既没有改变援助资金性质，又将其与投资资金结合，在中方看来，是"援、投"结合；在非方看来，就是公私协作（PPP）。

二、开展"集群式投资"，提升合作效益

未来国家应从战略层面上，引导投资企业"抱团出海"，开展集群式投资，实现产业集聚和配套对接，或共享基础设施，或彼此补充供应链，降低前期开发投入成本，提高对非投资的效益。

同时，协调企业之间的竞争行为，避免无谓内耗。改变当前部分中国企业之间内部竞争，打价格战的低级竞争模式，尽量协调企业之间避免内耗，在可能的情况下变竞争为合作，发挥各家所长，共同投资非洲市场。尤其对于工程承包企业，鼓励工程企业根据业务优势进行兼并重组，提高产业集中度，避免集团企业内部之间和中企集团之间恶性竞争。

三、鼓励资源和基础设施等领域企业开展中非"一揽子"合作。

中非在"贷款换资源"、"项目换资源"等一揽子合作模式中已经取得了显著成效，这一合作模式在非洲独特的经济条件下有着很强的生命力，能迅速提高合作效果。对于中非"一揽子"合作项目，建议有关部门在可行性和交易结构设计方面给予指导，鼓励银行等各种金融机构积极参与和促成"一揽子"合作，并在项目审批、用汇等方面提供便利。

四、对非投资与本币跨境结算相结合，加速推进人民币"非洲化"

到目前为止，中国人民币国际化推进的重点区域放在亚洲和欧洲，人民币的"非洲化"进展缓慢。

扩大"跨境贸易人民币结算试点工作"在非洲的适用范围。中非经贸合作中，人民币不仅可以用于贸易跨境结算，而且在项目融资、对非投资等多方面都有着广阔的空间。我国可逐步选取部分非洲国家、由浅入深地推广人民币国际化。

与非洲国家签署货币互换协议，逐步推行"双币"备选结算机制。在推广人民币跨境结算初期，中国人民银行可与试点国家央行签署货币互换协议，在贸易结算中逐步采用"双币"备选结算机制，为非洲国家防范美元汇率的波动提供便利条件。

加速研究投资等各种合作形式的人民币结算。将人民国际化与对非援助、进出口银行优惠信贷、国家开发银行境外人民币贷款、涉非工程承包、投资结算、资源开发、机械、设备出口等一系列经贸合作方式有机地结合起来。

逐步构建和完善人民币回流机制，拓宽人民币头寸投资渠道。为提升非洲国家和企业对人民币国际化的积极性，必须逐步构建顺畅的人民币"回流机制"，对那些将手中人民币头寸投资于中国主权债的国家和机构给予稳定回报。可考虑在条件成熟国家发行以人民币计值的国际债券（如"熊猫债券"），鼓励银行等金融机构在特定非洲国家发行人民币金融债，鼓励非洲人民币以 FDI 的形式回流中国，允许非洲国家及其企业和居民以人民币投资中国境内资本市场等。

6.2.5 强化中国海外利益保护，分担企业投资风险

一、在外交层面明确东道国政府产权保护责任，协助企业风险管控和维权索偿

中国与多个非洲国家尚未签署双边投资保护协定，资产安全等重大投资事项尚待明确。已有的双边投资保护协定存在"单边"倾向，更着重于对外资在华利益的保护，对中国企业海外投资权益的维护有待加强，且缺乏对东道国责任追究和国家违约行为的有效防范。我驻外机构事前对企业对非投资行为的政治风险指导和服务、事后强化对维权索偿的支持。完善为中国企业对非投资分担政治风险的鼓励政策和财政制度。此外，政治风险一旦爆发，外交部、商务部等政府机构应根据有关多双边协定，切实维护中国企业投资利益，支持受损企业索赔。

二、建立健全国家风险预警应急机制

对非投资国家风险预警涉及东道国及所在区域的政治、经济、军事、宗教、社会思潮、国际关系和地缘关系等多个方面。国家风险的研判和预警本身具有很高的专业性和复杂性，一般企业不可能具备相关研究能力。建议在相关国内主管部门指导下，由专业对非金融机构牵头，联合国内外相关智库、研究机构等专业研究力量，密切关注并预判政权更迭国家的政局政策动态，结合区域和行业特点，建立健全国家风险预警应急机制，为在非经营的中国企业提供国家风险预判信息和专业风险咨询服务。

三、强化与东道国政府日常沟通，指导企业管控政治风险

政府有关部门不仅要从相关双边协定的角度维护企业海外利益，还应利用高层互访，或从外交渠道加强与东道国高层和相关部门接触，与其就我国企业海外资产安全进行有针对性的沟通，促其采取必要措施保护我企业和人员安全。我驻外机构利用自身信息优势，为对非投资企业提供系统的政治风险信息服务，为其选择合作伙伴、设计交易结构等提供必要参考。

四、建立对外直接投资风险准备金制度，分担企业投资风险

建立对外直接投资风险准备金制度，可适度降低企业对外直接投资损失的风险。具体做法可准许企业在一定年限内，每年从应税收入中免税提取相

当于投资额一定比例的资金计入准备金，积累年限内用于弥补风险损失。为了实现政策导向，可根据对外直接投资的不同行业、不同区域实行不同的提取比例。例如，投向自然资源开发的提取比例应较高，投向风险较高但对中国和东道国都具有重要战略意义的投资提取比例应较高。

6.2.6 升级对外经济合作财税政策，引导企业"走向非洲"

我国目前实施的财税体制主要是在引进外资的背景下制定，注重"引进来"，但对企业"走出去"的引导和鼓励有限。近年来我国财税体制虽然在某些方面进行了调整，但总体上仍无法满足国际国内经济局势的变化和鼓励企业"走出去"的要求。因此，当前应加速调整我国财税体制的鼓励导向，增强财税政策对中国企业"走出去"的引导和鼓励。

从美、日、欧等发达经济体的经验来看，至少可以采取如下几个方面的措施。

一、通过税收减免鼓励相关产业产能转移

出台具体政策，结合"一带一路"国家战略，鼓励我优势产业和富余产能产业对非投资。在符合一定的利润要求和劳务输出的条件下，可考虑按一定比例减免企业的投资所得税，鼓励产能转移。

二、通过出口退税或税收减免鼓励机电产业和成套设备出口

结合非洲"三网一化"、"互联互通"等，对以对非投资为目的的国内设备输出实行退税或以一定额度减免企业所得税，支持国内机电产业和成套设备的输出。

三、采取各种优惠政策鼓励企业扩大对非投资

另外，可考虑对国家鼓励发展和对非投资的相关行业和项目，实行固定资产加速折旧、投资抵免等税收优惠政策，鼓励企业扩大投资规模，降低企业税收负担。

6.2.7 创新中非金融合作模式，强化对中非经贸合作的金融支持

一、鼓励金融机构加强在非洲的业务规划和布局，构建企业对非投资的金融支持体系

非洲金融业具有战略性特点，盈利前景良好，应鼓励金融机构立足长远，加

强非洲业务的规划和布局。采取适当政策，鼓励和引导国内金融机构从长远利益出发，进入非洲市场，并因地制宜创新金融工具和服务方式。政府监管机构方面则应允许更多的金融机构在非洲国家设立分支机构或代表处，与非洲国家银行建立代理行关系，积极拓展非洲投资融资业务，为企业提供全方位服务。

鼓励金融机构实行适应经济全球化的金融工具；鼓励金融机构对政策性项目给予优惠贷款等支持，并以财政贴息等方式对金融机构进行适当补偿。根据中非经贸合作特点创新银行业务，探索企业以境外资产、股权、矿业开采权、土地等做抵押，由境外银行出具保函的"外保内贷"融资模式。

二、鼓励中非基金创新投融资模式，有效发挥杠杆和平台作用

鼓励拓宽筹资渠道，充实基金资金来源。目前中非基金资金规模有限，即使达到 2006 年中非合作论坛宣布的 50 亿美元，仍然无法满足快速上涨的对非投资资金需求。[①] 应鼓励和允许中非发展基金创新金融工具，拓宽资金来源，例如，可考虑批准中非基金发行定向金融债券。

鼓励创新投资方式，开展新型涉非金融业务。鼓励和支持中非基金开展对非投资相关的资金借贷、资金清算及其他融资服务等。随着资金实力和投资能力的增强，中非基金将发挥更大的杠杆作用，"撬动"更多的国内优质企业和资金进入非洲国家。

简化审批和核准程序，进一步提高投资效率。市场反应速度和效率是国际投资的关键因素，并购类项目对时间的要求往往更高，部分项目还具有较高的保密要求。建议简化中非基金及其投资项目的相关审批和核准程序，例如，外管局可实行对中非基金投资项目外汇来源免审查。

三、外汇储备有效利用与对非直接投资相结合，增强对战略资源供给的控制

鼓励企业购买资源类资产，避免直接购进大宗商品而导致价格波动。目前，在诸多有效利用外汇储备的主张中，增加能源和资源等战略性物质的购

---

① 以我国非金融类对非投资所需引领资金进行测算：近几年我国对非非金融类直接投资增速均超过 50%，未来 10 年，假如这一增速为 30%～40%，根据目前的投资结构，投向非洲的非金融类直接投资约 30%为资本金投资，70%为贷款。而在资本金投资中，中非基金提供的资金（对非投资引领资金）约占 30%。到 2020 年中非基金的累计投资将达到 115 亿～220 亿美元。即使保守的估计，假如对非非金融类直接投资年均增速为 20%，到 2020 年中非基金的累计投资需求也将超过 60 亿美元。

买和储备的呼声很高。但是，中国是国际大宗商品的大买家，一旦直接加大对某种大宗商品的购买力度，会很快拉高该种大宗商品的价格，带来不必要的储备损失。但如果不是直接从国际市场上购进大宗商品，而是鼓励企业走出去，通过投资石油、矿产等战略资源的开发和生产，则不仅能在短期内避免大宗商品物价的波动，更重要的是在长期内可以增强对战略资源供给的控制，为我国经济的可持续性发展提供保障，并逐步打破国际大宗商品市场的寡占供给市场结构，破局我大宗商品供给难题。非洲的石油、矿产等战略资源开发程度相对较低，潜力巨大。因此，目前可以将外汇储备的有效利用和对非投资有机地结合起来，鼓励石油和矿产开发类企业加快"走出去"，将国家的美元储备转变为资源类资产，优化储备资产结构。

委托专业对外投资机构管理部分外汇资产。对外直接投资的风险可控性和资产安全性程度相对较高，且能较好地体现国家的战略意图，应将对外直接投资与有效利用外汇储备资产结合起来考虑。建议外汇管理局将一定额度的外汇资产委托给专业对外直接投资机构管理，在战略性资源行业、高成长性行业进行配比跟投，一方面支持战略性资源行业的开发和投资，解决相关行业投资的资金瓶颈，另一方面提高外汇资产的利用效率。

四、推动境外企业境内上市，引导国内资金投向非洲相关领域

加速研究境外资产和境外企业在境内上市并进行试点，一方面建议资本市场相关监管部门研究放宽该领域市场准入的方式和试点方案，另一方面建议选择国内对非投资的专业性机构及其在非优质资产作为试点对象。

引导国内游资进入非洲相关领域。通过境外资产在国内上市，可引导国内大量游资进入对中国可持续性发展具有支撑作用和战略意义的领域，增强我国在国际资源市场上的控制份额。此外，与单纯鼓励企业"走出去"相比，推动境外资产和境外企业在境内上市，能够将国内闲散资金集合起来，形成合力，完成单个企业、单个投资者难以实现的项目。

6.2.8 构建对非投资服务体系，培养和储备国际人才

一、鼓励发展国际投资方面的咨询及相关服务产业

目前我国与企业"走出去"有关的中介企业和服务体系相对落后，律师事务所、会计事务所、评估机构、咨询机构、投资银行、公关公司的发展无

法满足我国企业对非投资的实际需要。

鼓励现有律师事务所、会计事务所、评估机构、咨询机构、投资银行、公关公司等有针对性地研究并开展涉非服务，培养涉非投资咨询和服务人才，同时对中介机构进行相应的法律规范和监督管理。

可考虑以中非基金为平台，鼓励中非基金开拓对非投资方面的咨询服务业务，如资产评估、投资咨询和投行业务等。中非基金在对非投资过程中，积累了丰富的对非合作经验，打造了一支专业化的非洲业务团队，并与非洲国家政府、国际金融机构、投资银行以及各种中介服务性企业都建立了密切的业务联系。

二、加强对非投资人才培养和储备，打造国际轮岗交流平台

一方面，对非投资对管理、技术等相关人才的综合能力提出了较高要求，既要熟悉行业管理，又要熟悉非洲市场，并具备较强的语言能力和综合素质。另一方面，非洲国家经济社会发展程度较低，生活条件普遍较差，在非工作存在诸多挑战。我国对非投资人才总体缺乏，未来应注重对投资人才的培养和储备，培养一支高综合素质的对非投资队伍。同时，建议有关部门出台政策，打造对非投资人才交流平台，在国内市场和非洲市场之间形成顺畅的轮岗交流机制，在不同企业和机构之间形成人才交流机制。例如为愿意前往非洲工作的人员保留其国内岗位，并在社保、医保和养老保险等方面给予适当照顾，为赴非人才保留"退路"，并提高赴非工作人员薪酬待遇，提升非洲市场对人才的吸引力。

6.2.9 提升中非软实力的建设：强化我在非利益的"软保障"

一、全面规划对非软实力外交

目前来自西方和非洲本土对中非关系的"不和谐音"凸显了中非合作中软实力建设的不足。必须强调中非各方面合作的齐头并进。全面规划对非软实力外交，进一步加强对非公众外交和人文外交，增强我国在非软实力建设。在战略和战术层面上全面规划我国的软实力外交，在国际上树立起负责任发展中大国的良好形象。

同时，支持中国有关机构帮助非洲国家制定发展规划。支持中国投资机构等相关主体帮助非洲国家制定发展规划，从源头上提升对非洲国家的影响力。

二、构建多层次的中非多边对话机制，加强中非发展经验交流

建议在继续强化中非论坛影响的同时，逐步建立并完善对非非政府组织工作机制，从商业、民间团体、文化、医疗、教育等多个层面构建丰富的多边合作机制，有助于保证中非关系的稳定和健康发展。

以灵活多样、针对性强的方式，提高非洲国家经济管理官员和技术官员对中国发展模式的认知，提高非洲社会各阶层对中国企业和中国投资的认可程度。

培养国内涉非民间团体和非政府组织，鼓励现有非政府组织开展对非合作，增进与非洲非政府组织间的沟通与合作，促进多渠道民间文化交流。

三、支持传媒企业融入非洲，切实宣传中国对非洲的贡献

目前，非洲主要媒体基本都有西方背景，我主导控制的媒体渠道极为缺乏，这一不利局面必须通过加大对非洲传媒业的投资加以改变。支持传媒企业融入非洲，增强日常情感联系，宣传中国贡献，改善舆论环境。

同时，应采取适时而精致的国际宣传策略切实宣传中国对非洲国家的贡献。努力探索适合于非洲国家和人民的国际宣传方式，切实宣传中国对非洲所做的贡献。采取适时而精致的国际宣传策略，充分发挥学术和政策研究机构的作用，重视在技术层面宣传中国对非援助政策，调动中国企业在非公关和宣传积极性，尽量化解不利舆论。

参考文献

[1] African Development Bank, African Union, Economic Commission for Africa, 2009, African Statistical Yearbook 2012.

[2] African Development Bank, African Union, Economic Commission for Africa, 2010, African Statistical Yearbook 2013.

[3] African Development Bank, and OECD, 2013, African Economic Outlook 2013, OECD Publishing.

[4] African Development Bank, Development Centre of the Organization for Economic Co－Operation and Development, 2014, African Economic Outlook 2014: Global Value Chains and Africa'sIndustrialization.

[5] African Development Bank Group, World Bank, 2011, Handbook on Infrastructure Statistics.

[6] African Development Bank Group, 2014, African Development Report 2014: Regional Integration for Inclusive Growth.

[7] Alden, Chris (2005), China in Africa, Survival, Vol. 47, No. 3, pp. 147—164.

[8] Arbache, Jorge Saba, and John Page, 2010, "How Fragile is Africa's Recent Growth?" Journal of African Economies, Vol. 19, No. 1, pp. 1—24.

[9] Asiedu, Elizabeth, 2002, "On the Determinants of Foreign Direct Investment to Developing Countries: Is Africa Different?" World Development, Vol. 30, No. 1, pp. 107—19.

[10] Baah, Anthony, and Herbert Jauch, eds., 2009, Chinese Investments in Africa: A Labour Perspective (Windhoek, Namibia: African Labor Research Network).

[11] Barro, Robert J., and Xavier Sala－i－Martin, 1995, Economic Growth (New York: McGraw Hill).

[12] Biggeri, Mario and Marco Sanfilippo (2009), Understanding China's Move into Africa: An Empirical Analysis, Journal of Chinese Economic and Business Studies, Vol. 7, No. 1, pp. 31—54.

[13] Broadman, Harry G. (2007), Africa's Silk Road: China and India's New Economic Frontier, Washington: The World Bank.

[14] Calderón, Cesar, and Luis Servén 2008, "Infrastructure and Economic Development in Sub－Saharan Africa," Policy Research Working Paper 4712 (Washington: World Bank).

[15] Devarajan, Shantayanan, William Easterly, and Howard Pack, 2003, "Low Investment is not the Constraint on African Development," Economic Development and Cultural Change, Vol. 51 (April), pp. 547—71.

[16] International Monetary Fund, Regional Economic Outlook: Sub－Saharan Africa: Maintaining Growth in a Uncertain World [R], October 2012.

[17] International Monetary Fund, Regional Economic Outlook: Sub－Saharan Africa: Recovery and New Risks [R], April 2011.

[18] International Monetary Fund, Regional Economic Outlook: Sub－Saharan Africa: Sustaining Growth amid Global Uncertainty [R], April 2012.

[19] International Monetary Fund, Regional Economic Outlook: Sub－Saharan Africa: Sustaining the Expansion [R], October 2011.

[20] International Monetary Fund, Regional Economic Outlook: Sub－Saharan Africa [R], April 2009.

[21] International Monetary Fund, Regional Economic Outlook: Sub－Saharan Africa [R], October 2009.

[22] Wang Jian－Ye (2007), What Drives China's Growing Role in Africa?

IMF Working Paper，07/211.

[23] UNCTAD，2010，Economic Development in Africa Report 2010：South—South Cooperation：Africa and the New Forms of Development Partnership，Geneva，available at：http：//www. UNCTAD. org

[24] UNCTAD，2010，World Investment Report 2010：Investing in a Low—Carbon Economy，Geneva，available at：http：//www. UNCTAD. org

[25] UNCTAD，2011，World Investment Report 2011：Non — Equity Modes of International Production and Development，Geneva，available at：http：//www. UNCTAD. org

[26] World Bank，World Economic Outlook 2014：Legacies，Clouds，Uncertainties，2014 October.

[27] World Economic Forum，World Bank，African Development Bank，2011，The Africa Competitiveness Report 2011，Washington.

[28] 安春英. 中国企业开发非洲矿产资源面临的挑战及对策. 亚非纵横，2004（3）.

[29] 安春英. 非洲经济增长与减贫发展的悖论——兼论非洲从贫困化增长到益贫式增长范式的转变. 西亚非洲，2010（3）.

[30] 安春英. 中国在非企业社会责任案例研究——以赞中经贸合作区为例. 亚非纵横，2014（3）.

[31] 班吉（中非）. 中国，非洲新的发展伙伴——欧洲特权在黑色大陆上趋于终结?，[M]. 肖晗等，译. 北京：世界知识出版社. 2011.

[32] Babel Caution. 再见巴别塔：当中国遇上非洲. 常江，袁卿，译. 北京大学出版社，2013.

[33] 曹华. 中非基金助力中国汽车业"抱团"开拓非洲市场. 人民网，2012—12—12. 详见如下网址：

http：//finance. people. com. cn/bank/n/2012/1212/c202331—19877629. html.

[34] 陈宗德，姚桂梅. 非洲各国农业概况. 北京：中国财政经济出版社，2000.

[35] 陈宗德，姚桂梅，范志书. 非洲各国农业概况. 北京：中国财政经济出

版社，2000.

[36] 迟建新．非洲经济：真实的增长与转型的挑战．求是，2014（3）．

[37] 戴严．非洲国家积极应对金融危机初见成效．亚非纵横，2010（5）．

[38] 德博拉·布劳提冈（Deborah Brautigam）．龙的礼物：中国在非洲的真实故事．北京：社会科学文献出版社，2012.

[39] 傅政罗．拓展中非经贸合作的新机遇．西亚非洲．2006（8）．

[40] 贺文萍．美国对非洲战略的新变化．新视野，2013（11）．

[41] 贺文萍．大国角力非洲．党建，2014（6）．

[42] 何秀荣，王秀清，李平．非洲农产品市场和贸易．北京：中国财政经济出版社，2000.

[43] 黄泽全．非洲投资指南．北京：人民日报出版社，2003.

[44] 胡盛霞，董有德．中国对非洲直接投资特点及其原因分析［J］．对外经贸实务，2008（12）．

[45] 金敏，庄斐．美国为何加速推动建立跨太平洋战略经济伙伴协定和跨大西洋贸易与投资伙伴协定．新华网，2013—4—4．详见如下网址：http：//www. hq. xinhuanet. com/focus/boao2013/2013—04/04/c＿115274275. htm.

[46] 李安山．变化世界中的新兴经济体——中国、金砖国家与非洲的未来．人民论坛·学术前沿，2014—7—15.

[47] 李安山．中非关系研究中国际话语的演变．世界经济与政治，2014（2）．

[48] 李安山．战略新思维推动多极化进程中的中非关系．中国社会科学报，2014—5—14.

[49] 李伟涛．我国新时期对非洲投资的策略建构［J］．学习月刊，2011（15）．

[50] 李予阳．2014 年我国对外投资已超过利用外资规模．中国经济网，2015—1—26.

[51] 林毅夫．从西潮到东风：我在世行四年对世界重大经济问题的思考和见解．北京：中信出版社，2012.

［52］李志彪．非洲经济研究综述［J］．西亚非洲，2011（5）．

［53］李智彪．"六大工程"能为非洲带来什么？——中非经贸合作的长线战略思维．人民论坛·学术前沿，2014—8—1.

［54］刘贵今．美国非洲战略及其对中国的启示．党建，2013（5）．

［55］刘鸿武，王涛．中国私营企业投资非洲现状与趋势分析［J］．浙江师范大学学报（社会科学版），2008（5）．

［56］刘鸿武．非洲发展大势与中国的战略选择．国际问题研究，2013（3）．

［57］刘鸿武．"非洲机遇"与中国的"全球再平衡战略"．东方早报，2013—3—27.

［58］刘鸿武．中非合作重在务实．中国社会科学报，2014—1—15.

［59］陆庭恩．非洲农业发展简史．北京：中国财政经济出版社，2000.

［60］罗建波．中非关系与中国的世界责任．世界经济与政治，2013（9）．

［61］莫莎，刘芳．中国对非洲直接投资与贸易的关系研究——基于面板数据的实证分析［J］．国际经贸探索，2008（8）．

［62］欧高敦．非洲：经济增长的新大陆［M］．北京：经济科学出版社，2010.

［63］裴广江，王磊．聚焦非洲，印度要展示大国形象．人民日报，2012—5—8.

［64］彭红英．我国民营企业投资非洲的现状分析及金融政策建议［J］．西安财经学院学报，2011（3）．

［65］朴英姬．国外关于非洲外国直接投资问题研究综述［J］．西亚非洲，2008（5）．

［66］朴英姬．评析外国直接投资对非洲国家经济发展的影响［J］．西亚非洲，2011（8）．

［67］齐宝强．新时期中非经贸合作关系的发展．国际经济合作，2003（12）．

［68］申皓，杨勇．浅析非洲经济一体化的贸易创造与贸易转移效应［J］．国际贸易问题，2008（4）．

［69］舒运国．金融危机与非洲对外关系［J］．西亚非洲，2010（3）．

[70] 舒运国，路征远．世界金融危机对非洲的影响［J］．西亚非洲，2009（3）．

[71] 舒运国．非洲在世界格局中的重要地位——李克强总理定位非洲为"三个一极"．当代世界，2014（6）．

[72] 舒运国．非洲成为新生"增长极"．人民日报，2013—1—10．

[73] 宋志勇．论中非贸易磨擦．西亚非洲，2006（8）．

[74] 田晓燕．"一带一路"规划已获批或两会后出台，规划几经扩围至全国．华尔街见闻网，2015—2—7。详见如下网址：http：//wallstreetcn.com/node/214092。

[75] 王洪一．中国与非洲经济合作的现状、挑战和机遇［J］．当代世界2008（5）．

[76] 王洪一．寻求中美在非洲的合作之道．国际问题研究，2013（3）．

[77] 王霞．动乱令非洲经济增长放缓［J］．国际经济合作，2011（7）．

[78] 王晓夏．美国的重返亚太战略．经济观察报，2012—01—13。详见如下网址：

http：//finance.ifeng.com/opinion/hqgc/20120113/5453201.shtml。

[79] 王学军．欧盟对非洲政策新动向及其启示［J］．现代国际关系，2010（7）．

[80] 王永中．中国外汇储备的投资收益与多元化战略［J］．国际经济评论，2013（2）．

[81] 魏建国．自贸区促进世界贸易发展．中国智库经济观察，2013（1）．

[82] 魏建国．中国大布局．领导文萃，2015（1）

[83] 魏建国．此生难舍是非洲：我对非洲的情缘和认识．北京：中国商务出版社，2011．

[84] 文云朝．非洲农业资源开发利用．北京：中国财政经济出版社，2000．

[85] 吴兆契．中国和非洲经济合作的理论与实践．北京：经济科学出版社，1993．

[86] 姚桂梅．中国与非洲的石油合作．国际石油合作，2006（11）．

[87] 姚桂梅．金砖国家与非洲的经贸合作．当代世界，2013（4）．

[88] 姚桂梅．中国对非洲投资合作的主要模式及挑战．西亚非洲，2013（10）．

[89] 姚桂梅，徐伟忠，刘海方，吴晓芳．中非关系的四大疑问．世界知识，2014（6）．

[90] 姚桂梅．非洲工业化之路前景广阔．人民日报，2014—5—28.

[91] 姚桂梅．非洲经济发展的理论与反思：阿明的依附论．西亚非洲，2014（12）．

[92] 杨宝荣．债务与发展——国际关系中的非洲债务问题［M］．北京：社会科学文献出版社，2011.

[93] 杨宝荣．试析媒体视角差异及其影响下的中非合作——以中非经贸合作为例．当代世界，2012（6）．

[94] 杨宝荣．非洲自主发展能力变化的矿业视角分析．西亚非洲，2014（10）．

[95] 杨光．中东非洲发展报告（2009—2010）［M］．北京：社会科学文献出版社，2010.

[96] 杨光．中东非洲发展报告（2010—2011）［M］．北京：社会科学文献出版社，2011.

[97] 张忱．去年我国未现"双顺差"．经济日报，2015—2—4.

[98] 张宏明．非洲黄皮书：非洲发展报告（2011—2012）——新世纪中非合作关系的回顾与展望［M］．北京：社会科学文献出版社，2012.

[99] 张宏明．中国和世界主要经济体与非洲经贸合作研究［M］．北京：世界知识出版社，2012.

[100] 张宏明．大国战略关系视角下的中国与非洲——中非关系的结构性缺陷与演化趋势．人民论坛·学术前沿，2014（7）．

[101] 张宏明．如何辩证地看待中国在非洲的国际处境——兼论中国何以在大国在非洲新一轮竞争中赢得"战略主动"．西亚非洲，2014（8）．

[102] 张建波，倪涛．奥巴马称中国等在非贸易和投资对美不是威胁．人民网，2013—6—30.详见如下网址：

http：//news. xinhuanet. com/world/2013—06/30/c_116340299. htm.

[103] 张同铸. 非洲经济社会发展战略研究. 北京：人民出版社，1992.

[104] 张忠祥. 非洲复兴：理想与现实. 探索与争鸣，2013（6）.

[105] 郑之杰. 对全球量化宽松货币政策的几点思考. 金融时报，2014—11—20. 详见如下链接：

http：//www.financeun.com/News/20141120/2013cfn/91256333100.shtml。

[106] 中国人民银行. 中国金融稳定报告（2014）. 2014（4）。

[107] 中华人民共和国国务院新闻办公室. 中国与非洲的经贸合作白书皮（2013）[M]. 北京：人民出版社，2013.

[108] 中华人民共和国商务部，国家统计局，国家外汇管理局. 2013 年度中国对外直接投资统计公报. 北京：中国统计出版社，2014.

[109] 中华人民共和国外交部非洲司. 中非联合研究交流计划：2012—2013 年课题研究报告选编. 北京：世界知识出版社，2014.

[110] 中华人民共和国商务部西亚非洲司和社科院西亚非洲所. 中非经贸合作白皮书——未来五年发展规划. 2003.

[111] 周光宏，姜忠尽. "走非洲，求发展"论文集. 成都：四川人民出版社，2008.

后　记

看到历时近三年完成的书稿即将付梓，心中有欣喜，也有忐忑；有感慨，更有感恩。

本书是在本人博士后导师，中国国际经济交流中心副理事长、商务部原副部长魏建国先生无微不至的教导、支持和帮助下完成的，在此对老师致以崇高的敬意和衷心的感谢。从选题到立意，从实地调研到方法论证，从结构设计到撰写修改，老师无不一一指点，斟酌再三。老师对学术的孜孜追求是我一生学习的榜样，老师对我的谆谆教诲不仅在学术研究方面，也在工作中使我受益良多。但囿于时间和水平，我对老师近四十年不间断从事中非经贸合作而凝结的宝贵思想还领悟不到位，老师的一些思想和经验体会没能在本书中淋漓尽致地展现出来，深感惭愧！

同样要深深感谢中非基金的迟建新董事长，正是在迟董事长的鼓励、支持和指导下，我才能努力坚持，完成博士后研究任务。我还要感谢中非基金的刘浩总裁、杨爱武副总裁、鲁庆成副总裁、胡志荣副总裁、王勇副总裁、金光泽副总裁、赖四清总监、滕立梁总监、郑培佳总监，感谢中非基金各部门领导和同事，感谢研究发展部全体同事，没有各位领导和同事在学习工作中的关心、支持和帮助，我也不可能取得今天的点滴收获。在基金的每一天，我都能清晰地感受到非洲发展的"脉搏"，因为中非基金本身就是中非合作勃勃生机的重要来源和能量。对中非经贸合作实务工作的深度参与，使我得以紧贴中非经贸合作最前沿，不断吸收着最新鲜的学术"营养"，持续加深我对非洲经济和行业发展的理解。

感谢本书的责任编辑，中国商务出版社的邓秀珍女士，没有她通宵达旦的审校和不遗余力的推动，本书很难在这么短的时间内和读者见面。

感谢我的家人和朋友们……感谢你们的理解和帮扶。

最后，需要强调的是，本书是个人阶段性学术探索和研究的结果，相关论点、论据不代表所在机构立场。

限于个人见识和能力水平，本书的部分观点、论述等难免存在偏颇和谬误，不妥之处，恳请广大读者批评指正。在今后的工作和科研过程中，我会坚持这一方向的研究，并不断完善、提高。

施勇杰

2015 年 4 月于北京